ROWOHLT
BERLIN

W0066501

Peter Christ / Ralf Neubauer

Kolonie im eigenen Land

Die Treuhand, Bonn und
die Wirtschaftskatastrophe der
fünf neuen Länder

Rowohlt · Berlin

1. Auflage November 1991
Copyright © 1991 by Rowohlt · Berlin GmbH, Berlin
Alle Rechte vorbehalten
Umschlaggestaltung Walter Hellmann
Satz aus der Times (Linotronic 500)
Gesamtherstellung Clausen & Bosse, Leck
Printed in Germany
ISBN 3 87134 030 8

Inhalt

Helmut Schmidt
Die Bewährungsprobe der Nation

«Es wird uns zugemutet, dauernd nur zuzuhören. Dauernd wird uns suggeriert, wir könnten nichts und hätten alles falsch gemacht. Ausschließlich wir seien es, die etwas zu lernen haben; denn alle unsere Erfahrungen gehörten auf den Müllhaufen. Es lohnt sich offenbar nicht hinzuhören, wenn auch wir etwas sagen. Aber wir können diese permanente Besserwisserei und die demütigende Behandlung als unmündige Versager nicht verkraften.» Dies alles sind Worte aus dem Brief eines Bischofs in der ehemaligen DDR, den ich seit Jahren kenne. Er fügt an: «Wir als Kirche werden die Bitterkeit keineswegs verstärken, aber wir können sie auch nicht als Schwarzmalerei und als Larmoyanz abtun. Wir werden versuchen, den Menschen Mut zu machen...»

Aber wem eigentlich kann es Mut machen, wenn der Bundeskanzler selbst heute noch seine wirtschaftlichen Illusionen verkündet? Wenn er schon bis 1994 alles zum Guten gewendet haben will? Wer wird dagegen im kommenden Winter 1991/92 den Menschen in der alten DDR Mut machen – wenn statt der neuneinhalb Millionen Menschen, die dort früher einen Arbeitsplatz hatten, nur noch die kleinere Hälfte ihr Einkommen selbst verdienen kann und die größere Hälfte auf alle möglichen Alimentierungen aus öffentlichen Kassen angewiesen sein wird – von Arbeitslosenunterstützung, Kurzarbeitergeld, Warteschleife, ABM-Jobs bis zum Vorruhestand?

9

Die seelischen Auswirkungen werden tief greifen; die Enttäuschung der 1990 leichtfertig geweckten Hoffnungen wird politische Orientierungslosigkeit auslösen. Und im Westen des Vaterlandes sind viele dazu verleitet, den Menschen im Osten vorzuwerfen, sie seien zu harter Arbeit nicht bereit, und deshalb müsse man Schluß machen mit den großen Summen, die im Westen von den realen Einkommen abgezweigt und nach Osten transferiert werden.

Ich erhalte traurige Briefe. In einem heißt es: «Würdelos war das Stasi-Regime; aber würdelos sind auch die Wessis, die uns jetzt überfallen und uns ihr System überstülpen, ohne uns zu fragen. Aber im Westen hören wir: Die Ossis sind faul. Die Situation ist hoffnungslos. Eine Verschiebung ins Graue, Mutlose und Resignative. Dennoch sind wir tief dankbar, daß wir Deutsche 1989/90 einen schmalen Spalt in der Menschheitsgeschichte erwischt haben.»

Die Öffnung der Mauer im November und danach die Vereinigung der beiden deutschen Staaten binnen weniger als zwölf Monaten waren in der Tat ein unerhörter Glücksfall. Gorbatschow hat 1990 aus der Not der Sowjetunion eine Tugend gemacht. Er hatte seit 1985 den drohenden inneren Kollaps seines Staates vor Augen, der sich aus der über ein halbes Jahrhundert andauernden totalen Überforderung der physischen und psychischen Kräfte seiner Staatsbürger wie auch ihrer ökonomischen Leistungsfähigkeit ergeben konnte. Die Freigabe Polens, Ungarns, der ČSFR und der DDR entsprach den Interessen seines Staates, so wie er sie beurteilte. Natürlich hat er dabei neben der Entlastung von bisherigen Bürden der Sowjetunion auch die Erwartung auf westliche (und besonders auf deutsche) finanzielle und wirtschaftliche Hilfe im Blick gehabt.

Inzwischen hat sich seine ökonomische und staatliche Perestrojka als totaler Fehlschlag dargestellt, und seine überaus erfolgreiche Glasnost hat in allen fünfzehn Republiken der Sowjetunion enorme zentrifugale und sezessionistische Kräfte freigesetzt. Nach dem Scheitern des Putschversuches muß man im Herbst 1991

– bei aller Bewunderung für Mut und Standhaftigkeit Jelzins und einiger zigtausend Moskauer und Leningrader Bürger – mit einem weiteren inneren Zerfall der sowjetischen Volkswirtschaft rechnen. Die Auswirkungen können auch für den ganzen Osten Europas große Gefährdungen mit sich bringen, aber auch uns Deutsche kann der Teufel holen, wenn wir es nicht fertigbringen, aus dem unerwarteten Glücksfall ein dauerhaftes Glück zu schmieden. Das Glück der wiedergewonnenen nationalen Einheit bedarf großer Umsicht, großer Opferbereitschaft und menschlichen Taktes. Wir dürfen unser Glück weder durch Überheblichkeit gegenüber unseren Nachbarn gefährden noch durch Arroganz gegenüber den Menschen in den neuen Bundesländern, weder durch Kleinmut, seelische und geistige Trägheit noch durch politische und wirtschaftliche und soziale Führungslosigkeit. Eines ist jedenfalls gewiß: Selbst wenn die deutsche Einheit dreimal so teuer käme, wie es sich gegenwärtig abzeichnet – und teuer keineswegs nur im finanziellen, sondern vielmehr noch im seelischen und geistigen Sinne –, selbst dann würden wir doch auf die Einheit nicht verzichten wollen!

Bei der unter Zeitdruck zustande gebrachten Vereinigung und beim Vertragswerk sind Fehler gemacht worden. Der schlimmste Fehler lag darin, daß die Regierung den Eindruck erweckte, man könne die deutsche Einheit mit der linken Hand, quasi aus der Portokasse finanzieren. Zugleich haben wir im Spätsommer und im Herbst 1990 gesehen, daß die Bundesregierung auf ihre aus schierer ökonomischer Inkompetenz herrührende Schönfärberei selbst hereinfiel. Sie blieb lange Zeit blind gegenüber der Notwendigkeit erheblicher finanzieller Opfer der westlichen Bundesbürger, blind auch gegenüber deren Solidaritäts- und Opferbereitschaft.

Leider hat während des ganzen Jahres 1990 niemand in Bonn den Appell an die Solidarität der Nation gewagt. Bis ins Frühjahr 1991 hinein hat weder die Bundesregierung noch die politische Klasse in Bonn insgesamt die komplexen Probleme ernst genug genommen. auch die Verbände der Wirtschaft, Gewerkschaften und BDA, BDI und DIHT, Handwerks- und Landwirtschafts- und Bankenverbände und deren Repräsentanten haben die Bundesregierung nicht zu einem viel weiter reichenden konkreten Handeln gedrängt. Schließlich hat die Opposition gedrängt, als erster Hans-Jochen Vogel, der Vorsitzende der SPD-Bundestagsfraktion.

Selbst heute noch reden manche politische Dilettanten davon, die gegenwärtige Arbeitslosigkeit in der ehemaligen DDR sei das Ergebnis von vierzig Jahren Mißwirtschaft. Tatsächlich aber *mußte* die Bundesregierung, als sie im Sommer 1990 alle Produkte der alten DDR schlagartig dem vollen Wettbewerb aller Konkurrenten im Gemeinsamen Markt und in der Weltwirtschaft aussetzte, mit dem Zusammenbruch von Absatz und Umsatz und Beschäftigung in der DDR rechnen.

Seit dem Sommer 1990 war klar, daß die ostdeutschen Unternehmen und Betriebe in kurzer Zeit einen überwältigend großen Teil ihrer Abnehmer und Kunden verlieren mußten – nicht nur die bisherigen Kunden in der Sowjetunion und in den RGW-Staaten, sondern vor allem auch große Teile ihrer bisherigen Abnehmer in der DDR. Inzwischen ist die Industrieproduktion gegenüber Ende 1989 um weit mehr als die Hälfte gesunken, und sie fällt weiterhin. Aber die Bundesregierung bildet sich immer noch ein, die Marktwirtschaft werde diese Verluste schon in kurzer Zeit wieder aufholen.

Die rührend naive Gleichsetzung der Einführung der D-Mark in der DDR mit der DM-Währungsreform von 1948 durch den Bundeskanzler beruht auf seiner Unkenntnis der Tatsache, daß in der alten Bundesrepublik bis tief in die fünfziger Jahre unsere heimischen Produzenten durch Devisen-Zwangswirtschaft vor ausländischer Konkurrenz weitgehend geschützt blieben und daß es zunächst keinen größeren Importdruck gegeben hat. In diesem wichtigen Punkte sind heute die Industrien Polens, Ungarns oder der ČSFR in besserer Lage als die Industrien im Gebiet der alten DDR.

Bitte, *kein* Mißverständnis: Die schnelle Einbeziehung der DDR in das DM-Währungsgebiet und in den Gemeinsamen Markt der EG war politisch richtig. Ich bin auch heute noch fest überzeugt, daß wir binnen zehn Jahren in den neuen Bundesländern die gleiche Produktivität pro Arbeitsstunde erreichen *können* wie im Westen, das heißt eine Verdreifachung der Produktivität. Ich bin also keineswegs pessimistisch gestimmt.

Aber ich weiß seit dem Sommer vorigen Jahres und habe es seit August 1990 überall in der DDR öffentlich gesagt: Dieser Prozeß wird zwangsläufig erschütternde Freisetzungen von Arbeitskräften mit sich bringen. Deshalb bedurfte und bedarf er auch noch für Jahre unabweislich der Flankierung durch große Infrastruktur-Investitionsprogramme für Wohnungsbau und Wohnungsinstandsetzung, Straßenbau, Eisenbahnmodernisierung, Telekommunikation, Versorgungsunternehmen, Entsorgung, Umweltschutz, Erschließung und Vorbereitung neuer Gewerbeflächen, damit neue Arbeitsplätze geschaffen und andernorts freigesetzte Arbeitnehmer schnell aufgenommen werden. Gleichzeitig kommt es immer noch auf schnelle Herstellung von praktikablen gesetzlichen und administrativen Bedingungen an, damit privatwirtschaftliche Investitionen und damit Arbeitsplätze überhaupt möglich werden. Erst in den allerletzten Monaten haben Bundesregierung und Gesetzgeber einige der Versäumnisse gutgemacht – *sehr* spät und leider abermals zu wenig.

Man muß sich klarmachen: Wenn im Jahre 1991 etwa 150 Milliarden Mark an öffentlichen Mitteln in die neuen Bundesländer fließen, so gehen über drei Viertel davon in Kurzarbeitergeld, Arbeitslosenunterstützung sowie in Löhne und Gehälter für öffentliche Bedienstete. Nur ein kleiner Teil geht in Investitionen, der weitaus größere Teil geht in den Konsum.

Aber öffentliche *wie* unternehmerische Investitionen sind die überragend wichtigen Faktoren für die Anhebung der volkswirtschaftlichen Produktivität. Sie sind bereits auf kurze Sicht entscheidend. Denn nur sie können anderweitig freigesetzte Arbeitnehmer dauerhaft produktiv beschäftigen und ihnen Mut und

Selbstbewußtsein zurückgeben. Öffentliche Infrastruktur-Investitionen sind Voraussetzung für betriebswirtschaftliche Kostenrationalität der Unternehmen, sie sind deshalb für viele unternehmerische Investitionen dringend nötige Voraussetzungen.

Nach mehr als vierzig Jahren Gewerkschaftszugehörigkeit nehme ich mir das Recht zu der Feststellung: Wer der Arbeitslosigkeit in den neuen Ländern entgegentreten will, wer dort mit Recht gegen Arbeitslosigkeit protestiert, wer gar ein Grundrecht auf Arbeit in die Verfassung hineinschreiben möchte, der muß solidarisch seine westdeutsche Lohnpolitik zügeln.

Als die Menschen in Leipzig gerufen haben «Wir sind ein Volk», da konnten sie nicht wissen, wie man Wiedervereinigung macht. Nicht einmal wir im Westen, denen es seit 1948 alljährlich etwas besser gegangen ist und die wir seitdem vieles lernen konnten, haben es gewußt. Aber unsere Regierung hat den Brüdern und Schwestern versprochen, in kurzer Zeit werde es ihnen genauso gut gehen wie uns im Westen, und den Bürgern im Westen hat sie versprochen, es werde nicht viel kosten. Inzwischen breitet sich im Westen verständlicher Ärger darüber aus, daß tatsächlich die Kosten sehr hoch sind und daß sie jedermanns reales Einkommen reduzieren.

Mir ist dabei immer eine Skulptur von Ernst Barlach im Bewußtsein gewesen: Zwei Menschen begegnen sich, der eine gebeugt, kummervoll, aber mit Hoffnung dem anderen ins Antlitz schauend, der ihn aufrecht und ernst umarmt – ein Bild der Heimkehr nach langer Irrfahrt. Wenn der Bruder, der zu Unrecht lange Jahrzehnte im Gefängnis war, schließlich vor unserer Tür steht, dann bittet man ihn herein, man teilt brüderlich mit ihm – und fragt nicht nach den Kosten. Freiheit und Brüderlichkeit gehören zusammen. Seit dem 9. November 1989 war kein Fehler schlimmer als die opportunistische Unterlassung des Appells an unsere Brüderlichkeit und Opferbereitschaft.

Von fast achtzig Millionen Bürgern unseres Staates leben vier Fünftel im Westen. Es geht ihnen wirtschaftlich und sozial besser als jemals vorher im Leben. Selbstverständlich kann diese große Mehrheit dem anderen Fünftel der Deutschen dazu verhelfen, sich selbst wirtschaftlich und sozial gesichert auf die eigenen Beine zu stellen.

Aber die Mehrheit muß dazu aufgerufen, ihre Solidarität muß organisiert werden. Das haben wir doch in den fünfziger Jahren mit Lastenausgleich und Eingliederung der Vertriebenen, Flüchtlinge und Ausgebombten schon einmal gekonnt! Es ist noch keineswegs endgültig zu spät. Aber es ist schon sehr spät.

Die Bürger in den neuen Ländern sind der salbungsvollen Versprechungen übermüde; sie können auch die Satyrspiele auf einigen Nebenbühnen in München oder Bonn nicht begreifen. Es kommt nicht so sehr darauf an, wer darauf hofft, 1994 die Wahlen zu gewinnen. Es kommt entscheidend darauf an, daß wir als Nation die größte Bewährungsprüfung bestehen, die uns gemeinsam jemals seit 1945 gestellt worden ist.

Die DDR ist zu Ende gegangen. Das weiß jedermann. Aber jedermann muß noch erst lernen: Das vereinigte Deutschland kann nicht bloß eine Fortsetzung der alten Bundesrepublik sein. Die seelische und geistige Integration beider Teile unserer Nation ineinander, die seelische Verschmelzung kann längere Zeit benötigen als nur eine Generation. Aber sie kann mißlingen, wenn uns nicht im gegenwärtigen Jahrzehnt die wirtschaftliche und soziale Verschmelzung gelingt. Was wir brauchen, ist ein gewaltiger Aufschwung des Gemeinsinns und der Brüderlichkeit! Und jedwede westdeutsche Überheblichkeit ist von Übel.

Dieses Buch schildert den Niedergang der DDR-Wirtschaft, es zeichnet den Weg in die Wirtschafts- und Währungsunion nach, es analysiert die politischen und wirtschaftspolitischen Versäumnisse bei der deutschen Vereinigung und untersucht deren Folgen. Möge es beitragen zu einem besseren Verständnis für die schwierige Verschmelzung von Ost- und Westdeutschland.

Sozialismus auf deutschem Boden
Das gescheiterte Experiment

Bereits lange bevor die DDR am 3. Oktober 1990 aufhörte zu existieren, war das sozialistische Experiment im Osten Deutschlands gescheitert – auch in den Köpfen der Menschen. Sie konnten Jubelfeiern und Hurra-Propaganda der SED immer weniger in Einklang mit ihren alltäglichen Kalamitäten bringen. Wo es von der Büroklammer bis zur Tapetenrolle an nahezu allem mangelte, zogen ideologische Phrasen («Mein Arbeitsplatz ist mein Kampfplatz») nicht mehr. Wer 16 Jahre auf ein neues Auto warten mußte, dem war es herzlich egal, wenn Wissenschaftler der kleinen Republik das Kunststück fertigbrachten, einen 1-Megabit-Chip zu entwickeln. Die von Erich Honecker seit Anfang der siebziger Jahre propagierte «Einheit von Wirtschafts- und Sozialpolitik» verbesserte den Lebensstandard nur vorübergehend. Langfristig mußte Honeckers Strategie darauf hinauslaufen, daß es mit der volkseigenen Planwirtschaft immer rasanter bergab ging. Während im Westen Einkommen und Wohlstand ständig wuchsen, nahmen im Osten nur noch die Versorgungsengpässe zu. Je mehr die DDR auf Kosten des Auslands und der eigenen Substanz lebte, desto offenbarer wurde, daß sie dem verschärften internationalen Wettbewerb in keiner Weise gewachsen war.

Die SED-Machthaber hielten dennoch bis zum Schluß an ihrer verfehlten Wirtschaftspolitik fest. Während in Ungarn, Polen oder in der Sowjetunion die Weichen für marktwirtschaftliche Reformen gestellt wurden, beschwor Ost-Berlins oberster Wirtschaftslenker, Günter Mittag, unverdrossen die vermeintlichen Vorzüge der Planwirtschaft. Sie garantiere «Leistungsanstieg bei sozialer Sicherheit und Vollbeschäftigung», erklärte er im Dezember 1987 vor der Volkskammer. Schon damals – das jedenfalls behauptet der promovierte Ökonom heute in seinen unveröffentlichten Memoiren – zweifelte Mittag allerdings daran, «ob und inwieweit es überhaupt Möglichkeiten innerhalb eines sozialistischen Systems gibt, effektiver als der Kapitalismus zu wirtschaften». Und: «Das eigentliche Problem aus heutiger Sicht besteht nicht in der Durchführung von Reformen innerhalb der Planwirtschaft, sondern in der Entscheidung für oder gegen die Planwirtschaft und damit den realen Sozialismus überhaupt.»

An den Grundfesten der sozialistischen Planwirtschaft, Version Deutschland Ost, wollte oder konnte jedoch keiner im DDR-Machtzentrum, dem SED-Politbüro, rütteln, und das aus gutem Grund. Die greise Führungsclique wußte: Jeder Schritt in Richtung sozialer Marktwirtschaft – Version Deutschland West – würde die staatliche Teilung und damit die eigene Machtposition in Frage stellen. Otto Reinhold, Direktor der Akademie für Gesellschaftswissenschaften beim Zentralkomitee der SED, hat den Zusammenhang wenige Monate vor der Wende mit bemerkenswerter Offenheit klargestellt. Nur der Sozialismus legitimiere die Existenz des Staates DDR. Eine kapitalistische DDR habe neben einer kapitalistischen Bundesrepublik keine Daseinsberechtigung, weil ihr im Unterschied zu den sozialistischen Bruderstaaten die nationale Identität fehle. Wie bald seine Erkenntnis praktische Bedeutung erlangen sollte, schwante dem SED-Professor damals wohl kaum.

Die Legitimationsprobleme erklären indes auch, warum die sozialistische Kommandowirtschaft in der DDR am konsequentesten verfolgt und perfektioniert wurde. Die Folgen dieser im Ansatz falschen Politik wurden in ihrer ganzen Dimension erst offenbar, als sich die selbst von westlichen Experten als «Schweiz des

Ostens» gerühmte Volkswirtschaft dem internationalen Wettbewerb stellen mußte. Kaum einer der ehemals volkseigenen Betriebe ist in der Lage, unter den Bedingungen der Marktwirtschaft aus eigener Kraft zu überleben. Trotz massiver Finanzhilfe aus dem Westen droht eine Massenarbeitslosigkeit bisher unbekannten Ausmaßes. Entlarvt sich auch der Hinweis, die Trümmer von 40 Jahren Planwirtschaft könnten eben nicht von heute auf morgen beiseite geräumt werden, häufig als Schutzbehauptung überforderter Einheitspolitiker, so trifft er doch im Kern die heutigen Probleme. Die Frage, wie es zu dem Desaster kommen konnte, ist daher aktueller denn je.

Die Fundamente
der wirtschaftlichen Zweitklassigkeit
Die Aufbaujahre

Die Ausgangsbedingungen für die Wirtschaft in der Sowjetischen Besatzungszone (SBZ) waren zunächst nicht schlechter als in Westdeutschland. Im Gegenteil. Der Krieg hatte im Osten deutlich geringere Spuren der Verwüstung hinterlassen. Nur etwa 15 Prozent des industriellen Potentials war zerstört. In den Westzonen lag die Schadensquote dagegen bei 21 Prozent. Schon bald pflanzten dann aber die Sowjets die Wurzeln für die spätere wirtschaftliche Zweitklassigkeit. Statt die hochentwickelte Ökonomie zu einem Musterbeispiel sozialistischer Wirtschaftspolitik hochzupäppeln, saugten sie das Land systematisch aus. In mehreren großen Wellen demontierten sie alles, was ihnen für den Wiederaufbau der eigenen Volkswirtschaft nützlich erschien: Stahl- und Kraftwerke, Schuh- und Textilfabriken, Betriebe der Elektro- und Chemieindustrie, mehrere tausend Kilometer Eisenbahngleise. Selbst Betriebe, die inzwischen mühsam wieder instand gesetzt worden waren, wurden abgebaut und in die UdSSR transportiert. Auch vor der laufenden Produktion machte der Beutezug der Sowjets nicht halt. Sie bedienten sich mit Waren im Wert von nahezu 35 Milliarden Mark und verstießen damit klar gegen das Potsdamer Abkommen. Die Verluste durch Demontagen (5 Milliarden Mark) fielen demgegenüber deutlich ab. Auf insgesamt mehr als 100 Milliarden Mark addierten sich die Vermögenswerte, die der ostdeutschen Wirtschaft bis zum Tode Josef Stalins im Jahre 1953 entzogen wurden. Die westlichen Siegermächte gingen nicht annähernd mit der gleichen Konsequenz zu Werke. Zwar demontierten auch sie Industrieanlagen. Die Reparationsleistungen beliefen sich aber lediglich auf 3 Milliarden Mark und wurden 1948 ganz eingestellt. Auch die Wiedergutmachungen an das Ausland (60 Milliarden Mark) und die Belastungen aus dem Londoner Schuldenabkommen (12 Milliarden Mark) konnten den Wiederaufbau nicht aufhalten. Die Zahlungen setzten erst Anfang der fünfziger Jahre ein und durften über eine ganze Reihe von Jahren gestreckt werden. Mit dem als Marshall-Plan bekannt gewordenen European Recovery Program gaben die Amerikaner der westdeutschen Wirtschaft zudem eine nicht zu unterschätzende Initialzündung. Ohne die damit verbundene Zufuhr von Waren, Rohstoffen und Kapital wäre es kaum so schnell wieder aufwärts gegangen. Bereits 1950 erreichte die Wirtschaftsleistung pro Kopf der Wohnbevölkerung in der Bundesrepublik wieder das Niveau von 1936. Die DDR-Wirtschaft dagegen brauchte bis Anfang der siebziger Jahre, um ebenso produktiv wie vor dem Kriege zu werden.

Der Wiederaufbau im Osten wurde indes nicht allein durch die Raubzüge der Sowjets erschwert. Die DDR hatte auch stärker unter der deutschen Teilung zu leiden. Die Wirtschaft geriet nicht zuletzt aus dem Gleichgewicht, weil mit den neuen Grenzen auch die traditionelle Arbeitsteilung zwischen westdeutscher Schwerindustrie und mitteldeutscher Leichtindustrie zerstört wurde. Da die Eisenerz- und Steinkohlevorkommen auf dem Gebiet der späteren DDR äußerst unergiebig waren, war die Produktion von Stahl und Walzwerkerzeugnissen vor dem Kriege im Westen konzentriert. In den Nachkriegsjahren blieben diese Zulieferungen aus. Das traf die hochentwickelten ostdeutschen Betriebe der Metallverarbeitung um so schwerer, als auch noch vier Fünftel der ohnehin unbedeutenden Stahlwerkskapazitäten der Demontage zum Opfer fielen. Der Ausbau der Schwerindustrie wurde daher mit Nachdruck vorangetrieben. Diese Strategie entsprach zwar Stalins Doktrin vom «vorrangigen Wachstum» der Produktionsmittelzweige, wurde aber zu einem erheblichen Kostenproblem. Das Programm verschlang enorme Geldsummen, die an anderer Stelle – vor allem beim Aufbau der Konsumgüterindustrie – fehlten. Bevor die alles bestimmende Planungsbürokratie überhaupt richtig etabliert war, hatten die Planer ihre erste Fehlentscheidung getroffen. Denn im Verbund des östlichen Rates für gegenseitige Wirtschaftshilfe (RGW) war die rohstoffarme DDR vermutlich am wenigsten qualifiziert, im großen Stil Stahl zu produzieren. Die Schwerindustrie sollte nicht das einzige Beispiel dafür bleiben, wie wenig die Arbeitsteilung im RGW funktionierte.

Die sowjetische Reparationspolitik und der Verlust der gewachsenen Wirtschaftsbeziehungen zum westlichen Deutschland warfen die DDR beim Aufbau zwar immer wieder zurück. Als viel entscheidender für die spätere Dauermisere sollte sich aber erweisen, daß Stalins Version der sozialistischen Planwirtschaft vollständig kopiert und wie in keinem anderen Land des RGW perfektioniert wurde. «Von der Sowjetunion lernen heißt siegen lernen» lautete die Devise, die das ZK der SED im Juni 1951 in den Mittelpunkt ihrer Agitation stellte. Getreu dieser Losung hatte die KPD, die sich im April 1946 mit der SPD zur SED vereinigte, allerdings schon lange zuvor erste Weichen für die tiefgreifende Umstrukturierung der Wirtschaftsordnung gestellt.

Mit der Bodenreform vom September 1945 wurde der Großgrundbesitz, der östlich der Elbe seit jeher eine wirtschaftliche und politische Macht gewesen war, zerschlagen. Zugleich wurden damit die Voraussetzungen für die spätere Zwangskollektivierung der Landwirtschaft geschaffen. Alle Eigentümer, die mehr als 100

Hektar besaßen, verloren ihr Land. Ebenso wurden führende Nationalsozialisten und andere «Kriegsverbrecher» entschädigungslos enteignet. Landarbeiter, Flüchtlinge, landarme Bauern und Pächter erhielten aus dem so geschaffenen Bodenfonds land- und forstwirtschaftliche Nutzflächen. Insgesamt wurden so rund 2,2 Millionen Hektar verteilt. Die Zahl der bäuerlichen Betriebe, die vor dem Krieg auf dem Gebiet der DDR bei etwa 570000 gelegen hatte, stieg auf fast 800000 an. Diese Besitzverhältnisse konnten keinen Bestand haben. Zum einen erschwerte die Vielzahl kleinerer und mittlerer Betriebe den planerischen Zugriff auf die Landwirtschaft. Zum anderen entsprach das Ergebnis der Bodenreform nicht der marxistisch-leninistischen Ideologie. Deren agrarpolitisches Leitbild war der kollektive Großbetrieb. Entgegen früheren Beteuerungen beschloß die SED daher im Juli 1952 die «freiwillige Vorbereitung des Sozialismus auf dem Lande». Von Freiwilligkeit konnte in der Folgezeit allerdings kaum die Rede sein. Mit allen Mitteln forcierte die Partei den Zusammenschluß in Landwirtschaftlichen Produktionsgenossenschaften (LPG). Privatbauern, die nicht mitzogen, landeten nicht selten im Gefängnis. Ihnen wurde meist vorgeworfen, sie hätten ihre Ablieferungspflichten nicht erfüllt, was als Wirtschaftsverbrechen galt. Als Anfang 1960 noch immer rund 450000 Privatbetriebe existierten, verstärkte die SED den psychologischen und wirtschaftlichen Druck. Innerhalb von nur drei Monaten wurden 2,5 Millionen Hektar kollektiviert – fast ebensoviel wie in den siebeneinhalb Jahren zuvor. Im Wendejahr 1989 bewirtschafteten 3844 Genossenschaften und 464 Volkseigene Güter (VEG) etwa 95 Prozent der landwirtschaftlichen Nutzfläche in der DDR.

Schneller als in der Landwirtschaft schritt in der Industrie die Zerschlagung der privatkapitalistischen Eigentumsordnung voran. Bereits Ende 1945 hatte die Sowjetische Militäradministration in Deutschland (SMAD) eine Reihe wichtiger Firmen beschlagnahmt. Formal richtete sich die Maßnahme gegen «Naziaktivisten und Rüstungsfabriken». Ein Teil der Betriebe ging in das Eigentum der UdSSR über. Sie wurden als Sowjetische Aktiengesellschaften (SAG) weitergeführt und entgingen so meist der Demontage. Der größere Teil der beschlagnahmten und entschädigungslos enteigneten Betriebe wurde dagegen zu «Volkseigentum» erklärt. Das gleiche Schicksal ereilte wenige Monate später knapp 1900 Unternehmen im Lande Sachsen, dem industriellen Zentrum Ostdeutschlands. In einem am 30. Juni 1946 veranstalteten Volksentscheid über die Enteignung von Betrieben der «Kriegsverbrecher und aktiven Faschisten» brachte die SED 77,6 Prozent der Wähler hinter sich. Das sächsische Plebiszit war SMAD und SED Rechtfertigung genug, in den anderen Ländern der SBZ ähnlich zu verfahren. Ohne Volksabstimmung enteigneten sie weitere 1800 Firmen. Damit stieg die Gesamtzahl der industriellen VEB auf über 3800. Zusammen mit den mehr als 200 Sowjetischen Aktiengesellschaften trug die Staatswirtschaft bereits 1947 fast 60 Prozent zur Industrieproduktion bei. Bis 1952 stieg dieser Anteil auf rund 90 Prozent. Nicht zuletzt exorbitant hohe Steuern zwangen viele mittlere und kleine Industrielle, das Handtuch zu werfen und in den Westen abzuwandern.

Auch die übrigen Wirtschaftsbereiche schonten die Kommunisten nicht. Ob Banken, Versicherungen oder Handel – in jeder Branche dominierten spätestens Ende der fünfziger Jahre Formen des sozialistischen Eigentums, also Volks- oder genossenschaftliches Gemeineigentum. Allein mit der Vergesellschaftung des Handwerks ließ sich die SED Zeit. Damit war bereits früh der marxistisch-leninistischen Theorie weitgehend Genüge getan. Sie macht das private Eigentum an Produktionsmitteln für Ausbeutung und Entfremdung der Menschen verantwortlich und sieht darin die Ursache für Arbeitslosigkeit, Krisen und Krieg. Mit der Zerschlagung der kapitalistischen Produktionsverhältnisse war für Lenin aber eine bedeutende Konsequenz verbunden: «Sozialismus ist undenkbar ohne planmäßige staatliche Organisation, die Dutzende Millionen Menschen zur strengen Einhaltung einer einheitlichen Norm in Erzeugung und Verteilung der Produkte anhält.» Nach seiner Auffassung war planmäßige Produktion jeder marktwirtschaftlichen Ordnung überlegen. Nur durch Planung könne Verschwendung vermieden und entsprechend den Bedürfnissen der Menschen produziert werden. Die Geschichte des real existierenden Sozialismus sollte genau das Gegenteil beweisen.

Die geistigen Erben von Marx und Lenin in der DDR machten sich jedenfalls daran, die Theorie mit deutscher Gründlichkeit umzusetzen. Bereits im Herbst 1945 entwarf die Sowjetische Militäradministration erste Vierteljahrespläne, um die Erzeugung strategisch wichtiger Güter – vor allem von Brennstoffen und Energie – zu steuern. Private wie volkseigene Unternehmen mußten sich dem Diktat des Planes unterwerfen und ihr mittelfristiges Produktionsprogramm nach den Vorgaben ausrichten. Gleichzeitig wurden die deutschen Dienststellen angewiesen, für 1946 volkswirtschaftlich ausgerichtete Vierteljahrespläne auszuarbeiten. Die Saat für das zügige Entstehen einer Zentralverwaltungswirtschaft sowjetischen Zuschnitts war ausgebracht, und die deutschen Genossen machten in der Folgezeit Nägel mit Köpfen. Für 1948 legten sie erstmals einen Jahreswirtschaftsplan vor. Es folgte ein Zweijahrplan (1949–1950) und schließlich der erste verbindliche Fünfjahrplan (1951–1955). Damit war bereits festgelegt, wie weit im voraus künftig die Geschicke einer ganzen Volkswirtschaft bestimmt werden sollten.

Parallel zu den Plänen wucherte die entsprechende Bürokratie. Aus Ämtern für Wirtschaftsplanung der Länderverwaltungen zu SBZ-Zeiten entstand letztlich die Staatliche Plankommission. Ihre Aufgabe war es, die Politik der staatstragenden SED in Volkswirtschaftspläne zu kleiden. Die Kommission schlüsselte ihre Vorgaben auf branchenmäßig organisierte Ministerien, Regionen oder Kombinate auf. In den Ministerien vollzog sich der gleiche Prozeß für Kombinate und Betriebe. Diese mußten wiederum ihre Planvorgaben bis auf die kleinsten Kollektive von Werktätigen, die

Brigaden, aufgliedern. In diesem ausgeklügelten Weisungssystem wußte jeder Betrieb ziemlich genau, welche Produkte mit welcher Qualität, zu welchem Zeitpunkt, mit welchen Maschinen und mit wieviel Arbeitskräften er zu produzieren hatte.

Die Kommunisten mußten Produktionsmittel sozialisieren und die Wirtschaft in das Korsett zentraler Planung zwingen, um ihr erklärtes Ziel zu erreichen: «Die Eroberung der politischen und wirtschaftlichen Kommandohöhen.» – «Im Kern», so schreibt Wolfram Weimer in der FAZ, «war die euphemistisch Planwirtschaft genannte Ordnung kein planvolles ökonomisches Konzept, sondern ein politisches Herrschaftsinstrument.» Den «Subjektivismus», den der Marxismus-Leninismus so verteufelte, praktizierte die SED in ihrer Wirtschaftspolitik bis zum Exzeß. Die Politik, die Walter Ulbricht und später Erich Honecker diente, ihre Macht zu sichern, mußte theoretisch untermauert werden und wurde so Bestandteil des Planungssystems, egal ob sie mit den Gesetzen der Ökonomie vereinbar war oder nicht.

Am wenigsten galt dies noch in den Aufbaujahren der Republik. Zwar stand gerade in dieser Phase die Machtsicherung im Vordergrund. Die später zur Leerformel entartete Devise, daß nur verbraucht werden kann, was erwirtschaftet wird, wurde jedoch in diesen Jahren tatsächlich befolgt. Nach Anlaufschwierigkeiten stellten sich denn auch gewisse Erfolge ein. So stieg die Erzeugung von Rohstahl, die 1946 auf 150000 Tonnen gesunken war, bis 1953 auf 2,1 Millionen Tonnen. Sie war damit doppelt so hoch wie vor dem Kriege. Der erste Fünfjahrplan, der eine Verdoppelung der Industrieproduktion gegenüber 1950 vorsah, wurde mehr als erfüllt. Die Arbeitsproduktivität – also die Leistung pro Beschäftigten – nahm um 55 Prozent zu. Möglich war dieses Wachstum nur, weil sich die Bürger der jungen Republik in Konsumverzicht üben mußten. Im Plan war auch die Summe aller Löhne und Gehälter festgeschrieben. Für die seit 1948 wieder üblichen Tarifverhandlungen blieb so kaum Spielraum. Das monatliche Durchschnittseinkommen lag 1950 bei 256 Mark und stieg bis

1955 auf 354 Mark. Das war nicht viel Geld. Zu erschwinglichen Preisen gab es nur die kargen Lebensmittelrationen. Die Waren im staatlichen HO-Laden waren überteuert: 1950 mußte man 36 Mark für ein Kilo Butter und 40 Mark für ein Kilo Schweinekamm hinlegen.

Daß sich die Lebensverhältnisse Anfang der fünfziger Jahre kaum verbesserten, lag wesentlich an den hohen Ausgaben für den Aufbau der Schwerindustrie. Sie allein brachten die DDR an Grenzen ihrer Leistungsfähigkeit. Die Parteiführung verpflichtete sich denn auch selbst auf ein «strenges Sparregime». Subventionen für Verkehrstarife wurden gestrichen, die Preise für eine Reihe rationierter Lebensmittel erhöht. Aber die Finanzlücken konnten so nicht geschlossen werden. Als die Parteispitze den Ministerrat auch noch anwies, die Arbeitsnormen um durchschnittlich 10 Prozent anzuheben, lief das Faß über. Sowjettruppen schlugen am 17. Juni 1953 den Volksaufstand gewaltsam nieder.

Bereits Anfang Juni, drei Monate nach Stalins Tod, hatte die Führung der KPdSU die deutschen Genossen ins Gebet genommen und ihre «fehlerhafte politische Linie» für die «massenhafte Flucht» von DDR-Bürgern in die Bundesrepublik verantwortlich gemacht. Der Aufbau des Sozialismus in Ostdeutschland sei forciert worden, ohne daß dafür die «notwendigen realen sowohl innen- als auch außenpolitischen Voraussetzungen» vorhanden gewesen seien. Die «schwere Industrie» sei ohne «gesicherte Rohstoffquellen» beschleunigt worden. Die «übereilte Schaffung» der Landwirtschaftlichen Produktionsgenossenschaften habe zu ernsten Problemen bei der Versorgung mit Nahrungsmitteln geführt. Eine große Zahl von Handwerkern und Gewerbetreibenden sei «ruiniert», und «bedeutende Schichten» seien «gegen die bestehende Macht eingenommen» worden, kritisierte das Politbüro der KPdSU.

Die Abrechnung der Moskauer Genossen mit dem Stalinismus, die mit dem XX. Parteitag der KPdSU im Jahre 1956 endgültig vollzogen wurde, zwang auch die SED zu politischen Korrekturen.

Mit dem «Neuen Kurs» versuchte die SED nach den Juniereignissen, den Lebensstandard der Bevölkerung schnell zu verbessern. Die Aufwendungen für die Schwerindustrie wurden zugunsten der Konsumgüterindustrie zurückgefahren, die HO-Preise gesenkt, die noch vorhandenen Privatunternehmen durch Steuernachlässe gefördert und der Klassenkampf auf dem Lande zurückgeschraubt. Alles war indes nur ein taktisches Manöver. Auf dem 24. ZK-Plenum im Juni 1955 stellte Walter Ulbricht klar: «Wir hatten nie die Absicht, einen solchen falschen Kurs einzuschlagen, und wir werden es auch niemals tun.»

Gegen Ende der fünfziger Jahre stabilisierte sich die politische und wirtschaftliche Lage zunehmend. Im Mai 1958 verschwanden endlich auch in der DDR die Lebensmittelkarten. Dies führte zwar zu Preissteigerungen, doch nahmen auch die Löhne zu, und die Versorgungslage verbesserte sich deutlich, da die Produktivität ebenfalls zulegte. Bis 1959 stieg die Wachstumsrate der Industrieproduktion auf 12 Prozent. Selbst die Flüchtlingszahlen sanken. Ein Großteil der Menschen hatte sich, so schien es, mit dem System arrangiert. Umfragen zufolge standen breite Bevölkerungskreise sogar hinter der Verstaatlichungspolitik. Auf dem V. Parteitag der SED im Juli 1958 verkündete Walter Ulbricht, offenbar beflügelt von den Erfolgen, große Ziele: «Die Volkswirtschaft der DDR ist innerhalb weniger Jahre so zu entwickeln, daß die Überlegenheit der sozialistischen Gesellschaftsordnung der DDR gegenüber der Herrschaft der imperialistischen Kräfte im Bonner Staat eindeutig bewiesen wird und infolgedessen der Pro-Kopf-Verbrauch unserer werktätigen Bevölkerung mit allen wichtigen Lebensmitteln und Konsumgütern den Pro-Kopf-Verbrauch der Gesamtbevölkerung in Westdeutschland erreicht und übertrifft.» Bis Ende 1961 wollte Ulbricht die Bundesrepublik «ein- und überholen». Tatsächlich vergrößerte sich der Abstand in den fünfziger Jahren ständig zuungunsten der DDR.

Das «Neue Ökonomische System»
Ulbrichts dritter Weg

Die gewisse Stabilität der späten fünfziger Jahre sollte sich als Ruhe vor dem Sturm erweisen. Die in der Folge mit allen Mitteln betriebene Kollektivierung in der Landwirtschaft rief neue Unruhe in der Bevölkerung und Planrückstände in der Nahrungsmittelproduktion hervor. Auch das industrielle Wachstum ging zurück. Die Staats- und Parteiführung mußte ihre überzogenen Planziele mehrfach korrigieren. Als der Flüchtlingsstrom erneut anschwoll, reagierte sie auf ihre Weise: Sie riegelte die DDR am 13. August 1961 mit dem Bau der Mauer kurzerhand ab.

Der Mauerbau verschaffte der SED-Führung Luft. Sie konnte jetzt, so glaubte man zumindest, in aller Ruhe die ökonomische Überlegenheit des Sozialismus unter Beweis stellen. Der Erfolgsdruck, den die Übersiedlerzahlen auf die Wirtschaftspolitik ausgeübt hatten, entfiel. Erstmals konnten sich die Planer auf sichere Kalkulationen des Arbeitskräftereservoirs stützen. Kein Meister oder Brigadier mußte mehr am Morgen seine Belegschaft durchzählen und feststellen, daß wieder einmal einige der Jüngsten und Leistungsfähigsten auf Nimmerwiedersehen verschwunden waren. Daran, daß der personelle Aderlaß die ostdeutsche Wirtschaft schwer geschädigt hatte, bestand jedenfalls kein Zweifel. Bereits 1957 hatte der Kieler Ökonom Fritz Baade die durch Abwanderung verlorenen Investitionen in Bildung und Ausbildung auf 22,5 Milliarden Mark beziffert.

Binnenwirtschaftlich hatte die Grenzziehung denn auch eine stabilisierende Wirkung, zumal sich die Menschen gezwungenermaßen schnell auf die neue Situation einstellten. Die systemeigenen Schwächen der zentralverwalteten Planwirtschaft konnten mit dem Mauerbau allerdings nicht überwunden werden, was auch Staats- und Parteichef Walter Ulbricht wußte. Bereits Mitte der fünfziger Jahre waren Versuche unternommen worden, die mit der starren Mengenplanung verbundenen Probleme in den Griff zu bekommen. Sie stellten das hierarchische Weisungssystem jedoch nicht grundsätzlich in Frage und blieben somit ebenso ergebnislos wie ähnliche Reformbestrebungen im Jahre 1961. Immer deutlicher kristallisierten sich die Nachteile der Planwirtschaft heraus. Zwar war sie in der Lage, innerhalb relativ kurzer Zeit ein beachtliches Mengenwachstum zu erzeugen, zum Beispiel eine Reihe von Stahlwerken aus dem Boden zu stampfen. Eine «eigene ökonomische Dynamik», wie Klaus Leciejeski es ausdrückt, konnte sie aber nicht hervorbringen. Obwohl die Wirtschaftsplaner in den Jahren 1956 bis 1962 die Investitionen massiv aufstockten, wurden die Wachstumsziele regelmäßig verfehlt.

Die Gründe waren klar. Das System bot Werktätigen und Betrieben kaum Anreize, ihre Leistung zu verbessern. Sie wußten nicht einmal, wie sie im Vergleich zu den übrigen Unternehmen dastanden. Als rentabel galt ein Betrieb, der seinen Plan erfüllte, auch wenn unter dem Strich ein finanzieller Verlust herauskam. Der Gewinn war eine reine Rechengröße. Als Maßstab für die Wirtschaftlichkeit eines Betriebes hätte er sich ohnehin nicht geeignet, da Einkaufs- wie Verkaufspreise willkürlich festgelegt wurden. Nicht die Knappheit eines Gutes bestimmte seinen Preis, sondern die zentrale Wirtschaftsführung, die damit politische Ziele verfolgte. Häufig waren gerade die knappsten Güter am billigsten, was allein der Verschwendung wertvoller Ressourcen Vorschub leistete. Auch noch so ausgeklügelte Planungsmethoden konnten nicht den Preis- und Leistungswettbewerb ersetzen, der in der Marktwirtschaft als mächtige Triebfeder wirkt. Produktivitätswachstum und Innovationstempo mußten so gegenüber der bundesdeutschen Ökonomie zurückbleiben. Trotz «Tonnenideologie», die die Manager der Staatsbetriebe nur allzu sehr verinnerlichten, war das System häufig nicht einmal in der Lage, die Nachfrage rein quantitativ zu befriedigen. Der Mangel an den einfachsten Gütern war in der DDR ein Dauerphänomen, die Ansprüche an Qualität und Sortimentsvielfalt konnten die VEB ohnehin nie richtig erfüllen.

Ulbricht war klar, daß im Kapitalismus sehr viel effizienter gewirtschaftet wurde. Was lag also näher, als bei der Reform der eigenen Wirtschaftsordnung auf im Westen bewährte Prinzipien zurückzugreifen. Das Grundkonzept lieferte ihm Evsei S. Liberman, ein sowjetischer Wirtschaftswissenschaftler. Liberman hatte im September 1962 in der «Prawda» gefordert, endlich «Schluß mit der kleinlichen Bevormundung der Betriebe durch administrative Maßnahmen» zu machen, und damit die Reformdiskussion im sozialistischen Lager eingeleitet. In dem vielbeachteten Artikel schlug er vor, statt quantitativer Planvorgaben eine Gewinnkennziffer zum Maßstab des Erfolges zu machen. Gleichzeitig wollte er die starren Planpreise durch stärker an den tatsächlichen Kosten orientierte Preise ersetzen. Die zentrale Planung sollte nur noch wenige Daten vorgeben, um den Entscheidungsspielraum und die Selbständigkeit der Unternehmen deutlich zu vergrößern. Zudem sollten die Löhne zum Teil an die erzielten Gewinne gekoppelt werden, um die Betriebskollektive zu höherer Leistung anzuspornen.

In der Sowjetunion konnte sich Liberman mit seinen Vorschlägen nicht durchsetzen: Ein ZK-Plenum der KPdSU im November 1962 verwarf sie, was nicht weiter verwunderte. Schließlich handelte es sich um recht weitgehende Reformpläne, die auf einen erheblichen Machtverlust der zentralen, von der Partei gesteuerten Verwaltung zugunsten der dezentralen Betriebe hinausliefen. Um so mehr überraschte es, daß sich die SED trotz des negativen Votums der Sowjetführung an die Spitze der ökonomischen Reformbewegung setzte. Walter Ulbricht beauftragte Günter Mittag, Jahrgang 1926, und Erich Apel, Jahrgang 1917, mit der Ausarbeitung eines Programms, das als «Neues Ökonomisches System der Planung und Leitung», kurz NÖS genannt, in die Geschichte eingehen sollte. Mittag wie Apel zählten zur zweiten Generation der SED-Garde, die sich im Gegensatz zu den Altfunktionären nicht durch ihren antifaschistischen Hintergrund oder ihr frühes Bekenntnis zum Kommunismus auszeichnete. Beide waren erst relativ spät zur Parteispitze gestoßen und repräsentierten das, was im Westen fälschlicherweise als technokratische «Gegenelite» zu den reinen Politkadern gesehen wurde. Zumindest Günter Mittag sollte später noch zur Genüge unter Beweis stellen, welch versierter Machtpolitiker er war.

Apel, damals Chef der Staatlichen Plankommission, und Mittag, der von seinem Mitstreiter im Juni 1962 den Posten des ZK-Sekretärs für Wirtschaft übernommen hatte, gingen mit Elan an die Aufgabe und leisteten ganze Arbeit. Die beiden promovierten Ökonomen legten ihrem Chef bald das gewünschte Konzept vor. Auf dem VI. SED-Parteitag im Januar 1963 ließ Ulbricht das NÖS beschließen. Es fußte ganz auf den Libermanschen Gedanken. Eine Reihe «ökonomischer Hebel» (Gewinn, flexible Preise, Kosten, Kredit, Zins, Prämien) sollten eine «gewisse Selbstregulierung» der Wirtschaft auf der Grundlage des Planes bewirken. Wichtigster Hebel war der Gewinn. Von seiner Höhe hing unter anderem ab, wieviel Geld die Unternehmen investieren oder als Prämien an die Belegschaft ausschütten konnten. Die Industriepreise wurden in drei Etappen bis 1967 neu festgelegt. Grundsätzlich sollten die Betriebe ihre Preisbildung an den eigenen Kosten orientieren. Produktionsziele in Menge und Gewicht wurden nur in wenigen Ausnahmebereichen – etwa bei militärischen Gütern – gesetzt. Ansonsten gaben die Planungsinstanzen nur die finanzielle Kennziffer «Warenproduktion» vor – zum Beispiel den Umsatz mit bestimmten Herrenschuhen. Für die Einhaltung dieser Vorgaben sollten die Vereinigungen Volkseigener Betriebe (VVB) sorgen. Diesen «Ökonomischen Führungsorganen» kam die Aufgabe zu, die Betriebe ganzer Industriebranchen nach wirtschaftlichen Gesichtspunkten zu leiten und in Produktion, Absatz oder Forschung zu unterstützen. Walter Ulbricht nannte sie stolz «sozialistische Konzerne».

Der Staats- und Parteichef war offenbar fest davon überzeugt, mit seinem «Neuen Ökonomischen System» eine Synthese von Plan und Markt gefunden zu haben, mit der er dem westlichen

Kapitalismus Paroli bieten konnte. Und tatsächlich waren der Ulbrichtschen Version des dritten Weges zwischen Markt- und Planwirtschaft gewisse Erfolge nicht abzusprechen. Von 1963 an entwickelte sich die DDR-Wirtschaft mit bemerkenswert stetigen und relativ hohen Wachstumsraten. Daraufhin steckte Ulbricht die Ziele noch höher. «Einholen ohne überholen» lautete jetzt seine Devise. Das bundesdeutsche Wirtschaftswunder war trotz Mauer noch immer das Maß aller Dinge, das es zu übertrumpfen galt. Dabei stützte sich der SED-Chef, der mittlerweile das siebzigste Lebensjahr überschritten hatte, nicht allein auf sein NÖS. Er verfolgte auch eine Strukturpolitik, die sich auf bestimmte «volkswirtschaftlich strukturbestimmende Erzeugnisse, Erzeugnisgruppen, Verfahren und Technologien» konzentrierte. Maschinen- und Fahrzeugbau, Chemieindustrie sowie Elektrotechnik und Elektronik wurden verstärkt gefördert, um ein höheres Wachstumstempo zu erreichen. Vom Reformkonzept waren diese Bereiche ausgenommen. Wie früher schrieben die Wirtschaftsplaner Produktionsziele nach Art und Menge sowie Investitionsbudgets zentral vor.

Auch sonst wurde das «Neue Ökonomische System» mit der Zeit mehr und mehr verwässert, was seine Gründe hatte. Nach anfänglichen Problemen verstanden es Betriebe und VVB immer besser, die neuen Freiräume zu nutzen. Damit verfolgten sie aber unweigerlich andere Ziele als die zentrale Wirtschaftsplanung. Ihr Interesse an möglichst hohen Gewinnen und damit Prämien für die Beschäftigten unterminierte nicht zuletzt die ambitionierte Wachstumspolitik in den strukturbestimmenden Bereichen. Das Gewinnstreben führte nicht zu der erhofften Effizienzsteigerung und Marktentlastung, sondern heizte vor allem den Verteilungskampf um die knappen Ressourcen an. Seinen Ausdruck fand dies etwa bei der Preisbildung. Zwar galten weiter Festpreise. Doch Ziel des NÖS war es auch, die Betriebe durch höhere Gewinne zur Entwicklung neuer und besserer Produkte zu motivieren. Das beinhaltete zwangsläufig Preisanhebungen. Nicht selten genehmigten die zuständigen Stellen aber Preiszuschläge auf die neuen Produkte, die ökonomisch kaum zu rechtfertigen waren. Es stellte sich heraus, daß das NÖS den freien Wettbewerb – zumindest unter den in der DDR vorherrschenden Bedingungen – nicht ersetzen konnte. Zudem mußte die Partei befürchten, durch die Verselbständigung der wirtschaftlichen Prozesse zunehmend in den Hintergrund gedrängt zu werden. Nicht umsonst mehrten sich kritische Stimmen, die die SED zu einer reinen Wirtschaftspartei verkommen sahen.

Als dann die DDR-Wirtschaft in den Jahren 1969 und 1970 auch noch in eine erneute Wachstumskrise schlitterte, waren die Tage des NÖS ebenso gezählt wie die des Reformers Walter Ulbricht. Nunmehr rächte sich die ungleichgewichtige Förderung zugunsten der vermeintlichen Zukunftsindustrien. Die hohen Investitionen in die strukturbestimmenden Bereiche brachten nicht die erwarteten Ergebnisse. Gleichzeitig war die Lage der vernachlässigten Wirtschaftszweige – ob nun Energiesektor, Zulieferindustrien oder konsumnahe Produktionsbereiche – desolat. Die Parteiführung räumte öffentlich Versorgungsmängel ein, zog Ende 1970 die Notbremse und schränkte den Spielraum der Betriebe wieder ein.

Die Kommando-Wirtschaft
Das Gespann Honecker und Mittag

Als Erich Honecker von seinem einstigen Mentor Ulbricht 1971 die Macht übernahm, versetzte er dem Reformkonzept endgültig den Todesstoß. Es war, wie der 1986 in die Bundesrepublik übergesiedelte DDR-Ökonom Harry Maier schreibt, «ohnehin bis zur Unkenntlichkeit entstellt». Das ökonomische Erbe, das Honecker antrat, war zwar nicht einfach. So desolat, wie einige Wirtschaftshistoriker Glauben machen wollen, war die Situation Anfang der siebziger Jahre aber nicht: «Knapp 10 Jahre nach dem Bau der Mauer überließ Ulbricht seinem Nachfolger Honecker eine leidlich intakte Wirtschaft, in der freilich viele Wünsche der Bevölkerung offengeblieben waren und die bezüglich der Produktivitätsentwicklung nicht mit den führenden westlichen Ländern Schritt gehalten hatte», resümiert etwa das Berliner Institut für angewandte Wirtschaftsforschung (IAW), das 1990 aus dem Forschungsinstitut der Staatlichen Plankommission hervorging. Tatsächlich hatte sich die DDR zum modernsten Industriestaat im sozialistischen Lager entwickelt. Lebensstandard und Produktivität waren in keinem anderen RGW-Land höher. In den sechziger Jahren war der Anteil der Haushalte, die einen Fernseher besaßen, von 17 auf 69 Prozent gestiegen. Der Anteil der Familien, die über Kühlschrank oder Waschmaschine verfügten, wuchs von 6 auf 54 bzw. 56 Prozent. Und auch die Zahl der Privatautos nahm zu. 1970 nannten 15 Prozent aller Haushalte einen Pkw ihr Eigen, zehn Jahre zuvor waren es erst gut drei Prozent. In der Bundesrepublik war die Versorgung mit den Errungenschaften der modernen Zivilisation zwar sehr viel besser. Die DDR-Bürger hatten es dennoch zu bescheidenem Wohlstand gebracht. In der Weltrangliste der großen Industrienationen hatte sich die Republik auf den neunten Rang vorgearbeitet, was nicht zuletzt eine Folge der Ulbrichtschen Investitionspolitik war: Der Anteil der Investitionen am Volkseinkommen stieg von 22,7 Prozent im Jahre 1960 auf 29 Prozent im Jahre 1970 und erreichte damit das Rekordniveau der DDR-Geschichte. Laut Berliner IAW war die Versorgung mit Rohstoffen, Material und Zulieferungen im Grundsatz gesichert. Es gab, so die Forscher, auch keine entscheidenden Disparitäten zwischen den Wirtschaftszweigen. Die Verschuldung im westlichen Ausland war mit einer Milliarde US-Dollar keineswegs besorgniserregend, und der Staatshaushalt war schuldenfrei. Nach Ansicht des IAW waren damit alle Voraussetzungen gegeben, die «Aufgaben der Gegenwart und Zukunft in ausgewogenem Verhältnis in Angriff zu nehmen».

Dafür, daß dies nicht geschah, waren vor allem zwei Männer verantwortlich: Erich Honecker und Günter Mittag. Beide hatten sich Hoffnungen darauf gemacht, Walter Ulbricht als Staats- und Parteichef zu beerben. Mittag, der es vom kleinen Reichsbahninspektor und Gewerkschafter bis zum ZK-Wirtschaftssekretär gebracht hatte, war indes klug genug einzusehen, daß er gegen Honecker keine Chance hatte. Schließlich stand er als einer der Architekten des NÖS für eine Wirtschaftspolitik, die letztlich zum Sturz von Ulbricht geführt hatte. Honecker gelang es denn auch mühelos, im SED-Politbüro, dem Mittag seit 1966 als Vollmitglied angehörte, den gebürtigen Stettiner auf seine Seite zu ziehen. «Honecker hatte erkannt, daß er in Mittag den Prototyp eines Opportunisten vor sich hatte, der bereit und imstande sein würde, über Nacht eine ökonomische Kehrtwendung zu vollziehen», schreibt Peter Przybylski in seinem Buch «Tatort Politbüro». Mittag selbst erklärt sein Verhalten mit einer tüchtigen Portion Heuchelei so: «In manchen Situationen habe ich auch opportunistisch gehandelt, weil ich immer glaubte, daß sich Vernunft und Realitätssinn schließlich durchsetzen werden.»

Der Sinn für die ökonomischen Realitäten sollte der Mittagschen Politik später fast völlig abgehen. So wie er in den sechziger Jahren seine «ganze Energie» in Ulbrichts Reformen investierte, so elanvoll setzte er in den siebziger und achtziger Jahren alles daran, die von Honecker propagierte «Einheit von Wirtschafts- und Sozialpolitik» durchzusetzen. Dabei wußte Mittag genau, daß diese Politik über kurz oder lang in die Katastrophe führen mußte. Den offensichtlichen Widerspruch kompensierte er mit seiner ganz persönlichen Lebenslüge. Schuld waren die anderen, die die Mahnungen und Anregungen des Reformers, der er im Herzen immer geblieben war, nicht gebührend berücksichtigten: Plankommission und Ministerrat, der den «Großteil der Beschlüsse» angeblich «völlig selbständig» faßte. In Wirklichkeit lief in der DDR-Wirtschaft spätestens seit 1976 praktisch nichts ohne das Plazet Mittags.

Honecker hatte ihn im Oktober 1973 zum Ersten Stellvertretenden Ministerpräsidenten degradiert und Werner Krolikowski zum ZK-Sekretär für Wirtschaftsfragen berufen: «Es hätte nicht viel gefehlt, und meine politische Laufbahn wäre mit der Absetzung W. Ulbrichts ebenfalls zu Ende gewesen», meint Mittag heute. Das Zwischenspiel im Ministerrat sollte jedoch nur drei Jahre dauern. Krolikowski, den Günter Schabowski als «Quaßler» bezeichnet, erfüllte Honeckers Erwartungen nicht. Also mußte er mit Mittag wieder den Posten tauschen. Fortan verließ sich der Parteichef ganz auf seinen geläuterten Wirtschaftssekretär, und der durfte seine Machtposition systematisch ausbauen.

Beim Politbüro wurden eine Wirtschaftskommission und eine Zahlungsbilanzgruppe eingerichtet, die Mittag unterstanden. Dadurch avancierte der Wirtschaftssekretär de facto zum Chef der ökonomischen Ministerien und der Plankommission. Wichtige Entscheidungen wurden nur noch vom Mittag-Apparat getroffen, Ministerien, Plankommission, Kombinate und Betriebe zu reinen Befehlsempfängern degradiert. Wenn etwas schief lief, mußten vor allem sie den Kopf hinhalten. Folglich ließen sie sich jeden Schritt vom Mittag-Apparat absegnen. Der holte sich wiederum den Segen Erich Honeckers. «So entstand ein in sich geschlossenes System kollektiver Verantwortungslosigkeit», schreibt Harry Maier. Und: «Aus dem einstigen Reformer war inzwischen ein machtbesessener Zyniker geworden.»

Je drängender die wirtschaftlichen Probleme wurden, desto mehr konzentrierten Honecker und Mittag die Beschlüsse auf sich. Bereits kurz nach Mittags erneuter Kür zum ZK-Wirtschaftssekretär hatten sie die Voraussetzung dafür geschaffen, ohne Wissen und Kontrolle von Parlament und Regierung wichtige Entscheidungen treffen zu können: Der von Alexander Schalck-Golodkowski geleitete «Bereich Kommerzielle Koordinierung» (KoKo), von dem noch die Rede sein wird, wurde Mittag direkt unterstellt. In den letzten Jahren, so schreibt Günter Schabowski, seien wesentliche Anordnungen nur in direkter Korrespondenz zwischen Mittag und Honecker getroffen worden. Der Staats- und Parteichef habe sich darauf beschränkt, Briefen von Mittag mit der

Marginalie «Einverstanden. Honecker» Beschlußkraft zu verleihen. Die «kalte Zweckgemeinschaft» (Schabowski) funktionierte fast bis zum Schluß. Auf der Politbürositzung am 17. Oktober 1989, auf der Honecker abgelöst wurde, mußte er sich von Mittag zum Alleinschuldigen der Misere in der DDR erklären lassen.

Mit dem Sturz Ulbrichts kehrte die DDR-Führung nicht nur zur zentralen administrativen Steuerung der Wirtschaft zurück. Sie machte auch Schluß mit der Wachstumspolitik der sechziger Jahre. Anders als Ulbricht, der die Investitionen auf Kosten des Konsums gefördert hatte, zielte Honeckers Strategie ganz auf den Verbrauch. Bereits im Juni 1971 formulierte der VIII. SED-Parteitag für den Zeitraum des Fünfjahrplanes 1971–1975 die neue Wirtschaftspolitik: «Die Hauptaufgabe des Fünfjahrplanes besteht in einer weiteren Erhöhung des materiellen und kulturellen Lebensniveaus des Volkes auf der Grundlage eines hohen Entwicklungstempos der sozialistischen Produktion, der Erhöhung der Effektivität, des wissenschaftlich-technischen Fortschritts und des Wachstums der Arbeitsproduktivität.» Bei dieser Sprachregelung sollte es während zwanzig Jahren Honecker-Herrschaft bleiben. Was man sich von dieser Hauptaufgabe in ihrer «untrennbaren Einheit von Wirtschafts- und Sozialpolitik» versprach, war klar: Die DDR-Bürger sollten durch eine schnelle Verbesserung ihrer Lebensverhältnisse motiviert werden, immer mehr zu leisten.

Die SED-Führung machte sich unverzüglich daran, das Füllhorn sozialer Wohltaten über dem Volk auszuschütten. Absolute Priorität hatte der Wohnungsbau. Ein 1971 aufgelegtes Programm, nach dem bis 1975 eine halbe Million Wohnungen fertiggestellt werden sollten, wurde um mehr als 20 Prozent übererfüllt. «Als soziales Problem» werde die Wohnungsfrage bis 1990 gelöst sein, erklärte Honecker, der gleichzeitig die Mieten senken ließ. Bei Neubaumieten von einer Mark pro Quadratmeter, die über Jahrzehnte unverändert blieben, konnte von Kostendeckung keine Rede sein. Ähnlich verhielt es sich mit den Preisen für andere Güter und Dienstleistungen. Ob nun diverse Industrieprodukte, Strom und Heizung, Bus und Bahn, Nahrungsmittel oder andere Waren des Grundbedarfs – überall verpflichtete der sozialistische Staat seine Bürger mit hochsubventionierten Minipreisen zur Loyalität. Selbst als das heimische Warenangebot zurückging, blieben Preiserhöhungen bei vielen Konsumgütern ein Tabu. Mehr Urlaub, höhere Löhne und Renten, Geburtenbeihilfe, zinsloser Kredit bei der Eheschließung, Erleichterungen für die werktätige Mutter – die Sozialleistungen wurden ständig ausgebaut. «Der Wettbewerb mit der Bundesrepublik», so Klaus Leciejewski, «erfolgte in der Selbstdarstellung der DDR immer weniger auf ökonomischen Gebiet.» Hervorgehoben wurden jetzt die Vorzüge der Sozialordnung. Wenn es schon nicht möglich war, die bundesdeutsche Wirtschaftskraft zu erreichen, dann sollte die DDR zumindest der bessere Sozialstaat sein.

Doch die größere soziale Sicherheit, die der Staat seinen Bürgern bei freilich deutlich niedrigerem Wohlstandsniveau garantierte, hatte ihre Kehrseiten, wie auch Günter Mittag wußte. «Soziale Verbesserungen durch den Staat wurden als Anspruch, jedoch nicht als Anreiz für mehr Leistung verstanden», gibt er heute unumwunden zu. Das Institut für angewandte Wirtschaftsforschung (IAW), das einst der Mittag beherrschten Plankommission zuarbeitete, drückt es etwas drastischer aus: «Die Sozialgesetze der DDR waren akzeptabel für den tatsächlich Kranken, den Hilfebedürftigen, den gering Verdienenden, aber sie waren nicht gemacht für den notorischen Hypochonder, für den Arbeitsbummelanten und Arzneimittelsüchtigen.» Und: «Das so oft postulierte sozialistische Leistungsprinzip ‹Jeder nach seinen Fähigkeiten, jedem nach seiner Leistung› gehörte zu den am meisten mißachteten ökonomischen Gesetzen.»

Da die Werktätigen mehr verbrauchten, als sie erwirtschafteten, also ständig selbst über ihre mehr als bescheidenen Verhältnisse lebten, geriet die SED-Führung im Laufe der Jahre immer mehr in Bedrängnis. Für sie galt, so Günter Mittag, als «unumstößliches Axiom», daß der Lebensstandard steigen müsse. Der naheliegende Appell an die Bürger, den Gürtel enger zu schnallen, schied aus Gründen des Machterhalts von vornherein aus. Also gingen die Konsumsozialisten den Weg des geringeren Widerstands, und der bestand in den siebziger Jahren in erster Linie darin, auf Kosten des Auslands zu leben. Die Verschuldung im westlichen Ausland stieg rasant und lag laut Werner Krolikowski 1979 bereits bei 30 Milliarden «Valutamark». Anläßlich des 30. Jahrestages der DDR mußte sich Honecker von seinem Generalsekretärskollegen Leonid Breshnew vorhalten lassen, daß er mit seiner Westverschuldung die DDR in den Bankrott führe.

Um seine aufwendige Sozialpolitik zu finanzieren, bediente sich der Staat aber in steigendem Maße auch bei volkseigenen Kombinaten und Betrieben. Sie wurden immer erbarmungsloser durch steuerähnliche Abgaben ausgepreßt und mußten folglich immer höhere Kredite aufnehmen, um auch nur die nötigsten Investitionen tätigen zu können. Eine solche Verschuldung hat aber natürlich Grenzen, die in den achtziger Jahren erreicht waren. Maschinen und Anlagen wurden systematisch auf Verschleiß gefahren. Der Kapitalstock verfiel zunehmend. Der «Krebsschaden kurzfristig angelegter Verteilungspolitik» (IAW) hatte die volkseigene Wirtschaft voll befallen.

Das wachsende Mißverhältnis von Investition und Konsum war indes nicht allein für die Misere verantwortlich. Zahlreiche andere Faktoren, die sich zum Teil gegenseitig bedingten und verstärkten, ließen die DDR-Wirtschaft in den achtziger Jahren in einen unaufhaltsamen Abwärtssog geraten: Widrige weltwirtschaftliche Bedingungen, eine verfehlte Struktur- und Autarkiepolitik, die erzwungene Kooperation im RGW, die mehr schadete als nützte, eine zur Gigantomanie neigende Unternehmenspolitik und nicht zuletzt die systemeigenen Schwächen der Planwirtschaft, die Honecker ebensowenig wie vor ihm Ulbricht überwinden konnte.

In den Rat für gegenseitige Wirtschaftshilfe (RGW), das östliche Gegenstück zur Europäischen Gemeinschaft, war die DDR bereits 1950 als Vollmitglied eingetreten. Fortan sollte das Land mit den osteuropäischen Partnern, vor allem mit dem großen Bruder, der Sowjetunion, den Großteil seines Außenhandels abwickeln. Auf die RGW-Staaten entfielen regelmäßig rund zwei Drittel der ostdeutschen Im- und Exporte. Die UdSSR vereinigte allein rund 40 Prozent aller Ein- und Ausfuhren auf sich. Damit war der ostdeutsche Außenhandel ganz auf den RGW im allgemeinen und die Sowjetunion im besonderen zugeschnitten. Die UdSSR lieferte in erster Linie Roh- und Grundstoffe (Erdöl, Erdgas, Steinkohle, Walzstahl, Baumwolle, Aluminium etc.), die DDR versorgte die Sowjets im Gegenzug mit Fertigwaren, vor allem mit Maschinen und Anlagen. Ökonomen sprechen in diesem Fall von komplementären Handelsstrukturen, die im Warenaustausch hochentwickelter Volkswirtschaften keineswegs üblich sind. Die westlichen Industrieländer handeln untereinander vorrangig Güter gleichen Reifegrades, was für die Volkswirtschaften nicht zu unterschätzende innovative Impulse bringt. Als Land mit dem höchsten technologischen Entwicklungsniveau im RGW konnte die DDR ohnehin kaum von ihren Partnern profitieren. Selbst die zahlreichen Spezialisierungsabkommen funktionierten nicht. Liefertreue der RGW-Länder und Qualität ihrer Produkte ließen meist zu wünschen übrig: «Wenn die DDR am Ende über ausreichend und qualitativ den Ansprüchen genügende Gabelstapler, Kfz-Batterien oder elektronische Speichermedien verfügen wollte, mußte sie die Eigenerzeugung wieder aufnehmen», schreiben die IAW-Forscher. Denn für den Einkauf im Westen fehlten die Devisen. Andererseits stellten die RGW-Abnehmer selbst keine allzu hohen Ansprüche an Produkte «Made in GDR». Damit fehlte aber der Druck des Wettbewerbs. Die ostdeutschen Exportbetriebe verloren immer mehr den Anschluß an internationale Qualitäts- und Technologiestandards.

Immerhin profitierte die DDR bei ihrem Rohstoffbezug aus der Sowjetunion lange Zeit von relativ günstigen Preisen. Doch damit war es nach dem ersten Ölpreisschock im Jahre 1973 vorbei. Mit einer gewissen Zeitverzögerung schlug die weltweite Energiekrise auch auf die DDR durch: Von 1974 bis 1981 stiegen die Preise für sowjetisches Erdöl um das 6,5fache. Gleichzeitig hielten die Preise für industrielle Fertigwaren, die die DDR in erster Linie exportierte, nicht annähernd Schritt. Als Folge mußte das Land immer mehr Eisenbahnwaggons, Werkzeugmaschinen, Schiffe oder Konsumgüter in die UdSSR liefern, um seine Erdölrechnung bezahlen zu können. Mit anderen Worten: Die realen Austauschverhältnisse, auch terms of trade genannt, veränderten sich massiv zuungunsten der DDR. Auf die inländische Versorgungslage hatte der Ressourcentransfer zwar Auswirkungen, die sich aber zunächst in Grenzen hielten. Was in der DDR fehlte, wurde eben im Westen gekauft. An der erklärten Hauptaufgabe, der «Erhöhung des materiellen und kulturellen Lebensniveaus», sollte in keinem Fall gerüttelt werden. Der Trick mit den Westimporten klappte allerdings nur bis Anfang der achtziger Jahre. Als die westlichen Banken unter dem Schock der polnischen und rumänischen Zahlungsprobleme 1981 auf die Kreditbremse traten, mußte auch die DDR ihre West-Verschuldung drastisch reduzieren. Fortan forcierten die Ost-Berliner Wirtschaftslenker den Export um nahezu jeden Preis; gleichzeitig kürzten sie rigoros die Einfuhren. Dieser Kraftakt konnte nun nicht mehr ohne Auswirkungen auf die inländische Wirtschaft bleiben. Gespart wurde in erster Linie an den Investitionen, aber auch die Versorgung der Bevölkerung verschlechterte sich zunehmend. Insbesondere in den Jahren 1982 und 1983 spitzte sich die Lage zu. Was die Parteiführung beschönigend als «Rhythmusstörungen» bezeichnete, waren ganz erhebliche Angebotslücken, die selbst bei Nahrungsmitteln auftraten. Nicht wenige DDR-Bürger fühlten sich in die kargen Nachkriegsjahre zurückversetzt.

Tatsächlich gelang es in den Jahren 1981 bis 1985, den «Sockel», wie die aufgelaufene Verschuldung in harter Währung regierungs- und parteiamtlich hieß, zu stabilisieren und zeitweise sogar zu reduzieren. Die Strategie von Günter Mittag war klar: Einerseits ließ er die Feuerungsanlagen von Öl auf Kohle umstellen und den jährlichen Braunkohleabbau beträchtlich erhöhen; andererseits machte er Produkte, die Erdöl zur Basis hatten, systematisch zum Verkaufsschlager im westlichen Ausland. Beides war ausgesprochen kurzsichtig und verschärfte auf längere Sicht nur die Probleme. Die Förderung von Rohbraunkohle, die seit der zweiten Hälfte der sechziger Jahre stagniert hatte, wurde von 258 Millionen Tonnen im Jahre 1981 auf 312 Millionen Tonnen im Jahre 1985 hochgepeitscht. Da sich die geologischen Bedingungen ständig verschlechterten, stieg auch der Investitionsaufwand: Nach Angaben des IAW von 7,70 Mark pro Tonne im Jahr 1981 auf 13,20 Mark im Jahr 1985. Da selbstverständlich das Geld für teure Entschwefelungsanlagen fehlte, nahm auch der Schadstoffausstoß zu, bei Schwefeldioxid um 3,5 auf vier Millionen Tonnen. Schließlich war die Umstellung der industriellen Feuerungsanlagen und Heizkraftwerke schon teuer genug. Auf schätzungsweise 15 bis 18 Milliarden Mark beliefen sich die Kosten. Das war angesichts der chronischen Finanzmisere eine Menge Geld, die an anderer Stelle bitter fehlte. Fazit des IAW: «Da es sich um eine Substitution von Energieträgern handelte, gewann die DDR-Volkswirtschaft mit diesem Riesenaufwand auch nicht real an Leistungsvermögen.»

Geradezu ein ökonomischer Aberwitz war es auch, daß ausgerechnet ein Rohstoff, der im eigenen Lande praktisch nicht vorkam, zur wichtigsten Devisenquelle wurde. Daß der Export von Mineralölprodukten in der ersten Hälfte der achtziger Jahre dennoch florierte, hat seine Gründe. Die DDR profitierte in dieser Zeit vom RGW-Verrechnungsmodus. Danach orientierten sich die Preise der gehandelten Güter zwar grundsätzlich am Weltmarkt. Es wurde jedoch ein Durchschnittspreis der vergangenen fünf Jahre zugrundegelegt, um den «schädlichen Einfluß konjunktureller Faktoren des kapitalistischen Marktes» auszuschalten. Auf Grund dieses Mechanismus gelangte die DDR zu einer Zeit hoher Preise relativ günstig an Erdöl, das sie nach kurzer Weiterverarbeitung profitabel und devisenbringend in den Westen reexportierte. «Gegenwärtig erzielt die DDR im Export die besten Erlöse mit Qualitätserzeugnissen aus den Vorstufen der Produktion. Dem steht eine geringe Rentabilität weiterverarbeiteter Erzeugnisse gegenüber», verkündete Erich Honecker auf dem X. SED-Parteitag im Mai 1981. Das dicke Ende sollte bald folgen. Als der Weltmarktpreis wieder gefallen war, zahlte die DDR 1985 gemäß den RGW-Prinzipien den höchsten Bezugspreis für Erdöl. Der Verkauf gering veredelter Erdölprodukte erwies sich immer mehr als Verlustgeschäft. Durch die massiven Investitionen in Raffineriekapazitäten waren aber Fakten geschaffen worden. Die DDR war dazu verdammt, den verlustreichen Export aufrechtzuerhalten. Als Folge nahmen die bis 1985 relativ hohen Überschüsse im West-Handel rapide ab und die West-Verschuldung wieder spürbar zu.

Von ausgewogener Außenhandelspolitik konnte keine Rede sein. Die Importe dienten vor allem dazu, regelmäßig auftretende Angebotslücken zu schließen. Die Exporte waren in erster Linie Instrument zur Beschaffung von Devisen, um so die latent drohende Zahlungsfähigkeit abzuwenden und die nötigsten Importe zu finanzieren. Das Ergebnis war eine Struktur des Exports in die westlichen Industrieländer, die sich immer mehr der eines Entwicklungslandes anglich. Fast zwei Drittel der DDR-Ausfuhren in diese Länder waren Mitte der achtziger Jahre Grundstoffe, mehr als die Hälfte davon Erdöl, Ölderivate und chemische Produkte. Der Anteil der Investitionsgüter war dagegen auf 19 Prozent gesunken. Wie sehr die Exportkraft der DDR in den achtziger Jahren litt, zeigt folgendes Zahlenbeispiel des IAW: Um 16,1 Milliarden Valutamark aus dem West-Export einzunehmen, mußte das Land 1988 65,4 Milliarden DDR-Mark aufwenden. Das waren etwa 40 Prozent des im gleichen Jahr erzeugten Sozialprodukts. Im Jahr 1970 hätte dagegen noch ein inländisches Produkt von 30 Milliarden Ost-Mark ausgereicht, um auf Ausfuhrerlöse von 65,4 Milliarden West-Mark zu kommen. Der Hintergrund: Die Investitionen in Kombinaten und Betrieben reichten nicht einmal aus, den Produktivitätsrückstand gegenüber der westlichen Konkurrenz zu konservieren. Der Abstand nahm im Gegenteil immer weiter zu.

Die Finanzkalamitäten der meisten Betriebe wurde noch dadurch verstärkt, daß Günter Mittag einige wenige «Schlüsselindustrien» bevorzugt förderte. Dazu zählte neben der exportintensiven Grundstoffindustrie vor allem die besonders eng mit seinem Namen verbundene Mikroelektronik, in die in den Jahren 1986 bis 1990 fast 30 Milliarden Mark gesteckt wurden. Noch heute ist der ehemalige Wirtschaftssekretär des ZK der SED davon überzeugt, daß diese Mittel gut angelegt waren: «Manche hielten den Kurs auf die Mikroelektronik für völlig falsch. Man unterstellte Honecker und mir, die DDR... zum Wettstreit mit den Supermächten der Mikroelektronik, den USA und Japan, *habe antreten lassen wollen*. Es ging aber nicht um diesen Wettstreit. Davon ist auch niemals gesprochen worden. Es ging bei der Mikroelektronik für die DDR um eine Antwort auf die Frage, wie sie den Rückstand in der Arbeitsproduktivität überwinden konnte.» Und: «Woher sollte die DDR die Bauelemente beziehen? Auf der einen Seite gab es ein Embargo, und auf der anderen Seite war es so, daß die Sowjetunion selbst nicht genügend Bauelemente übrig hatte, um sie in die DDR liefern zu können. Und nun will man aus der ganzen Sache einen gigantischen Fehler konstruieren.»

Mittags Argumente sind nicht ganz von der Hand zu weisen. Tatsächlich zwang das westliche Embargo beim Verkauf moderner Technologien (Cocom-Liste) einerseits und die wenig ergiebige Arbeitsteilung im RGW andererseits die DDR zu einer gewissen Autarkiepolitik. Bei der Mikroelektronik war sie indes von vornherein zum Scheitern verurteilt. Trotz des für die kleine DDR Riesenaufwandes belief sich der Entwicklungsrückstand bei den wichtigsten Halbleiter-Technologien auf drei bis acht Jahre. Und die Produktion war im internationalen Vergleich völlig unrentabel. Um auf ihre Kosten zu kommen, hätte die ostdeutsche Industrie zum Beispiel 538 Mark für einen 256-Kilobit-Speicher in

Rechnung stellen müssen. Auf dem Weltmarkt war dieser Chip für weniger als vier Mark zu haben. Die Folge: Damit die Kunden, etwa vom Computerbauer Robotron, dennoch zu einem halbwegs akzeptablen Preis beziehen konnten, schoß der Staat kräftig zu. Allein 1989 wurde die Produktion von elektronischen Bauelementen mit 1,7 Milliarden Ost-Mark subventioniert. Die Ursachen der Misere waren klar. Zwar mobilisierte die DDR zum Aufbau ihrer Chip-Industrie alle Reserven. Im Vergleich zur West-Konkurrenz waren das aber Peanuts. Jeder der zehn führenden Mikroelektronik-Konzerne Japans investierte jährlich mindestens ebensoviel Geld in diese Schlüsseltechnologie wie die DDR insgesamt.

Die vorrangige Förderung «strukturbestimmender Bereiche» (Ulbricht) oder «Schlüsseltechnologien» (Honecker) war in der DDR immer bestimmendes Moment der Strukturpolitik. Allein der Erfolg ließ regelmäßig zu wünschen übrig: «Es ist generell das Schicksal von Investitionsprogrammen in einer zentralverwalteten Wirtschaft, daß Aufwand und Ertrag höchst selten in einem vertretbaren Verhältnis stehen», argumentieren denn auch die IAW-Forscher. Unter Honecker und Mittag führte diese Politik geradewegs in den Bankrott. Während wenige hochmoderne Vorzeigebetriebe entstanden, verfiel der Rest zu Industrieruinen. Paradoxerweise sollten gerade die Unternehmen, in die das meiste Geld gesteckt wurde, also High-tech-Firmen wie Carl Zeiss Jena oder das Kombinat Mikroelektronik Erfurt, später die größten Probleme haben, unter den Bedingungen der Marktwirtschaft klarzukommen.

Die zum Teil erzwungene, zum Teil bewußt verfolgte Autarkiepolitik machte die DDR zu einer Wirtschaftsinsel, auf der viele kleine Produktionsinseln entstanden, die wiederum allesamt nach Autarkie strebten. Die Rede ist von jenen sozialistischen Multis, unter deren Dach in der Regel 15 bis 30 Betriebe mit bis zu 70000 Beschäftigten zusammengefaßt waren – den Kombinaten. Günter Mittag, der ein geradezu fanatischer Anhänger dieser Riesengebilde war, hatte bereits zu Zeiten des «Neuen Ökonomischen Systems» mit der Kombinatsbildung begonnen: «So sollte die übermäßige Bevormundung der Betriebe durch die Ministerien überwunden und ein ökonomisches Gegengewicht zu den administrativen Leitungsmethoden geschaffen werden», meint er heute. In den sechziger Jahren, als insgesamt 48 Kombinate entstanden, gelang dies nur zu gut. Die Kombinate erwiesen sich laut IAW schon auf Grund ihrer Größe als «schwierige Bollwerke für die Durchsetzung gesamtwirtschaftlicher Ziele». Mit der Abkehr vom NÖS-Experiment war daher auch die Kombinatsbildung vorerst beendet. Ende der siebziger Jahre reanimierte Mittag dann jedoch sein Lieblingskind. Er hatte seine Planungs- und Kontrollmechanismen inzwischen soweit perfektioniert, daß sich die Kombinate nicht mehr dem Zugriff der Zentrale entziehen konnten. In den Konzernen wurden SED-Kader installiert, die weitgehende Vollmachten zur Kontrolle der Generaldirektoren hatten und Mittag direkt unterstellt waren. Beide, Direktoren und Aufpasser, mußten regelmäßig beim ZK-Wirtschaftssekretär antanzen und sich rechtfertigen, wenn die Pläne nicht erfüllt wurden. Mittag regierte so ohne Hemmungen an den Industrieministerien vorbei, denen eigentlich die Leitung der Kombinate oblag. Je drängender die Probleme wurden, desto öfter mußten sich Manager und SED-Kontrolleure zum Rapport in Ost-Berlin einfinden. Aus der Planwirtschaft war längst eine Kommandowirtschaft geworden, in der vor allem ein Mann den Kasernenhofton angab: Günter Mittag. Er feiert heute die «weitere Kombinatsbildung» dennoch als «Versuch der Wiederbelebung» des NÖS. Tatsächlich lief alles darauf hinaus, den Machtanspruch der Parteizentrale zu sichern und nicht die Eigenständigkeit der Betriebe zu vergrößern.

Nachdem Ende 1980 die Zusammenfassung der zentralgeleiteten Industrie in 120 Kombinaten abgeschlossen war, konnte sich Mittag auch daranmachen, die zahlreichen kleinen und mittleren Industriebetriebe, die noch existierten, in ähnlicher Weise zu konzentrieren. Sie befanden sich noch Anfang der siebziger Jahre in Privatbesitz, waren halbstaatlich oder Produktionsgenossenschaften des Handwerks, die sich zu Industrieunternehmen gemausert hatten. Wenige Monate nach seiner Machtübernahme ließ Erich Honecker den industriellen Mittelstand gegen geringe Entschädigungen enteignen. Ihm waren die Firmen immer ein Dorn im Auge gewesen. Doch selbst vielen sozialistischen Normalbürgern waren diese letzten Kapitalisten suspekt, weil sie neben den selbständigen und genossenschaftlichen Handwerkern zu den Spitzenverdienern in der DDR zählten. Tatsächlich erfüllten sie als Zulieferer oder Hersteller von Konsumgütern wichtige Versorgungsfunktionen. Sie agierten flexibler als die großen VEB und trugen den Wünschen ihrer Kunden sehr viel prompter und besser Rechnung. Auch nach der Enteignung der mehr als 10 000 Betriebe war das noch der Fall, nicht zuletzt weil viele der ehemaligen Eigentümer als Geschäftsführer blieben. Günter Mittag gab sich mit der Vergesellschaftung indes nicht zufrieden. Er gliederte den Mittelstand Anfang der achtziger Jahre in sein Kombinatsimperium ein. Tausende dieser kleinen und mittleren Firmen wurden in 93 «bezirksgeleiteten» Kombinaten zusammengefaßt. Mit ihnen verschwanden auch die schon sprichwörtlichen «tausend kleinen Dinge» vom Markt: «Die flexible, individuelle Fertigung nach Kundenwünschen verschwand, statt dessen wurden standardisierte Massenerzeugnisse hergestellt, die gerade zu diesem Zeitpunkt den niedrigsten Preisstand seit dreißig Jahren auf dem Weltmarkt erreichten», schreibt Harry Maier. Dem Prinzip der Zentralisierung war ausreichend Genüge getan.

Angesichts der wachsenden Probleme setzte Mittag hohe Erwartungen in die Kombinate: «Wirkliche ökonomische Verantwortung konnte unter modernen Bedingungen von einzelnen Betrieben allein kaum noch wahrgenommen werden. Sie konnten schlagkräftiger auftreten im Verband. So erschien der Weg der Kombinatsbildung als der günstigste», schreibt er in seinem wirtschaftspolitischen Vermächtnis. Und: «Insgesamt erfolgte... ein spürbarer Leistungsschub. Ohne die Kombinate hätte die DDR die äußerst schweren Zeiten zu Beginn der achtziger Jahre wesentlich schlechter überstanden, als das der Fall war.» Diese Einschätzung ist richtig und falsch zugleich. Um die schwierige Lage einigermaßen im Griff zu behalten, blieb der Parteiführung einerseits gar nichts anderes übrig, als weiter zu zentralisieren. Weitreichende Experimente wie das NÖS hätten in der damaligen Situation das Chaos wahrscheinlich perfekt gemacht. Andererseits mußte die Kombinatspolitik, so wie sie ausgestaltet war, die DDR-Wirtschaft mittel- und längerfristig weiter zurückwerfen.

Grundsätzlich wurden in den Kombinaten vor allem Betriebe mit gleichem oder ähnlichem Produktionsprogramm zusammengeschlossen, zum Beispiel alle Schuhfabriken. Auf diese Weise entstanden riesige Monopol-Konzerne, die ganze Industriebranchen umfaßten und im Inland keinen Konkurrenten fürchten mußten. Wo aber jeglicher Wettbewerb fehlt, ist von vornherein nicht mit Spitzenleistungen zu rechnen. Der Anreiz, Kosten zu senken und neue, bessere und preisgünstigere Produkte zu entwickeln, reduziert sich auf ein Minimum. Immerhin war zu erwarten, daß die Kombinate auf Grund der nicht unbeträchtlichen Stückzahlen, mit denen sie produzierten, gewisse Kostenvorteile realisieren konnten. Das Gegenteil traf zu. Denn die Konzerne gingen immer mehr dazu über, Vorleistungen, die sie bisher von Zulieferern bezogen hatten, in eigener Regie zu fertigen. Computer-Programme, Maschinen, Anlagen, selbst simple Schrauben, die allesamt nichts mit dem eigentlichen Produktionsprogramm zu tun hatten, wurden im Kombinat hergestellt. Nicht umsonst sprechen die Wissenschaftler des IAW von «sich selbst reproduzierenden Organismen»: «Die Spezialisierung und Arbeitsteilung wurde auf den Kombinatsrahmen eingeengt und zweigübergreifend eingeschränkt.» Gezwungenermaßen. Sollte die Produktion angesichts stockender Zulieferungen nicht zusammenbrechen, so blieb zu immer breiterer Eigenfertigung keine Alternative. Devisen für Importe aus dem westlichen Ausland waren ja nicht da. Die von den Kombinaten dringend benötigten Produkte mußten im Gegenteil exportiert werden, um die Westverschuldung nicht ins Unermeßliche steigen zu lassen. Zu einer Zeit, da westliche Konzerne die Vorteile der Arbeitsteilung konsequent nutzten, indem sie ihre Fertigungstiefe – also den Anteil der eigenen Vorleistungen am Endprodukt – ständig herunterfuhren, gingen die DDR-Kombinate genau den umgekehrten Weg. Sie entwickelten sich immer mehr zu autarken Produktionsinseln in der Wirtschaftsinsel DDR. Diese Zersplitterung der Kräfte mußte zwangsläufig dazu führen, daß der Produktivitätsabstand zur bundesdeutschen Industrie weiter wuchs. Daran konnten auch die Kostenvorteile der Produktion in großer Serie nichts ändern.

Die DDR-Wirtschaft war so in einer Vielzahl von vernetzten Teufelskreisen gefangen, die den Niedergang in den achtziger Jahren unaufhaltsam beschleunigten. Das Wort Reform hatte die Parteiführung längst aus ihrem Wortschatz gestrichen. Bundesdeutsche Ökonomen wollten dennoch eine «Reform in kleinen Schritten» ausgemacht haben. In Wirklichkeit waren alle Maßnahmen ein bloßes Kurieren an Symptomen einer Krankheit, die erst nach der marktwirtschaftlichen Wende voll zum Ausbruch kam.

Das Valuta-Imperium
Schalck-Golodkowskis Reparaturbetrieb

Bereits Anfang der achtziger Jahre war die Lage der DDR wegen der ausufernden West-Verschuldung außerordentlich prekär. Das Kartenhaus drohte täglich zusammenzubrechen. Daß dies nicht geschah, ist vor allem das Verdienst eines Mannes: Alexander Schalck-Golodkowski, Jahrgang 1932 und offiziell Staatssekretär im DDR-Außenhandelsministerium. Der gelernte Feinmechaniker, studierte Diplom-Wirtschaftler und promovierte Jurist war bei der bundesdeutschen Politprominenz jeder Couleur ein beliebter Gesprächspartner: «Wir standen uns menschlich sehr nahe», sagt etwa Günther Gaus, ehemals Bonner Statthalter in

Ost-Berlin. Ebenso große Stücke hielt Gaus-Nachfolger Klaus Bölling auf den 1,90 Meter großen Zweizentner-Mann: «Nur gut, daß es in der DDR Leute wie Alexander Schalck-Golodkowski gibt, sie bewegen in einem einzigen Gespräch mehr als die Beamten des Außenministeriums während einer langen Konferenz», bekannte der SPD-Mann. Für ihr war Schalck ein «Fachmann für Gewinnoptimierung» und ein «Monetarist in einem ganz besonderen Sinn». Diese Eigenschaften kamen dem Berliner im Umgang mit CSU-Chef Franz Josef Strauß offenbar besonders zugute. Der Bayer und der Preuße fädelten 1983 den Bonner Milliardenkredit für die ostdeutsche Republik ein: «Mit einer Milliarde konnte man die DDR damals nicht retten. Von strategischer Bedeutung war allerdings die Signalwirkung für die internationale Bankenwelt», erhellte Schalck in einem «Zeit»-Interview die Zusammenhänge: «Der Bundesregierung war klar: entweder hilft Bonn der DDR, diese komplizierte Zeit zu überstehen, oder es gibt eine Abschottung der DDR zur Bundesrepublik einschließlich West-Berlin und eine noch engere Anlehnung an die Sowjetunion und die sozialistische Staatengemeinschaft.» Und: «Das war eine ganz wichtige Zeit, wo auch vorsichtig die ersten Weichen gestellt wurden in Richtung auf das Ergebnis, das wir heute haben: die deutsche Einheit.»

Ob solche Überlegungen bereits damals eine Rolle spielten, darf bezweifelt werden. Sicher ist indes, daß es zwischen Ost-Berlin einerseits und Bonn/München andererseits schon lange vor der Wende sehr viel engere Kontakte gab, als öffentlich zugegeben wurde und so mancher Politiker heute zugeben mag. Bei diesen deutsch-deutschen Begegnungen sprach die «zwielichtigste aller dubiosen Figuren im untergegangenen Ostreich» («Der Spiegel»), jener Alexander Schalck-Golodkowski, als Mittelsmann immer ein gewichtiges Wort mit. Der hohe Stasi-Offizier, an dessen «kommunistischer Überzeugungstreue» Klaus Bölling nicht die geringsten Zweifel hatte, fand in dem stockkonservativen Franz-Josef Strauß einen nahezu idealen Gesprächs- und Geschäftspartner. Ideologische Gegensätze konnten der Beziehung nichts anhaben. Es entwickelte sich im Gegenteil eine tiefe Männerfreundschaft, von der beide Seiten profitierten. Der Bayer verschaffte Schalck nicht nur den Milliardenkredit und gab der DDR damit ihren Ruf als solventer Schuldner zurück. Wie wir inzwischen wissen, fütterte Strauß den Stasi-Mann auch mit hochbrisanten politischen und militärischen Informationen – offenbar nicht ohne Gegenleistungen finanzieller Natur. Ob der CSU-Chef bei den Fleischgeschäften mitkassierte, die Schalck mit dem Strauß-Intimus Josef März, einem Rosenheimer Fabrikanten, abwickelte, ist zwar nicht erwiesen. In der Münchner Polit- und Wirtschaftsszene wird jedoch schon lange darüber spekuliert, wie es Strauß als Politiker zu nicht unbeträchtlichem Reichtum bringen konnte.

Aber auch die Beziehungen anderer Bonner Spitzenpolitiker zu Schalck-Golodkowski sind Gegenstand wuchernder Spekulationen. Vor allem die Tatsache, daß der Stasioffizier lange Zeit – unbehelligt von Polizei und Generalbundesanwalt Alexander von Stahl – im bayerischen Exil am Tegernsee sein Dasein als Frührentner fristen durfte, gibt zu denken. Schließlich war den bundesdeutschen Behörden spätestens seit Anfang 1990 bekannt, daß Schalck nicht nur als «Staatskaufmann» zum Wohle der DDR agierte, sondern sich auch nachrichtendienstlich – nicht zuletzt auf dem Gebiet der Bundesrepublik – betätigte. War der Unterhändler Honeckers etwa ein Doppelagent, zugleich in Diensten des Ost-Berliner Ministeriums für Staatssicherheit (MfS) und des Pullacher BND? Oder wußte Schalck nur einfach zuviel über einflußreiche Persönlichkeiten der Alt-BRD und blieb deswegen unangetastet? Um den «Fanatiker der Verschwiegenheit», wie Klaus Bölling ihn nannte, ranken sich Fragen über Fragen. Zu Schalcks einmaliger und herausragender Stellung im Ost-Berliner Machtapparat gibt es indes kaum offene Fragen.

Sein Job als Staatssekretär war nur Tarnung. In Wirklichkeit war er nicht dem Außenhandelsminister unterstellt, sondern allein drei Männern, die einzig noch mächtiger waren als er selbst: Erich Honecker, Günter Mittag und Stasi-Chef Erich Mielke. Und Schalck funktionierte, wie es sich die DDR-Führungstroika vorstellte. Er oder die Firmen, die zu seinem KoKo-Reich zählten, versorgten Kombinate ebenso wie Mielkes MfS mit modernster Elektronik aus dem Westen, die unter das Embargo der Nato fiel. Sie statteten den Stasi-Spionageapparat mit Devisen für «operative Zwecke» aus und exportierten Waffen in Krisengebiete wie den Iran und Irak. Sie beschafften drei Airbusse für die DDR-Linie Interflug und verhökerten im Ausland Kunst und Antiquitäten der DDR. Sie bauten und betrieben noble Valutaherbergen wie das «Grand Hotel» in Berlin oder das «Merkur» in Leipzig. Sie steuerten die Devisenquellen «Intershop» und «Intertank». Sie hielten mit im Westen besorgten Ersatzteilen oder Vorprodukten vom Zusammenbruch bedrohte VEB am Laufen und erfreuten das gemeine Volk zu Weihnachten mit Apfelsinen, Bananen und echter Schokolade. Und sie wendeten jährlich sechs bis acht Millionen D-Mark auf, damit die Politbüro-Bonzen in der SED-Prominentensiedlung Wandlitz in westlichem Konsumluxus schwelgen konnten. Verglichen mit den sonstigen KoKo-Aktivitäten waren solche Summen allerdings kleine Fische.

Der «große Alex» hatte im Laufe der Jahre ein weitverzweigtes Imperium von Firmen im Osten und Westen aufgebaut, das von Anfang an vor allem einem Ziel verpflichtet war: «In maximalem Umfang Valuten kapitalistischer Länder außerhalb des Planes zu erwirtschaften.» Im Januar 1967, kurz nach Gründung der KoKo, übernahm Schalck, 29jährig, als Bevollmächtigter das Zepter. Der junge Mann hatte sich bereits als hauptamtlicher SED-Funktionär in wirtschaftsleitenden Positionen bewährt und avancierte zum stellvertretenden Außenhandelsminister. Damals war er tatsächlich noch in die Regierungshierarchie eingebunden und seinem Minister rechenschaftspflichtig. Erst ab 1972, also nachdem Erich Honecker die Macht an sich gerissen hatte, entwickelte sich KoKo immer mehr zu einer konspirativen Organisation, die völlig aus der Verantwortung des Ministerrates herausgelöst wurde. Am 14. September 1972 erließ der stellvertretende Regierungschef Horst Sindermann eine bedeutende Verfügung. KoKo und deren nachgeordnete Firmen in Ost und West erhielten den einmaligen Sonderstatus eines Devisenausländers. Fortan konnte Schalck ohne lästige Regierungskontrolle seine Geschäfte betreiben. Unter anderem durfte er auch sogenannte Lorokonten – also Konten, die eine Bank für eine andere führt – einrichten: «Die bei der DHB (Deutschen Handelsbank) und der DABA (Deutsche Außenhandelsbank) geführten Lorokonten werden nicht in die allgemeine Bankenkontrolle einbezogen. Für Transaktionen auf diesen Konten ist der Stellvertreter des Ministers für Außenwirtschaft, Genosse Dr. Schalck, verantwortlich und übernimmt die Kontrolle», hieß es in der Sindermannschen Verfügung. Fazit der nach der Wende von der Modrow-Regierung eingesetzten KoKo-Kommission: «Damit war kein staatliches Organ gegenüber dem Leiter des Bereichs Kommerzielle Koordinierung weisungsberechtigt bzw. zur Kontrolle berechtigt.»

Bereits aus der Regierungsbürokratie herausgelöst, wurde der Status von KoKo mit einem Beschluß des Politbüros vom 2. November 1976 noch einmal geändert. Die Parteispitze unterstellte den Bereich direkt Günter Mittag, der gerade Werner Krolikowski als ZK-Wirtschaftssekretär abgelöst hatte. Zwar wurde die offizielle Bezeichnung «Ministerium für Außenhandel – Bereich Kommerzielle Koordinierung» beibehalten. De facto war KoKo jetzt aber eine Dienststelle des Mittag-Apparates, und von 1977 an arbeitete der gleich zweimal mit dem Karl-Marx-Orden ausgezeichnete Schalk nach einer vom Wirtschaftssekretär bestätigten internen Ordnung. Zugleich bestanden aber enge Verbindungen zum Ministerium für Staatssicherheit. Die sogenannte Hauptabteilung I von KoKo ließ Stasi-Chef Mielke aus gutem Grund zum besonderen Sicherheitsbereich erklären. Über spezielle Firmen, die die von Schalck-Vize Manfred Seidel geleitete Abteilung steuerte, wurden dringend benötigte Embargogüter für die gesamte

Volkswirtschaft besorgt. Gleichzeitig war Seidel dafür verantwortlich, daß es der Staats- und Parteiführung an nichts mangelte: «Die Abschirmung dieser Hauptabteilung, die auch organisatorisch und technisch perfekt war, wurde in zunehmendem Maße dazu genutzt, auch Maßnahmen zur Privilegierung von Personen und Personengruppen gedeckt zu realisieren», heißt es hierzu im Bericht der DDR-Regierungskommission vom März 1990.

Um KoKo vor westlichen Geheimdiensten abzuschirmen und um mögliche Verräter in den eigenen Reihen aufzuspüren, weitete Mielke seinen Einfluß auf die Organisation ständig aus. Der Loyalität Schalcks konnte er sich ohnehin sicher sein. Als Stasi-Offizier im Range eines Generalleutnants gehörte der «Held der Arbeit» und «verdiente Aktivist» zu den absoluten Topleuten Mielkes. Und neben Schalcks Ehefrau Sigrid und Manfred Seidel waren zahlreiche weitere KoKo-Beschäftigte im besonderen Einsatz für das MfS tätig. Konspirativ war aber auch die interne Struktur, die Schalck seiner KoKo verpaßte. Leiter und Mitarbeiter der einzelnen Abteilungen und Unterabteilungen isolierte er völlig voneinander. Regelmäßige Dienstberatungen im großen Kreis fanden nicht statt. Nur einer konnte unter diesen Umständen den Überblick über das gesamte Konglomerat behalten: Alexander Schalck-Golodkowski.

In sein Valutareich waren einerseits eine Reihe von volkseigenen Außenhandelsbetrieben (AHB) eingegliedert. Andererseits war KoKo an zahlreichen Firmen im kapitalistischen Ausland direkt oder indirekt beteiligt. Der AHB «Kunst und Antiquitäten» raffte im ganzen Land Gemälde, Möbel, Büsten oder Münzen zusammen, um das DDR-Kulturgut im Ausland zu versilbern. Die Imes GmbH und ihre Tochtergesellschaft Witra GmbH exportierten Maschinengewehre, Munition, Panzer oder Flugzeuge und erlösen dafür in den Jahren 1982 bis 1989 mehr als eine Milliarde Valutamark. Die Intrac Handelsgesellschaft mbH, mit 545 Mitarbeitern einer der größten KoKo-Außenhandelsbetriebe, der allein im Wendejahr 1989 fast 900 Millionen Valutamark an den Bereich abführte, vermittelte in erster Linie Ost-West-Geschäfte in der Metall- und Chemiebranche, organisierte aber auch westliche Mülltransporte auf DDR-Deponien oder importierte Diamanten. Die Berliner Import-Export-GmbH (BIEG) handelte mit Produkten der Schwerindustrie und des Maschinenbaus, vermittelte darüber hinaus an DDR-Betriebe Lohnaufträge westlicher Firmen und erwirtschaftete 1989 mit 285 Beschäftigten einen «Gewinn» von 201 Millionen Valutamark. Die KoKo-Firma Transinter, die ihren Sitz im Internationalen Handelszentrum (IHZ) an der Friedrichstraße in Ost-Berlin hatte, sollte westliche Unternehmen in der DDR vertreten und ihnen dabei helfen, die Marktchancen in der ostdeutschen Republik zu erkunden. Tatsächlich strichen die hierzu gegründeten Transinter-Töchter, sogenannte «Vertretergesellschaften», in erster Linie satte Provisionen ein, durch die sich die Importe westlicher Konsumgüter in die DDR gleich mehrfach verteuerten. Zu den geheimnisvollsten KoKo-Unternehmen in der DDR zählten die Firmen F. C. Gerlach sowie G. Forgber, die den Status von Privatbetrieben hatten. In Wahrheit wurden sie von Schalck gesteuert und hatten insbesondere die Aufgabe, Embargogüter zu beschaffen.

Imposant war vor allem das Netz von Auslandsfirmen, das Schalck schuf. Die Modrow-Kommission ermittelte nach der Wende «25 Firmen und 6 gemischte Gesellschaften im nichtsozialistischen Wirtschaftsgebiet» (NSW). Wie Hans Richter, ein bei der Treuhandanstalt beschäftigter Wirtschaftsstaatsanwalt aus Baden-Württemberg, mittlerweile herausgefunden hat, war das nur die «Spitze des Eisberges». Laut Richter steuerte Schalck zumindest 260 Auslandsfirmen, die über ganz Europa verstreut waren. Sie hatten ihren Sitz in der Bundesrepublik, in Luxemburg, in Liechtenstein, in den Niederlanden, in Großbritannien, in Österreich oder in der Schweiz. Ihnen kam nicht nur die Aufgabe zu, möglichst hohe Devisenbeträge für die latent vom Staatsbankrott bedrohte DDR zu erwirtschaften, sie dienten Stasi-Schalck auch zum Ausspionieren des Klassenfeindes. Wie das funktionierte, wurde im April 1985 in einem «streng geheimen» Stasi-Bericht festgehalten. Um die Arbeit des Bereiches «auch unter komplizierten Lagebedingungen bzw. in besonderen Spannungssituationen» zu gewährleisten, seien, so Schalck damals, «die Geschäftsbeziehungen zu ausgewählten Personen in Einrichtungen, Banken, Konzernen und Firmen im kapitalistischen Ausland» zu intensivieren. Diese «speziellen Verbindungen» begründeten sich auf «das politisch-loyale, kommerziell korrekte und persönlich disziplinierte Verhalten der Inhaber, Geschäftsführer und anderer ausgewählter Mitarbeiter dieser Institutionen bei der Durchführung der dem Bereich Kommerzielle Koordinierung übertragenen Aufgaben». Zur «Erhöhung der Wirksamkeit» sei, so Schalck, durch «weitere Kapitalbeteiligungen und finanzielle Zuwendungen die materielle Abhängigkeit ausgewählter Personen weiter auszubauen».

Die Beträge in harter Währung, die über die KoKo-Bankenkonten im In- und Ausland liefen, erreichten im Laufe der Jahre beträchtliche Dimensionen. Nach den Schätzungen besagter Regierungskommission beliefen sich die Einnahmen des Bereichs allein im Wendejahr 1989 auf rund 7,2 Milliarden Valutamark. Sie stammten im wesentlichen aus den Abführungen der nachgeordneten Firmen, aus internationalen Geld- und Kreditgeschäften und aus Mitteln, die der Staat KoKo für «Außenwirtschaftsvorhaben auf der Grundlage zentraler Beschlüsse und Weisungen» zur Verfügung stellte. Aus den Erlösen, die der Bereich mit seinen diversen Finanz- und Warentransaktionen erzielte, überwies Schalck seinerseits jedes Jahr Beträge von zwei bis drei Milliarden Mark zur Stützung der chronisch defizitären DDR-Handelsbilanz mit dem kapitalistischen Ausland. Günter Mittag hatte ihn allerdings angewiesen, die Erlöse hierfür nicht gänzlich zu verwenden. Mit einem Teil des Geldes bildete der KoKo-Chef sogenannte «Guthaben zur Sicherung der ständigen Zahlungsfähigkeit der DDR», zum Beispiel auf dem Konto Nr. 628 bei der Deutschen Handelsbank AG in Ost-Berlin. Nach der Wende wurde es als

«Generalsekretärskonto» bekannt, weil es auf Anweisung von Erich Honecker im März 1974 eingerichtet worden war. Der Staats- und Parteichef war zwar nicht selbst zeichnungsberechtigt, er hatte sich aber persönlich die Entscheidung über Verfügungen von diesem Konto vorbehalten, und davon machte er recht rege Gebrauch. Den Genossen in Nicaragua spendierte er Getreide im Wert von 39,5 Millionen D-Mark, das vom Umsturz bedrohte Regime in Warschau unterstützte er mit einer Barzahlung von 80 Millionen D-Mark und für die eigene Bevölkerung ließ er Untertrikotagen, Obst und Gemüse oder Kartoffeln importieren. Ende 1989 schlummerten auf Honeckers Feuerwehr-Konto etwa 2,3 Milliarden Mark. Im Falle einer akuten Zahlungskrise hätte eine solche Summe wohl nicht sehr viel bewirkt, und wie hoch die gesamten Valutareserven der DDR waren, ist bis heute nicht bekannt. Die Berliner Staatsanwaltschaft, die für den «Gesamtbereich der Kommerziellen Koordinierung» Kassensturz machen muß, hat vor allem Probleme, die Zahlungsströme der KoKo-Auslandsfirmen nachzuvollziehen. Ihr sind noch nicht einmal alle Unternehmen bekannt, an denen der Bereich beteiligt war. Im Verschleiern war Schalck-Golodkowski schon immer ein Künstler. Selbst hochgestellte und ihm freundschaftlich verbundene Wirtschaftsexperten der DDR, zum Beispiel den Chef der Staatlichen Plankommission, Gerhard Schürer, ließ er über das wahre Ausmaß der West-Verschuldung bis zum Schluß im unklaren. Günter Mittag wußte da schon besser Bescheid. Doch selbst er mußte darauf vertrauen, daß Schalck ihm die Wahrheit erzählte.

Die Tatsache, daß der Stasi-Generalleutnant seine marktwirtschaftlich-konspirative Enklave immer weiter ausdehnen durfte, war im Grunde eine frühe Bankrotterklärung der SED-Wirtschaftslenker: «Die Zentralisation erreichte hier ihren Gipfel. Sie war Ausdruck des Mißtrauens gegenüber der Planwirtschaft hinsichtlich ihrer Leistungsfähigkeit und Flexibilität. Die soviel geschmähte Markt- und Profitwirtschaft wurde immer dann bemüht, wenn die sozialistische Planwirtschaft einmal wieder versagt hatte», schreiben die Wissenschaftler des Ost-Berliner Instituts für angewandte Wirtschaftsforschung (IAW). Doch der Schalcksche Reparaturbetrieb konnte die systemeigenen Schwächen der Zentralverwaltungswirtschaft nicht ausbügeln. Er destabilisierte die zentrale Planung im Gegenteil zusätzlich. Betriebe, die ein Importgeschäft mit KoKo schlossen, mußten dem Bereich für die folgenden Jahre Produkte zur Rückzahlung übereignen. Das war nichts anderes als ein Vorgriff auf künftige Planexporte. «Die Marktwirtschaft im Staate grub der Planwirtschaft so zunehmend das Wasser ab», schreibt das IAW. Geradezu absurde Züge nahmen diese Geschäfte an, als die KoKo-Außenhandelsbetriebe damit begannen, für den Export gegen harte Währung bestimmte Waren inländischer Hersteller aufzukaufen, um sie dann inländischen Abnehmern wie Westimporte außerplanmäßig zu verkaufen. Der Sinn der Operation: Die exportierende Industrie konnte so ihre Ausfuhr-Pläne in das westliche Ausland erfüllen, ohne wirklich mit dem Markt konfrontiert worden zu sein. Das Nachsehen hatten in jedem Fall die Endverbraucher in der DDR. Sie mußten für die vermeintlichen Importgüter dreimal so hohe Preise zahlen wie beim planmäßigen Bezug derselben Waren vom selben inländischen Hersteller. Andererseits warfen Schalck & Konsorten DDR-Produkte zu Niedrigpreisen auf die westlichen Märkte, um so die Konkurrenz auszustechen.

Angesichts solcher Praktiken bleibt von dem als «Fachmann für Gewinnoptimierung» gelobten Schalck-Golodkowski nicht viel Glanz übrig. Daß die DDR-Führung nicht früher den Gang zum Konkursrichter antreten mußte, ist dennoch sein Verdienst. Mit seinen ausgezeichneten Verbindungen zur internationalen Finanzwelt gelang es ihm immer wieder, neue Kredite aufzutreiben.

Die Tage sind gezählt
Das Milliardenloch

Mit dem teuer geborgten Geld war Schalck zwar in der Lage, die schlimmsten der an allen Ecken der DDR-Ökonomie auflodernden Brände zu löschen. Auf die Dauer mußte das Leben auf Pump allerdings unweigerlich dazu führen, daß ein regelrechter Flächenbrand entstand, der den sozialistischen Staat auf deutschem Boden massiv in seiner Existenz gefährdete. Der Ernst der Lage und die daraus erwachsenden Konsequenzen waren nicht nur dem Stasi-Generalleutnant klar. Vor allem Gerhard Schürer, Jahrgang 1921, Vorsitzender der Staatlichen Plankommission (SPK) und ein guter Bekannter von Schalck, tat sich gegenüber der Parteiführung, deren Mitglied er als Kandidat des Politbüros selbst war, als einer der wenigen Mahner hervor. Er war Erich Honecker bereits 1972 unangenehm aufgefallen, als er dessen Sozialprogramm als nicht finanzierbar abkanzelte. Dafür mußte der SPK-Chef viel Kritik einstecken. Honecker beließ ihn dennoch im Amt und strafte ihn lediglich, indem er ihn nicht zum ordentlichen Politbüro-Mitglied berief. Schürer erklärt die damalige Nachsicht seines obersten Vorgesetzten heute wie folgt: «In dieser Haltung war Erich Honecker wahrscheinlich etwas kulanter als sein Vorgänger. Er hat nicht so schnell jemanden in die Wüste geschickt.»

Gut 16 Jahre später, im April 1988, machte der gelernte Maschinenschlosser den Generalsekretär erneut durch unkonventionelles Verhalten auf sich aufmerksam. Ohne den üblichen Instanzenweg einzuhalten, also ohne Günter Mittag vorher zu informieren, schickte Schürer Honecker einen Brief, in dem er seine «Überlegungen zur weiteren Arbeit am Volkswirtschaftsplan 1989 und darüber hinaus» darlegte. Was sich harmlos anhörte, war in Wirklichkeit eine harsche Kritik der Mittagschen Wirtschaftspolitik, die Schürer mit der Forderung nach einem weitgehenden Kurswechsel verband: «Nicht nur was, sondern vor allem mit welchen Kosten und Gewinn etwas produziert wird, ist zur entscheidenden

Frage geworden», lautete der zentrale Satz in dem Exposé. Mit den Schlußfolgerungen aus dieser Erkenntnis rüttelte Schürer gleich an mehrere Tabus – zum Beispiel an Mittags heiliger Kuh, der Mikroelektronik: «Wir sollten die Mikroelektronik intensiv weiter entwickeln, modernisieren und durch Spezialisierung, insbesondere mit der UdSSR, die Kosten senken. Zunächst sollten aber keine weiteren neuen Betriebe gebaut, sondern mehr Akkumulationskraft auf die Kombinate des Verarbeitungsmaschinenbaus gerichtet werden...» Die Argumentation war nicht untypisch für den dreizehn Seiten langen Brief. Erst lobte Schürer das Erreichte, um es anschließend mit seinen Änderungsvorschlägen grundsätzlich in Frage zu stellen. Genauso behandelte er auch ein anderes heißes Eisen. Die Politik der «stabilen Verbraucherpreise für den Grundbedarf der Bevölkerung» sei, so Schürer, eine «große Errungenschaft», die bei den Bürgern und international «große Anerkennung» finde. Zugleich gebe es jedoch «ökonomische Probleme», für deren Lösung die Bevölkerung sicher Verständnis aufbringen werde. Im Klartext verlangte der Planungschef Subventionskürzungen im großen Stil. Zudem wollte er die sogenannte «gesellschaftliche Konsumtion», also die kostenträchtigen Ausgaben für Gesundheits- und Sozialwesen, Kultur, Ausbildung, Sport, Mietsubventionen und anderes, auf ein «normales Wachstum» zurückführen und statt dessen «das direkte Arbeitseinkommen der Arbeiter und Angestellten aus Leistungen» in den Vordergrund rücken.

Schürer hoffte, so bekannte er jetzt in einem Interview, auf ein Gespräch «unter vier Augen», um Honecker klarzumachen, daß «unsere Republik pleite geht». Zu diesem Gespräch kam es aber nicht. Der Generalsekretär las das Papier durch und leitete es dann zur «Prüfung» an Günter Mittag weiter. Dessen vernichtendes Gegengutachten brachte Honecker als Beschlußvorlage («Die Ergebnisse der Prüfung werden zustimmend zur Kenntnis genommen») ins Politbüro ein. Schürers «Überlegungen» waren nur noch als corpus delicti im Anhang beigefügt. Wie nicht anders zu erwarten, stimmte die Parteispitze der Vorlage ohne große Diskussion zu. Mit einem politischen Verdikt wischte der mächtige ZK-Wirtschaftssekretär die Gedanken seines Rivalen vom Tisch: «Diesen Überlegungen des Genossen Schürer zu folgen würde bedeuten, in einem umfassenden Maße Beschlüsse des VIII. Parteitages und des XI. Parteitages der SED in Frage zu stellen und somit die Einheit von Wirtschafts- und Sozialpolitik. Das Material geht nicht konsequent aus von der ökonomischen Strategie des XI. Parteitages; sie wird überhaupt nicht erwähnt.»

Eine der letzten Chancen, das Ruder noch einmal herumzuwerfen und die DDR als eigenständigen Staat zu erhalten, war vertan. Wahrscheinlich war es dazu im Frühjahr 1988 ohnehin zu spät. So sah es auch Gerhard Schürer, der trotz seiner Eskapaden – die sich freilich in einem tolerablen Rahmen hielten – nicht völlig isoliert war. Der Chefplaner der DDR-Ökonomie konnte sich vor allem auf gute Verbindungen zu Alexander Schalck-Golodkowski stützen. Beide waren Mitglieder der «Arbeitsgruppe Zahlungsbilanz», die einen seit langem aussichtslosen Kampf gegen den drohenden Staatsbankrott führte. Das Gremium unterstand Günter Mittag. Neben Schürer und Schalck gehörten ihm Wolfgang Rauchfuß (Stellvertretender Vorsitzender des Ministerrates), Gerhard Beil (Außenhandelsminister), Herta König (Stellvertreterin des Finanzministers), Werner Polze (Präsident der Außenhandelsbank) und Peter Garbley (Schürers Stellvertreter) an. Die Gruppe trat jeden Donnerstag früh um acht Uhr zusammen. Hinterher setzte sich der Planungschef häufig noch mit Schalck oder anderen Kommissionsmitgliedern (Schürer: «Das waren sehr kluge und weitsichtige Leute») zusammen. Mit der Zeit nahmen diese informellen Treffen offenbar immer konspirativeren Charakter an: «1988 habe ich begonnen, mit... Alexander Schalck zu diskutieren, daß wir eine Konföderation anstreben müssen mit der BRD, weil es ohnehin keine Aussicht mehr gab, die Schulden zu bezahlen», behauptet Schürer heute und deutet sogar an, daß Schalck bereits Anfang 1988 mit dem damaligen Kanzleramtsminister Wolfgang Schäuble über dieses Thema gesprochen habe. Wenn dem tatsächlich so war, dann dürfte der Devisenbeschaffer kaum ohne Rückendeckung von Honecker, Mielke und Mittag gehandelt haben. Letzterer bastelt selbst an der Legende, er habe schon 1987 auf eine Konföderation der beiden deutschen Staaten hingearbeitet.

Ob nun Legendenbildung, ein Körnchen Wahrheit oder mehr – eines ist in jedem Fall sicher: Die Staats- und Parteiführung war, nicht zuletzt durch Leute wie Gerhard Schürer und Alexander Schalck-Golodkowski, frühzeitig darüber informiert, daß die ostdeutsche Wirtschaft geradewegs in die Katastrophe steuerte. Kurz vor der Wende gab Günter Mittag bei der «Arbeitsgruppe Zahlungsbilanz» – bei Schürer, Schalck, Gerhard Beil, Herta König und Werner Polze – ein Gutachten in Auftrag, das Auskunft über die «finanzielle Beherrschbarkeit des Sockels [Auslandsverschuldung, d. A.] im Zeitraum bis 1995» geben sollte. Am 29. September 1989 schickte Schürer die «Geheime Kommandosache» dem ZK-Wirtschaftssekretär zu. Das Papier ließ an Deutlichkeit nichts zu wünschen übrig. Die «gegenwärtige Zahlungssituation der DDR im Handel mit den NSW» (nichtsozialistisches Wirtschaftsgebiet) sei dadurch gekennzeichnet, daß «wir zur Einhaltung unserer Zahlungsverpflichtungen aus Krediten und Zinsen sowie zur Durchführung jährlicher Importe bereits jetzt weitestgehend von kapitalistischen Kreditgebern abhängig sind», hieß es. Die jährliche Kreditaufnahme liege bei acht bis zehn Milliarden Valutamark. Das sei für «ein Land wie die DDR eine außerordentliche hohe Summe, die bei ca. 400 Banken jeweils mobilisiert werden» müsse. Kapitalistische Banken hätten für ihre «Kreditausreichung gegenüber sozialistischen Ländern – ebenso wie gegenüber Entwicklungsländern – Länderlimite festgelegt». Wegen der bereits hohen Kreditaufnahme seien die Banken aber nicht bereit, «diese Limite für die DDR wesentlich zu erhöhen».

Die «weitere Beschaffung von Krediten», so die Gutachter weiter, sei unter anderem von «politischen Faktoren» in Ländern wie

Japan und der BRD, die zu den wichtigsten Kreditgebern der DDR gehörten, abhängig. Aber auch die wirtschaftliche Entwicklung in der DDR – «insbesondere» die Entwicklung des Außenhandels, der Kosten, der Akkumulationskraft, der Geldstabilität, der Arbeitskräfte – sei entscheidend. Zudem müsse die DDR weiterhin relativ hohe Guthaben bei ausländischen Banken halten, um Zahlungsfähigkeit vorzutäuschen: «Bei Wahrung der Geheimhaltung über den tatsächlichen Charakter dieser ‹Guthaben› tragen sie ganz wesentlich zum Ansehen der DDR als solider und zuverlässiger Kreditnehmer bei.» Fazit: Die «jährlich finanzierbaren Ausgabenüberschüsse» ließen sich wegen dieser Unsicherheitsfaktoren nicht mit «absoluter Sicherheit und Garantie» voraussagen.

Schürer, Schalck & Co. rechneten trotzdem vor, wie sich Importe und Exporte in harter Währung entwickeln mußten, damit die DDR nicht pleite ging. Nach ihrer Kalkulation hätten sich die Ausfuhren bis 1995 auf 24 Milliarden Valutamark verdoppeln müssen. Gleichzeitig sollten die Einfuhren bei einem Volumen von 12,5 bis 12,8 Milliarden D-Mark eingefroren werden. Im Ergebnis wäre die Verschuldung in harter Währung dennoch von 41,8 Milliarden Mark im Jahre 1989 auf 52,6 Milliarden Mark im Jahre 1995 gestiegen: «Das ist darauf zurückzuführen, daß aufgrund des hohen Standes der Verschuldung die Kosten und Zinsen für Kredite die geplanten hohen Exportüberschüsse noch übersteigen», schrieben die Zahlungsbilanzexperten und warnten Mittag nachdrücklich davor, die Empfehlungen nicht ernst zu nehmen: «Bei dem jetzt erreichten Niveau unserer Verschuldung würde eine Unterschreitung der geforderten Exportziele unweigerlich die Zahlungsunfähigkeit bedeuten.»

Im Klartext bedeuteten die Berechnungen nichts anderes, als daß die DDR nicht mehr zu retten war. Die Wirtschaft lag bereits am Boden. Den geplanten Anstieg der Exporte hätte man zwar theoretisch noch aus ihr herausquetschen können. Praktisch war das aber kaum denkbar, weil ein solcher Ressourcentransfer allein auf Kosten der Bevölkerung möglich gewesen wäre. Und die war angesichts der ohnehin miserablen Versorgungslage nicht mehr bereit, sich noch weiter einzuschränken. Die Massenflucht der Bürger über Ungarn und das Aufbegehren im ganzen Lande beschleunigten den Exitus der DDR zwar. Aufgrund der wirtschaftlichen Misere wäre der Staat aber über kurz oder lang ohnehin am Ende gewesen.

Ein Volk, eine Währung

Die Einführung der Wirtschafts- und Währungsunion

Willy Brandts Satz, im November 1989 geprägt, ist inzwischen ein geflügeltes Wort geworden: «Jetzt wächst zusammen, was zusammengehört», sagte der ehemalige Bundeskanzler, nachdem die innerdeutsche Grenze gefallen war. Gewiß: Gemeinsam sind den Ost- und Westdeutschen die Sprache, die Kultur und – mit einer Unterbrechung von 45 Jahren – die Geschichte. Der Ausspruch des früheren Bundeskanzlers trifft den Kern und ändert doch nichts daran, daß sich zwei Staaten vereinigten, die unterschiedlicher kaum sein könnten. Was da zusammenwachsen soll, weil es zusammengehört, paßt längst noch nicht zusammen. Um die nach viereinhalb Jahrzehnten der Trennung völlig gegensätzlichen Wirtschafts- und Sozialordnungen der beiden deutschen Staaten zu vereinen, also die DDR von einer zentralistischen Kommandowirtschaft zu einer sozialen Marktwirtschaft umzubauen, entschieden sich die Regierungen in Bonn und Ost-Berlin für eine Schocktherapie, wie sie brutaler nicht hätte sein können.

Das Ende der Geduld

Die Reisefreiheit hatten sich die Menschen in der DDR im November 1989 erkämpft, aber bei ihren erwartungsvollen Besuchen im Westen konnten sie sich in der luxuriösen Hamburger Einkaufspassage Hansa Viertel, auf der Frankfurter Zeil, in der Kölner Schildergasse, auf der Königsallee in Düsseldorf und in der Kaufingerstraße in München nur die Nasen an den Schaufenstern plattdrücken. Zum Kaufen fehlte ihnen harte Währung. Abgesehen von einigen Zeitungen, deren Verlage die Blätter auch für DDR-Mark verkauften, und Bananen, die etliche Obsthändler auch für die Weichwährung aus dem Osten feilboten, gab es für das Geld der DDR im Westen nichts zu kaufen. Diesen entwürdigenden Zustand wollte die Bonner Regierung mit dem sogenannten Begrüßungsgeld, hundert D-Mark pro Person, ein Geschenk der Bundesrepublik gegen Vorlage des DDR-Passes, etwas lindern.

Drastischer als bei ihren massenhaften Stippvisiten in West-Berlin und in der Bundesrepublik hätte man den Deutschen aus dem Osten gar nicht vor Augen führen können, wie wertlos ihre Währung war. In den Wechselstuben am Bahnhof Zoo in West-Berlin sackte der Kurs für die DDR-Mark anfangs auf eins zu zwanzig. Ein Durchschnittsverdiener mußte also seinen ganzen Monatslohn von 1000 DDR-Mark aufwenden, wenn er dort 50 D-Mark kaufen wollte. Nach wenigen Wochen pendelte sich der Kurs auf etwa eins zu sieben ein. Vor den großen Hotels in Ost-Berlin wedelten Sinti, Roma und Polen, die den Schwarzhandel mit Währungen beherrschten, ungeniert mit dicken Geldbündeln, um DDR-Mark gegen D-Mark zu tauschen. Sie hatten auch keine Hemmungen, unter den Augen der von der November-Revolution völlig verunsicherten Volkspolizei vor den Filialen der Staatsbank der DDR ihre lukrativen und glänzend laufenden illegalen Geschäfte zu betreiben. Mancher Westdeutsche tauschte lieber bei den Gelddealern als bei der Staatsbank, wo er nur drei DDR-Mark für eine D-Mark bekam.

Die DDR wurde so zum Paradies für Besucher aus dem Westen. In den billigsten Kneipen kostete ein Bier nicht mal zehn Pfennige. Selbst in guten Ost-Berliner Restaurants wie dem «1900» am Prenzlauer Berg gab es ein komplettes Abendessen für drei

D-Mark. Ganze westdeutsche Firmenbelegschaften brachen in den Osten auf, um dort billig ihre Betriebsfeste zu feiern. Jugendliche aus dem Westen protzten in Ost-Berlin mit ihrem Geld, betranken sich hemmungslos, fuhren mit dem Taxi zurück in den Westen und hatten am Ende kaum mehr als zehn D-Mark ausgegeben. Der illegale Umtausch und die von der DDR-Regierung massiv subventionierten Preise machten diesen unappetitlichen Gastro-Tourismus möglich.

Die Menschen in der DDR machten genau die gegenteilige Erfahrung: Wenn sie einen ganzen Monatslohn auf dem Schwarzmarkt tauschten, konnten sie sich damit im Westen ein Abendessen für die Familie leisten oder ein Paar billige Schuhe kaufen. Erfolgreich hatten sie für die Öffnung der Grenzen und für Reisefreiheit gekämpft, sie hatten die Mauer durchlöchert und standen nun vor einer ökonomischen Barriere, die sie daran hinderte, mehr als nur einen Zipfel des westlichen Wohlstands zu ergattern.

Angesichts dieser deprimierenden Erfahrungen tauchte schon im Februar 1990 bei einer Montagsdemonstration auf dem Leipziger Ring ein Transparent auf mit dem Spruch: «Kommt die D-Mark, bleiben wir, kommt sie nicht, geh'n wir zu ihr!» Im Verständnis der Demonstranten und der meisten DDR-Bürger war die D-Mark das Synonym für Wohlstand. Und unverhohlen war auch die Drohung, in den Westen überzusiedeln, wenn die D-Mark und mit ihr der wirtschaftliche Aufschwung nicht in den Osten käme. 343 000 DDR-Bürger waren seit Öffnung der Grenzen bis Ende 1989 in den Westen umgezogen, 85 000 hatten in den ersten sechs Wochen des Jahres 1990 der DDR den Rücken gekehrt, weitere drei Millionen Ostdeutsche, so ergaben Umfragen, trugen sich im Winter 1990 mit dem Gedanken, in den Westen überzusiedeln. Sie hatten kein Vertrauen in die von Hans Modrow geführte Regierung. Sie glaubten nicht, daß es ihr gelingen würde, den Niedergang der Wirtschaft zu stoppen und rasch für eine Wende zum Besseren zu sorgen. Eine dramatische Entwicklung drohte. Den Aderlaß von drei Millionen zusätzlicher Übersiedler hätte die DDR nicht verkraftet. Wirtschaft, Verwaltung, Gesundheits- und Verkehrswesen wären zusammengebrochen. Mit diesen zumeist jungen, leistungswilligen und leistungsfähigen Menschen sollte der Staat reformiert, die Wirtschaft wieder aufgebaut werden. Er durfte sie nicht verlieren. Aber auch die Bundesrepublik wäre gar nicht in der Lage gewesen, drei Millionen Deutsche aus dem Osten innerhalb weniger Monate aufzunehmen, ihnen Wohnung, Arbeit und Ausbildungsplätze zu bieten. Sie hätten die Wohnungsnot in den Ballungsgebieten verschärft, die Infrastruktur überlastet, die sozialen Sicherungssysteme strapaziert und die Haushalte von Kommunen, Ländern und Bund geschröpft.

Beide deutschen Regierungen hatten das Ziel, den Exodus zu stoppen. In der Bundesrepublik und in der DDR brüteten Ökonomen und Politiker über Konzepten für die Reform der DDR-Wirtschaft. Sie konnten auf keinerlei praktische Erfahrungen zurückgreifen. Zwar mühte sich Polen seit einem Jahr, den Umbau von der Plan- zur Marktwirtschaft in Gang zu bringen, und die ungarische Regierung werkelte seit einem Jahrzehnt daran, ihr sozialistisches Wirtschaftssystem zu reformieren, aber beide Länder taugten nicht als Vorbilder für die DDR. Die DDR war ein singulärer Fall: Sie hatte eine offene Grenze zur Bundesrepublik, ihre Bürger konnten jederzeit das Land verlassen, ohne dabei eine sprachliche oder kulturelle Barriere überwinden zu müssen, in der Bundesrepublik hatten sie automatisch Anspruch auf alle Sozialleistungen und die bundesdeutsche Staatsangehörigkeit. Diese einmalige Konstellation hatte in den ökonomischen Theorien nie eine Rolle gespielt. Ohnehin hätten sich Ökonomen, Politologen und Soziologen nur um den Umbau kapitalistischer Gesellschaften in sozialistische Ordnungen gekümmert. Auf die Umwandlung einer sozialistischen Wirtschafts- und Gesellschaftsordnung in ein marktwirtschaftliches und demokratisches System hatte die Wissenschaft keine Mühe verschwendet. Zu unwahrscheinlich schien dieser Fall angesichts der seit dem Zweiten Weltkrieg festgefügten Machtblöcke in Europa.

Klar war, daß eine so grundlegende Umgestaltung eines Staates, seiner Wirtschaft, seines Rechtssystems Jahre dauern würde, klar war auch, daß es viel Zeit kosten würde, bis diese Umgestaltung für die Menschen sichtbare Früchte tragen würde. Unwahrscheinlich schien hingegen, daß die Menschen in der DDR genügend Geduld hätten.

Die Kontroverse um die Währungsunion

Am 19. Januar 1990 platzte Ingrid Matthäus-Maier, finanzpolitische Sprecherin der SPD-Bundestagsfraktion, mit einem überraschenden Vorschlag in die Öffentlichkeit. In der Wochenzeitung «Die Zeit» entwickelte sie sieben Thesen zur Währungspolitik, die in dem Vorschlag gipfelten, eine Währungsunion zwischen den beiden deutschen Staaten herzustellen. Ihren Vorschlag begründete Matthäus-Maier so: «Eine Währungsunion mit der D-Mark wäre für die Bürger in der DDR ein einsichtiges und überzeugendes Signal für eine rasche wirtschaftliche Besserung, das sie zum Bleiben in ihrer Heimat veranlassen könnte. Mit einer Währungsunion würde auf der für das konkrete Leben der Menschen entscheidenden Alltagsebene die deutsche Einheit sichtbar vorangebracht. Damit würde der Druck vermindert, die deutsche Einheit auf der darüberliegenden international politisch schwierigeren staatlichen Ebene überstürzt zu vollziehen. Wer es ernst meint mit der deutschen Einheit und den Menschen in der DDR eine überzeugende Zukunftsperspektive geben will, muß sich für eine Lösung entscheiden, die ein harmonisches Zusammenwachsen der beiden deutschen Staaten ermöglicht.»

Bei Politikern und Ökonomen stieß der Vorschlag der SPD-Abgeordneten überwiegend auf Ablehnung. Bundesfinanzminister Theo Waigel meinte: «Man kann einer Volkswirtschaft nicht einfach einen monetären Mantel überstülpen.» Damit traf er genau die Vorbehalte der meisten deutschen Ökonomen, der Deutschen

Bundesbank und des Sachverständigenrates zur Begutachtung der gesamtwirtschaftlichen Entwicklung. Eine Währungsunion hielten sie erst dann für sinnvoll, wenn die DDR-Wirtschaft bei ihrem Umbau zu einer Marktwirtschaft schon ein gutes Stück vorangekommen wäre, wenn sie schon einen Teil des wirtschaftlichen Rückstandes gegenüber der Bundesrepublik aufgeholt hätte. In einer glänzenden Philippika gegen eine rasche Währungsunion schrieb Professor Lutz Hoffmann, Präsident des Deutschen Instituts für Wirtschaftsforschung in Berlin, in der «Frankfurter Allgemeinen»: «Was Politiker und Interessenvertreter nicht zu verstehen scheinen oder nicht sehen wollen, ist, daß eine rasche Integration der beiden deutschen Staaten strukturelle Anpassungsprobleme mit sich brächte, die alles bisher Gekannte in den Schatten stellen würden. Die Kohle- und Stahlkrise im Ruhrgebiet und an der Saar, die Werftenkrise an Nord- und Ostsee oder die hohe strukturelle Arbeitslosigkeit in den sogenannten Zonenrandgebieten sind alle Bagatellprobleme im Vergleich zu dem, was mit der kurzfristigen Vereinigung der beiden deutschen Staaten an wirtschaftlichen Strukturproblemen und damit möglicherweise verbundener politischer Instabilität auf uns zukäme.»

Die große Mehrheit der Ökonomen, die Bundesbank und selbst das Bonner Wirtschaftsministerium fürchteten die ökonomischen und sozialen Folgen einer raschen Währungsunion. Sie dachten an Alfred Marshall, den britischen Nationalökonomen, der wesentlich zur Entwicklung der klassischen Wirtschaftstheorie beigetragen hat und nicht ohne Bedacht sein Hauptwerk «Principles of Economics» mit dem Motto versehen hatte: «Natura non facit saltum» – die Natur macht keinen Sprung. Wie die Natur, so die durch zahlreiche Erfahrungen untermauerte Meinung der Wissenschaftler, entwickelt sich auch der komplexe Organismus einer Volkswirtschaft nur graduell und niemals sprunghaft. Zuletzt belegte der von den beiden Ölkrisen sowie von der mikroelektronischen Revolution ausgelöste und längst nicht abgeschlossene Strukturwandel die Beobachtung, daß entwickelte Volkswirtschaften sich nur allmählich veränderten Bedingungen anpassen können, wenn ökonomisches Chaos und allzu große Umstellungsprobleme vermieden werden sollen.

Eine Währungsunion, so das Kalkül der Ökonomen, wäre aber eine Roßkur für die DDR-Wirtschaft. Sie würde die Betriebe, die Landwirtschaft, den Bergbau und selbst die Kaufhäuser und Läden im deutschen Osten mit einem Schlag schutzlos der Konkurrenz aus dem Westen aussetzen. Diesem Ansturm der hocheffizienten Firmen aus dem Westen könnte die fast vier Jahrzehnte abgeschottete DDR-Wirtschaft nicht widerstehen. Denn auch schon im Januar und Anfang Februar 1990, als die Debatte um die Währungsunion entbrannte, gab es eine Fülle von ökonomischen Daten, die ein im Trend zutreffendes Bild vom Rückstand der ostdeutschen Wirtschaft gegenüber der Bundesrepublik und den anderen Industrienationen des Westens vermittelten. Die Produktivität der Betriebe, so der damalige Wissensstand, hinkte um etwa sechzig Prozent hinter der des Westens her. Der größte Teil der Produkte war den Waren aus dem Westen qualitativ hoffnungslos unterlegen. Das Straßen- und Telefonnetz, die Eisenbahn, die Stromversorgung war nach westlichen Maßstäben auf einem geradezu musealen Niveau. Die Ausstattung der meisten Betriebe mit Gebäuden und Maschinen war völlig überaltert, die Erträge der Landwirtschaft konnten sich bei weitem nicht mit denen der EG messen. Die gesamte Struktur der Wirtschaft hatte sich seit vier Jahrzehnten kaum geändert, der Anteil der Industrie an der gesamtwirtschaftlichen Leistung (Bruttosozialprodukt) war, verglichen mit den europäischen Industriestaaten, viel zu hoch. Dienstleistungen, die im Westen den entscheidenden Anteil an neugeschaffenen Arbeitsplätzen hatten, waren in der DDR verkümmert. Sie gingen aus ideologischen Gründen nicht mal in die Berechnung der gesamtwirtschaftlichen Leistung ein. Dieser im internationalen Maßstab unterentwickelten Volkswirtschaft wollten die Ökonomen, aber auch einige Politiker Zeit für Reformen lassen. Die DDR sollte erst einmal die rechtlichen und institutionellen Voraussetzungen für ein marktwirtschaftliches System schaffen, sie sollte die marktbeherrschenden Kombinate zerlegen, um so für Wettbewerb zu sorgen, ein Bankensystem schaffen, Subventionen abbauen, die eine völlig verzerrte Preisstruktur verursacht hatten, Gewerbefreiheit einführen, um jedem die Chance zu geben, sich als Unternehmer zu betätigen, das Privateigentum an Produktionsmitteln einführen und die Grenzen für ausländische Investoren öffnen, die mit ihren Kapitalimporten den Strukturwandel beschleunigen sollten.

Daß es keine Alternative zu diesem tiefgreifenden Umbau der DDR-Wirtschaft gab, war zumindest in der Bundesrepublik weithin unumstritten. Im Westen glaubte, abgesehen von Teilen der Grünen, fast niemand an die Chance eines «dritten Weges» zwischen Kapitalismus und Sozialismus, einen Begriff, den der Tscheche Ota Sik geprägt hatte, der während des «Prager Frühlings» vom April bis August 1968 Wirtschaftsminister und stellvertretender Ministerpräsident der ČSSR war und schon damals versucht hatte, ein Konzept für die Reformierung der Planwirtschaft seines Landes zu entwickeln. Der Einmarsch der Truppen des Warschauer Paktes in der ČSSR im August 1968 hatte diesen ersten Reformversuch eines sozialistischen Systems brutal beendet. Vier Jahre später veröffentlichte Sik, mittlerweile Professor an der Hochschule St. Gallen in der Schweiz, sein vielbeachtetes Buch «Der dritte Weg», in dem er versuchte, eine Synthese von marxistisch-leninistischer Theorie und moderner Industriegesellschaft zu finden. Vor allem auf Teile der Bürgerbewegungen, die entscheidend zur Wende in der DDR im Herbst 1989 beigetragen haben, aber auch auf Anhänger der ehemaligen SED, die inzwischen als PDS firmierte, übte dieser dritte Weg, den niemand exakt definieren konnte, große Anziehungskraft aus. Sie wollten die Wirtschaft und Gesellschaft der neuen DDR nicht maßstabsgetreu dem Vorbild Bundesrepublik nachbauen. Doch die reichlich diffusen Vorstellungen, in denen das Modell des schwedischen Sozialstaates eine große Rolle spielte, hatten keine Chance. Das ungeheure

Tempo der Veränderungen ließ den Epigonen des dritten Weges keine Zeit, ihre Überlegungen zu entwickeln, und, wichtiger noch, die große Mehrheit der Menschen in der DDR wollte sich auf keine neuen wirtschaftlichen und sozialen Experimente einlassen. Sie wollten eine Marktwirtschaft nach bundesdeutschem Muster, die sich in ihren Augen glänzend bewährt hatte, weil sie ebenjenen Wohlstand produzierte, der ihnen geradezu paradiesisch vorkam. Diese Wirtschaftsordnung mit all ihren Vorteilen wollten sie so schnell wie möglich auch in der DDR etabliert sehen. Der Risiken dieses Systembruchs waren sich im Osten nur wenige bewußt. Die Warner saßen vor allem im Westen.

Ziemlich präzise sagten sie voraus, welche Folgen eine schnelle wirtschaftliche und währungspolitische Vereinigung der beiden deutschen Staaten in der DDR zeitigen würde. Lutz Hoffmann etwa schrieb: «Eine zu frühe Vereinigung der beiden deutschen Staaten würde den (wirtschaftlichen, d. Verf.) Aufholprozeß ganz erheblich erschweren und ihn nur unter sehr hohen Anpassungskosten für die ostdeutsche, aber auch für die westdeutsche Wirtschaft überhaupt möglich machen... Es wäre die teuerste Lösung.» Und Wilhelm Nölling, Präsident der Landeszentralbank in Hamburg, Mitglied des Zentralbankrates der Deutschen Bundesbank und aufmerksamer Beobachter des deutsch-deutschen Vereinigungsprozesses, meinte in einem Interview mit der «Augsburger Allgemeinen»: «Die überstürzte Ausdehnung des D-Mark-Währungsgebietes auf die DDR ist der falsche Weg, um die Produktivität der Wirtschaft und die Lebensverhältnisse dort schnell und spürbar zu verbessern. Zwischen den beiden Volkswirtschaften sollte noch eine Zeitlang der Schutzzaun zweier Währungen stehenbleiben, die beabsichtigte Schocktherapie birgt unübersehbare Risiken... Einen Reform-Pfusch können wir uns nicht leisten.»

Die Argumente für diese Einschätzung lagen auf der Hand: In einem einheitlichen Wirtschafts- und Währungsgebiet erzwingen die Marktkräfte, daß für gleiche Arbeit tendenziell gleicher Lohn gezahlt wird, weil sonst die Arbeitskräfte dorthin gehen, wo besser bezahlt wird. Westliche Löhne konnten (und können) die DDR-Betriebe angesichts ihrer weit geringeren Produktivität allerdings nicht verkraften. Sie waren (und sind) sogar auf niedrigere Löhne angewiesen, weil ihre Produkte nicht westlichen Standard erreichten und – wenn überhaupt – nur durch niedrigere Preise verkäuflich waren. Bei annähernd gleichen Löhnen wie im Westen, so der Erkenntnisstand im Februar 1990, würden DDR-Betriebe reihenweise in die Pleite getrieben, und mit ihnen würden massenhaft Arbeitsplätze verschwinden. Hoffmann schätzte die daraus resultierende Arbeitslosenzahl in der DDR auf etwa 2,5 bis 3 Millionen, eine Prognose, die sich anderthalb Jahre später sogar noch als zu optimistisch herausstellte. Diese Massenarbeitslosigkeit zu finanzieren würde viele Milliarden kosten. Nicht minder teuer wäre es, so warnten damals viele Ökonomen, mit Subventionen nicht konkurrenzfähige Betriebe am Leben zu erhalten. Hoffmann: «Die Milliardenbeträge, die in der Vergangenheit in der Bundesrepublik in die Erhaltung nicht mehr überlebensfähiger Industrien geflossen sind, waren ein kleines Rinnsal gegenüber dem Strom, der dann losbrechen würde.»

Nun zählt es zu den ökonomischen Binsenweisheiten, Wirtschaftsgebiete mit so kraß auseinanderklaffender Leistungsfähigkeit wie die DDR und die Bundesrepublik durch zwei Währungen voneinander abzugrenzen. Der Wechselkurs dieser beiden Währungen gleicht nämlich die Produktivitätsunterschiede aus, er schützt die Wirtschaft des schwächeren Landes vor der Konkurrenz des stärkeren Staates. Genau dies wollte die Mehrzahl der Ökonomen. Hinter dem Schutzzaun der Währungsgrenze sollte die DDR Zeit gewinnen, um – mit massiver Hilfe aus dem Westen – die eigene Wirtschaft umzubauen und den Rückstand gegenüber den westlichen Industriestaaten zu reduzieren. Auf diese Weise hätten Pleiten und Arbeitslosigkeit zwar nicht verhindert, aber begrenzt werden können. Die Menschen in der DDR hätten gleichwohl in den Besitz der heißersehnten D-Mark kommen können, nämlich durch den Umtausch von DDR-Mark. Voraussetzung dafür wäre natürlich die Konvertibilität der DDR-Währung gewesen, ohne diese wäre eine Reform der Wirtschaft sowieso nicht möglich gewesen.

Die Psychologie der D-Mark

Am 5. Februar 1990 reiste Bundesbankpräsident Karl-Otto Pöhl mit seinem Stellvertreter Helmut Schlesinger nach Ost-Berlin, um mit seinem Kollegen von der Staatsbank der DDR über den finanziellen Zustand des kleineren deutschen Staates zu reden. An diesem Tag telefonierte er auch mit Bundeskanzler Helmut Kohl und mit Bundesfinanzminister Theo Waigel. Von einer unmittelbar bevorstehenden Entscheidung für eine Währungsunion war keine Rede. Bundeswirtschaftsminister Helmut Haussmann stellte am 6. Februar der FDP-Bundestagsfraktion seinen Drei-Stufen-Plan für den Weg zu einer Wirtschafts- und Währungsunion als Abschluß des Reformprozesses in der DDR vor. Haussmann in den Tagesnachrichten des Bundesministeriums für Wirtschaft, die mit Datum vom 8. Februar 1990 veröffentlicht wurden: «So könnten sich die beiden deutschen Staaten zum Ziel setzen, eine einheitliche Wirtschafts- und Währungsunion bis zum Inkrafttreten des EG-Binnenmarktes am 1.1.1993 zu erreichen.»

Als dieser Plan in Bonn an die Journalisten verteilt wurde, war die Entscheidung längst gefallen. Am 6. Februar 1990 hatten die drei Parteivorsitzenden der Regierungskoalition Helmut Kohl (CDU), Otto Graf Lambsdorff (FDP) und Theo Waigel (CSU) beschlossen, der staatsrechtlich noch völlig selbständigen DDR-Regierung unter Führung des kommunistischen Ministerpräsidenten Hans Modrow ein «Gemeinsames Wirtschafts- und Währungsgebiet» anzubieten. In Ost-Berlin trat Bundesbankpräsident Pöhl derweil vor die Presse und resümierte das Gespräch mit seinem Kollegen von der DDR-Staatsbank so: Es sei gemeinsame Auffassung der Währungsfachleute gewesen, daß eine Währungsunion «ziemlich verfrüht und ziemlich phantastisch» sei. Erst als Pöhl und Schlesinger nach Gesprächen mit Oppositionsgruppen am Abend des 6. Februar in ihr Hotel zurückkehrten, erfuhren sie von dem Angebot, das der Bundeskanzler definitiv gemacht hatte. In einem Interview mit dem «Spiegel» bezeichnete Pöhl knapp drei Wochen später die Art und Weise, wie der Bundeskanzler die Bundesbank desavouiert hatte, zurückhaltend als «ungewöhnlich und auch ärgerlich». Tatsächlich war dieser Vorfall einer der Gründe für Pöhls Rücktritt Ende Juli 1991.

Am 7. Februar beschloß das Bundeskabinett offiziell, was die drei Parteivorsitzenden tags zuvor schon ausgeheckt hatten: «Die Bundesregierung erklärt sich bereit, mit der DDR unverzüglich in Verhandlungen über eine Währungsunion mit Wirtschaftsreform einzutreten.» Am 8. Februar erläuterten Bundesfinanzminister Waigel, Bundeswirtschaftsminister Haussmann, Kanzleramtsminister Seiters und Regierungssprecher Klein vor der Bundespressekonferenz die Entscheidung der Regierung. Eine Situation nicht ohne Pikanterie, hatten doch sowohl Waigel als auch Haussmann sich zuvor ablehnend zu einer raschen Währungsunion geäußert.

Seinen Meinungswandel und die Entscheidung der Regierung erklärte Finanzminister Waigel den Journalisten so: «Das für uns Beste und wohl auch für die DDR Beste wäre ein Stufenplan gewesen, der entsprechende Zeit erfordert, um die notwendigen Anpassungsprozesse... durchführen zu können... Nur, ein solcher längerer Zeitraum erfordert Geduld, politische Autorität und viel Kraft. Und es stellt sich wohl mit Recht die Frage, ob dieses Leistungsvermögen angesichts der Entwicklungen in der DDR... dort noch vorhanden ist.» Die Bundesregierung hatte bei ihren Beratungen diese Frage offensichtlich mit Nein beantwortet, denn Waigel sagte weiter: «Und deswegen sehen wir uns veranlaßt, auch politische Antworten auf alle denkbaren Entwicklungen zu konzipieren, um damit auf diese Entwicklung auch rechtzeitig antworten zu können. Und nicht zuletzt ist das [das Angebot der

Währungsunion, d. Verf.] ein Signal und ein Appell an die Menschen in der DDR, an dem Aufbau dieser Wirtschaftsordnung und an dem Aufbau einer anderen wirtschaftlichen Situation mitzuarbeiten und ihr Land nicht zu verlassen. Wir müssen zur Kenntnis nehmen, daß die Dinge sich dort im politischen Bereich ungemein beschleunigen und daß fast alle Kräfte die politische Einheit wünschen und fordern und daß auch immer mehr dort in der DDR eine gemeinsame Währung, ja, die Einführung der D-Mark gefordert wird.»

Ohne Zweifel haben die meisten Menschen in der DDR dieses überraschende Angebot der Bundesregierung begrüßt. Völlig zutreffend schätzte Theo Waigel die Rolle der D-Mark in der DDR ein, als er in einer Pressemitteilung seines Ministeriums schreiben ließ: «Sie gilt dort als Symbol für Freiheit, wirtschaftlichen Aufschwung und sozialen Fortschritt.» Skeptischer und in seinem Urteil nüchterner war der Runde Tisch. Dem DDR-Ministerpräsidenten Hans Modrow, der am 13. Februar zu Verhandlunden mit der Bundesregierung nach Bonn flog, gab er folgende Erklärung mit auf die Reise: «Die Regierung wird... nicht legitimiert, jetzt schon eine Währungsunion oder einen Währungsverbund zu vereinbaren, weil jede überstürzte Regelung zum Schaden beider deutscher Staaten wäre. Bevor solche Vereinbarungen geschlossen werden, müssen alle Modalitäten sowie Vor- und Nachteile in einem breiten gesellschaftlichen Rahmen gründlich beraten werden. Einer vorschnellen Preisgabe der Finanzhoheit der DDR stimmt der Runde Tisch nicht zu.» Auf tiefes Mißtrauen stieß das Angebot der Bonner bei den politischen Gruppen in der DDR, die maßgeblich an der Wende mitgewirkt hatten. «Mit einem Einmarsch der West-Mark wird der demokratische Erneuerungsprozeß abgebrochen», fürchtete die Gruppe Demokratie Jetzt. Konrad Weiß, einer ihrer Sprecher, sagte am Runden Tisch: «Wir wolten von Herrn Kohl nicht überrannt werden.» Und Wolfgang Ullmann, für Demokratie Jetzt im Kabinett Modrow, sprach gar von einer «psychologischen Kampagne», mit der die Kreditwürdigkeit der DDR in Zweifel gezogen und der Eindruck erweckt werden solle, «als ob sie es sei, die den Bürgern wirtschaftliche Hilfe verwehre».

Ungewöhnlich deutlich war auch die Reaktion des Sachverständigenrates zur Begutachtung der gesamtwirtschaftlichen Entwicklung auf den Kabinettsbeschluß. Der Vorsitzende dieses Ökonomen-Gremiums, Professor Hans K. Schneider, schrieb am 9. Februar an den Bundeskanzler: «Mit Besorgnis verfolgt der Sachverständigenrat die jüngsten Überlegungen, die auf die baldige Einführung einer Währungsunion mit der DDR hindrängen... Wir halten die rasche Verwirklichung der Währungsunion für das falsche Mittel, um dem Strom von Übersiedlern Einhalt zu gebieten... Es ist wohl unvermeidlich, daß die Einführung der D-Mark bei den Bürgern der DDR die Illusion erwecken muß, mit der Währungsunion sei auch der Anschluß an den Lebensstandard der Bundesrepublik hergestellt. Davon kann jedoch keine Rede sein.»

Wie simpel so mancher Politiker im Westen die ökonomischen Probleme sah, die auf beide deutschen Staaten zukamen, zeigte die Äußerung des CDU-Abgeordneten Friedrich Bohl. Am Tag vor Modrows Bonn-Trip verkündete er frohgemut: «Das Angebot des Bundeskanzlers an die DDR zur Währungsunion mit Wirtschaftsreformen liegt auf dem Tisch. Es ist nun Sache der DDR, darauf positiv zu antworten, um ein zweites deutschen Wirtschaftswunder zu ermöglichen. Die Initiative des Bundeskanzlers löst eine gewaltige Schubkraft für Deutschland aus. Wohlstand für alle Bürger in einem geeinten Deutschland ist damit greifbar.» Bei den Demonstranten in Leipzig fielen diese vollmundigen und leichtfertigen Versprechungen natürlich auf fruchtbarem Boden. Im Bundestag stritten Regierungsparteien und SPD mittlerweile um das Erstgeburtsrecht an der Idee der Währungsunion, das zweifelsfrei der SPD-Abgeordneten Matthäus-Maier zusteht, auch wenn Ludwig Erhard (CDU), legendärer erster Wirtschaftsminister der Bundesrepublik, schon am 12. September 1953 – damals war schon einmal die Hoffnung auf Wiedervereinigung aufgekeimt – in einem Aufsatz über die Konsequenzen einer Währungsunion nachgedacht und dabei mehr Weitsicht bewiesen hatte als seine Epigonen fast vier Jahrzehnte später.

Natürlich war es schwierig, unter dem Damoklesschwert der drohenden Übersiedlung von drei Millionen Menschen rationale Politik zu betreiben. Vorrangiges Ziel war es, den Strom der Übersiedlungen einzudämmen, so das Ausbluten der DDR und den dadurch unvermeidlichen Zusammenbruch ihrer Wirtschaft zu verhindern. Aber es war auch schon Wahlkampf in der DDR. Am 18. März 1990 sollten auch die Deutschen im Osten zum erstenmal nach 57 Jahren frei und geheim ein Parlament wählen. Die besten Chancen bei dieser Wahl konnten sich jene Parteien ausrechnen, denen die Bürger am ehesten zutrauten, die Wirtschaft in Ordnung zu bringen. Es war also für den Ausgang der Wahl entscheidend, Optimismus zu verbreiten und den Eindruck wirtschaftlicher Kompetenz zu vermitteln. Dies gelang den im Wahlbündnis Allianz für Deutschland zusammengeschlossenen Parteien CDU, DSU und Demokratischer Aufbruch (DA) weit besser als den Sozialdemokraten. Für die CDU war es nicht von erkennbarem Nachteil, daß sie 40 Jahre Seite an Seite als Blockpartei mit der SED in der Volkskammer alle Gesetze mitbeschlossen hatte, die den wirtschaftlichen Ruin der DDR besiegelt hatten. Die CDU im Wahlkampf, das war vor allem Helmut Kohl, der nicht müde wurde, auf den damals acht Jahre währenden Aufschwung in der Bundesrepublik hinzuweisen. Der an die Taten von Ludwig Erhard, dem Vater des bundesdeutschen Wirtschaftswunders nach dem Krieg, erinnerte. Kohl erschien den mit den Spielregeln der Demokratie und den Tricks in Wahlkämpfen gänzlich unerfahrenen Menschen in der DDR als Garant für den wirtschaftlichen Aufschwung. Sie glaubten seinen Versprechungen und vertrauten Parolen wie «Wohlstand statt Sozialismus». Die SPD versprach nicht minder entschieden, die D-Mark so rasch wie möglich nach Osten zu exportieren, die DDR zu einer sozialen und ökologischen Marktwirtschaft umzubauen. Aber sie, vor allem Oskar Lafontaine, akzentuierte deutlicher die sozialen und wirtschaftlichen Probleme des währungspolitischen Zusammenschlusses. Es gelang ihr nicht, die Ostdeutschen davon zu überzeugen, das bessere Konzept für die Erneuerung der DDR zu besitzen. Ein junger Elektriker aus der sächsischen Kreisstadt Pirna formulierte treffend die Ängste vieler seiner Landsleute: «Wenn hier die SPD gewinnt, dann bleibt das Großkapital draußen, und Helmut Kohl läßt uns am ausgestreckten Arm verhungern.»

Das Resultat ist bekannt: Die Allianz für Deutschland verfehlte nur knapp die absolute Mehrheit und bildete mit den schwer geschlagenen Sozialdemokraten und den liberalen Parteien eine große Koalition, zu deren vordringlichsten Aufgaben es zählte, den Staatsvertrag für die Währungsunion mit der Bundesrepublik auszuhandeln.

Für die DDR-Regierung besorgte Günter Krause, Staatssekretär beim Ministerpräsidenten Lothar de Maizière und Vorsitzender der CDU-Fraktion in der Volkskammer, dieses Geschäft. Sein bundesdeutscher Verhandlungspartner war Hans Tietmeyer, erst einige Monate Mitglied des Bundesbankdirektoriums, davor viele Jahre hoher Beamter im Wirtschaftsministerium, zuletzt beamteter Staatssekretär im Bonner Finanzministerium. Tietmeyer, Mitglied der CDU und versierter, konservativer Ökonom, hatte für den Bundeskanzler etliche Weltwirtschaftsgipfel vorbereitet und genoß Kohls Vertrauen. Die beiden Verhandlungsführer hatten wenig Zeit für ihre beispiellose Aufgabe: Noch vor Beginn der Sommerferien, so hieß die politische Vorgabe, sollte die Währungsunion stehen, denn die Ostdeutschen sollten mit D-Mark im Portemonnaie in die Ferien fahren. Die nach dem Fall der Mauer möglichen Reisen ins westliche Ausland wollten die beiden deutschen Regierungen nicht an der fehlenden harten Währung scheitern lassen. Außerdem mußten den Versprechungen des Wahlkampfs Taten folgen. Die Währungsunion, «die ein Signal und ein Appell an die Menschen in der DDR» (Theo Waigel) sein sollte, konnte nun nicht mehr in langwierigen Gesprächen bis in die feinsten Verästelungen ausgehandelt werden. Diese Geduld hätten die Menschen in der DDR nicht aufgebracht. «Jeder Tag, an dem es die Währungsunion nicht gibt, ist ein verlorener Tag», meinte Anfang März 1990 Rudolf Stadermann, Präsident des Unternehmerverbandes der DDR.

Kein Thema der Verhandlungen beschäftigte die Öffentlichkeit mehr als der Umtauschkurs von DDR-Mark in D-Mark. Dieses gewiß schwierigste Problem der Währungsunion wurde unter zwei sehr gegensätzlichen Aspekten diskutiert: unter ökonomischen und unter politisch-sozialen Gesichtspunkten. Bundesbank, Wirtschaftsverbände, die FDP, etliche Ökonomen und Teile der West-CDU kamen dabei zu folgendem Resultat: Die DDR-Wirtschaft erreiche nur 30 bis 35 Prozent der bundesdeutschen Produktivität. Nach der Währungsumstellung müßten die Betriebe in der DDR die Löhne und alle anderen Kosten in D-Mark erwirtschaften. Dies könnten sie allenfalls, wenn die Löhne auch den Produktivitätsrückstand wiedergeben. Also sei ein Umtauschkurs von maximal eins zu zwei, besser noch von eins zu drei wirtschaftlich sinnvoll. Bei einem Kurs von eins zu eins gingen DDR-Betriebe reihenweise pleite, weil sie die dann höheren Löhne nicht verkrafteten. Überdies müßten auch die erheblichen Schulden der Betriebe auf D-Mark umgerechnet werden. Auch da sei ein Kurs von eins zu eins nicht tragbar. Die Bundesbank trieb die Sorge um, daß es bei einer Umstellung der Spartguthaben der DDR-Bürger im Verhältnis eins zu eins zu einem großen «Geldüberhang» kommen werde, der einen massiven Nachfrageschub auslösen und die Inflationsrate in die Höhe treiben könnte. Ihre Empfehlung, der die Wirtschaftsverbände zustimmten: Umstellungskurs zwei DDR-Mark für eine D-Mark. Tyll Necker, im Frühjahr 1990 noch Präsident des Bundesverbandes der Deutschen Industrie, brachte seine Zustimmung für diesen oder einen möglichst noch niedrigeren Kurs auf die plastische Formel: «Wenn wir die D-Mark nach dem Krieg nicht Mark, sondern Erhard genannt hätten, und wenn die DDR-Mark nicht Mark, sondern Ulbricht hieße, käme heute niemand auf die Idee, auch nur über einen Umtauschkurs von eins zu eins zu reden.»

Aber die beiden deutschen Währungen hießen nun mal Mark. Und den Menschen in der DDR leuchtete gar nicht ein, daß ihre ohnehin schon sehr viel niedrigeren Einkommen durch die Währungsunion geschmälert werden sollten, obwohl ihnen vorher im Wahlkampf immer das Gegenteil versprochen worden war. Ihre Rechnung, die auch von Sozialdemokraten, Gewerkschaften und einigen Ökonomen aufgemacht wurde, sah anders aus: Die Netto-Löhne der Arbeitnehmer in der DDR erreichen nur 43 Prozent der Einkommen ihrer Kollegen im Westen. Im Durchschnitt verdienen sie also nur 950 DDR-Mark im Monat, bei einem Umstellungskurs von eins zu zwei bleiben nur 475 D-Mark übrig, das wären nur noch gut zwanzig Prozent der durchschnittlichen West-Löhne. Wenn dann noch die mühsam angesammelten Ersparnisse bei der Währungsumstellung halbiert würden, gäbe es keinen Grund mehr, in der DDR zu bleiben. Die Wanderung gen Westen würde durch die Währungsunion nicht gestoppt, im Gegenteil, sie würde sogar angeheizt. Ulf Fink, Vorsitzender der Christlich Demokratischen Arbeitnehmer in der CDU, meinte im April 1990: «Renten und Löhne müssen eins zu eins getauscht werden... sonst sähe sich jede Regierung einem Proteststurm ausgesetzt, der sie hinwegfegen würde.»

Dies meinten auch die beiden deutschen Regierungen und entschieden am 2. Mai, Renten, Stipendien, Mieten, Pachten und andere «wiederkehrende Versorgungszahlungen» eins zu eins umzustellen. Bei Bargeld und Bankguthaben war die Regelung komplizierter. Der Kurs von eins zu eins galt für Kinder bis zum 14. Lebensjahr für 2000 DDR-Mark, wer zwischen 15 und 59 Jahre alt war, konnte zu diesem Kurs 4000 DDR-Mark, wer älter war, 6000 DDR-Mark umtauschen. Darüber hinausgehende Beträge wurden zum Kurs von zwei zu eins getauscht. Diese Kurse galten nur für Personen mit ständigem Wohnsitz in der DDR. Ausländer und Bundesdeutsche, die DDR-Mark auf Konten oder als Bargeld hatten, bekamen nur eine D-Mark für drei DDR-Mark.

In vielen ostdeutschen Familien brach nach Bekanntgabe der Umtauschkurse hektische Aktivität aus. Um die Tauschmöglichkeiten vollständig auszuschöpfen, wurden Konten für Kinder und Großeltern eröffnet, Geld hin und her überwiesen. Beim Start in die Marktwirtschaft sollte keine D-Mark verschenkt werden.

Eine ganz normale Familie

Wie die Lebensumstände einer durchschnittlichen DDR-Familie damals im Frühsommer 1990 waren, welche Erwartungen, Wünsche und Pläne die Menschen im deutschen Osten angesichts der bevorstehenden wirtschaftlichen Vereinigung der beiden deutschen Staaten hatten, zeigt das Beispiel der Familie Bartel aus Ost-Berlin, die im Juni 1990 Einblick in ihr Leben gaben.

Die Bartels haben zwei Kinder, beide Eltern arbeiten. Familien wie sie gibt es zu Hunderttausenden in der DDR. Wie fast alle DDR-Bürger, die nicht die Schalthebel der Partei oder des Staatsapparates bedienten, die keine Privilegien als leitende Mitarbeiter des Stasi genossen, können sie ihre Freude über die politische Wende im Herbst kaum fassen. Andreas Bartel hat die Nachricht von der Maueröffnung in der Nacht vom 9. auf den 10. November bei der Arbeit gehört. «Wir waren alle wie aufgedreht, ich hab's nicht geglaubt, dachte, die Kollegen wollen mich verscheißern.» Petra Bartel hat die Sensation verschlafen und erst am nächsten Morgen im Radiowecker davon gehört. «Ich habe im Bett gesessen und geheult.» Zu den politischen Aktivisten haben die beiden nicht gezählt: Petra war schwanger und scheute deshalb das Risiko, sich unter die Demonstranten zu mischen. Mit Rücksicht auf die Familie blieb auch ihr Mann zu Hause. Als Zeichen des stillen Protestes gegen das SED-Regime stellten sie allabendlich brennende Kerzen in die Fenster.

Der Erfolg der friedlichen Revolution hat sie überwältigt. Deren Folgen konnten sie damals im November so wenig ahnen wie alle anderen. Die Ungewißheit über das persönliche Schicksal und das Leben der Familie ist seitdem nicht gewichen; so wie den Bartels geht es fast allen DDR-Bürgern.

Die Bartels sind jung. Andreas ist 31, seine Frau ein Jahr jünger, Guido fünfeinhalb, und Marco ist erst am Pfingstmontag geboren worden. Der Prenzlauer Berg, wo die Familie wohnt, zählt zu den begehrten Quartieren in Ost-Berlin. Er liegt zentral, Busse, Straßen- und U-Bahnen sind nah, Geschäfte für Lebensmittel und den alltäglichen Kleinkram sind zu Fuß erreichbar, kleine Grünflächen bieten dem Auge Abwechslung und Platz für Muße im Freien. Die kopfsteingepflasterte Seitenstraße, in der die Bartels wohnen, ist ruhig, das Haus ist ein Reko-Bau, also unlängst renoviert. Nur wenige Blocks entfernt sieht es indes schlimm aus. Die Stümpfe abgebrochener Balkone ragen aus dem Mauerwerk, abgefallener Putz hat die Ziegel freigelegt, die Feuchtigkeit dringt ungehindert in die Wohnungen, die Hinterhöfe gleichen Trümmerfeldern.

Mit ihrer Dreizimmerwohnung haben sie großes Glück gehabt. Sie ist knapp neunzig Quadratmeter groß, kostet nur 84,60 Mark Miete, für den Kachelofen im Wohnzimmer und den Ofen im Badezimmer stehen ihnen laut Kohlekarte des Magistrats 1100 Kilo Braunkohlenbriketts im Jahr zu, die nur sechzig Mark kosten; Strom und Gas belasten das Familienbudget nur mit 29 Mark monatlich. Kleinere Mängel, wie der Umstand, daß die Eltern zum Lüften des Kinderzimmers das Oberlicht aushängen müssen, daß der Sohn im geräumigen Hinterhof, der ein idealer Tummelplatz für Kinder sein könnte, nicht spielen kann, weil die Keller des dort abgerissenen Hinterhauses nicht richtig verfüllt sind und der Junge deshalb einbrechen könnte – solche Widrigkeiten tragen sie mit der typischen Gelassenheit der DDR-Bürger, die Schlimmeres gewohnt sind.

Mit Grausen denkt das Ehepaar an die anderthalb Jahre zurück,

die es mit dem älteren Sohn in der Einzimmer-Junggesellenwoh-
nung (mit Außentoilette) des Mannes gehaust hat. Die Windeln
und die gesamte Wäsche mußten sie in der Küche trocknen, wo-
durch die ganze Wohnung feucht wurde, der Säugling schlief
auf dem Korridor. Wenn ihr Mann Nachtschicht hatte und tags-
über schlief, mußte die Frau mit dem Jungen den Tag auf der
Straße verbringen. Sechs Eingaben an den Bürgermeister mit der
Bitte um eine größere Wohnung hatten keinen Erfolg. Erst die
siebte, eine sogenannte Wahleingabe kurz vor der Volkskammerwahl 1986, machte den Behörden Beine und verhalf den Bartels zur jetzigen Bleibe. Sie fühlen sich beinahe schon privile-
giert, denn mit einer Zweizimmerwohnung hätten sie sich auch
beschieden.

Andreas Bartel braucht mit seinem Fahrrad gut zehn Minuten
bis zum VEB Fleischkombinat, bei schlechtem Wetter kann er den
Bus oder die Straßenbahn nehmen. Der gelernte Metzger zerteilt
Schweinehälften mit einer Bandsäge, pro Schicht etwa 1400 Hälf-
ten, die zusammen fünfzig bis sechzig Tonnen wiegen. Auch für
den sportlich-drahtigen Mann ist dies ein Knochenjob, der durch
den wöchentlichen Wechsel von Früh- und Nachtschicht zusätzlich erschwert wird.

Er arbeitet seit acht Jahren im Schichtdienst, 42,8 Stunden wö-
chentlich für sieben Mark die Stunde. Diesen mageren Stunden-
lohn bessert er auf durch die Schichtzulage von 35 Mark pro Woche und einen Leistungszuschlag für den gefährlichen Job an der
Bandsäge von 130 Mark monatlich. Jahrelang hat Andreas Bartels
Sonderschichten abgeleistet, die ihm 30 Mark zusätzlich eintrugen. Die aber wurden vor einem Dreivierteljahr gestoppt.

Am Monatsende hat er 1400 Mark brutto auf dem Lohnzettel,
ein für DDR-Verhältnisse ordentliches Einkommen, von dem ihm
dank der vergleichsweise geringen Steuern und Sozialabgaben
1155 Mark bleiben, zu denen allerdings 95 Mark Kindergeld für
den ältesten Sohn Guido und jetzt noch 145 Mark im Monat für
den Säugling Marco hinzukommen.

Petra Bartel ist gelernte Verkäuferin, bis zur Geburt des ersten Sohnes hat sie in der Buchhaltung des VEB Metallmöbel gearbeitet und dann anderthalb Jahre ausschließlich die Familie betreut, weil sie keinen Krippenplatz fand, obwohl gerade die Krippen zu den wenigen sozialen Errungenschaften des Arbeiter- und Bauernstaates gerechnet werden. Weil sie weder in ihrem gelernten noch im zuletzt ausgeübten Beruf eine Halbtagsstelle fand, kümmerte sie sich bis zur Geburt des zweiten Sohnes als Mitarbeiterin in der Volkssolidarität (die sich am ehesten noch mit der bundesdeutschen Arbeiterwohlfahrt vergleichen läßt) um Rentner in der Nachbarschaft. Sie führte den Haushalt der alten Leute, machte Einkäufe und Behördengänge und verdiente so 280 Mark im Monat.

Völlig verständnislos reagieren Petra und Andreas auf die Frage nach ihrem Urlaubsgeld. Weder kennen sie den Begriff, noch haben sie jemals im Mai oder Juni eine dieser Sonderzahlungen bekommen, die westdeutschen Arbeitnehmern die schönsten Wochen des Jahres versüßen. Folglich reicht es im Urlaub, von dem Andreas dank der Regierung Modrow nun 28 anstatt zuvor 21 Tage und seine Frau 21 statt der vorher üblichen 18 Tage hat, nur für eine Reise mit Fahrrad und Zelt an den Schwielowsee, der etwa siebzig Kilometer südöstlich von Berlin liegt. Die Fahrräder mit Hänger dienen als Transportmittel, nicht zuvörderst als Trimmgerät, wie es Bundesdeutsche im Zweit- oder Dritturlaub benutzen.

Der knappe, für DDR-Verhältnisse durchaus übliche Familienetat hat keinen Spielraum für Ersparnisse gelassen. Andreas: «Wir leben von der Hand in den Mund.» Die Bartels zählen nicht zu jenen DDR-Bürgern, die in den letzten Wochen hektisch neue Konten eröffneten, um alle Guthaben und Bargeldbestände auf die Häupter der Familienmitglieder zu verteilen und so die Obergrenzen für den Umtausch in D-Mark auszuschöpfen. Auch für Eltern und andere Verwandte brauchten sie ihre Konten nicht zur Verfügung zu stellen. Petra: «Die haben selbst nichts.»

Anders als viele junge Familien im Westen haben die Bartels allerdings auch keine Schulden. Außer der eigenen Genügsamkeit hat sie davor auch die SED-Regierung bewahrt, die einfach keine Konsumentenkredite zugelassen hat. Einzige Ausnahme: Der zinslose Ehekredit von 7000 Mark, mit dem der Staat die Heiratslust seiner Bürger gefördert hat und den sie mit jedem Kind abtragen (DDR-Jargon: abkindern) konnten. Für den Erstgeborenen hat den Bartels der Staat 1000 Mark Kredit erlassen, für den Jüngsten 1500, den Rest tilgen sie mit 45 Mark monatlich, und bei dem Verfahren wollen sie bleiben.

Der Ehekredit reichte gerade für Schrankwand, Staubsauger und Schlafcouch. Den Schwarzweißfernseher für horrende 2030 Mark und das, gemessen am Weltmarktniveau, simple Stereoradio für den absurd hohen Preis von 1350 Mark mußten sie sich vom Munde absparen. Der Kühlschrank ist seit vier Wochen kaputt, einen neuen will das Paar erst nach der Währungsunion in West-Berlin kaufen, weil sie glauben, daß die DDR-Geräte vom Markt verschwinden werden und mit ihnen die Ersatzteile für Reparaturen.

An ein eigenes Auto haben die Bartels nie gedacht. «Wir nagen doch nicht fünfzehn Jahre den Kitt aus dem Fenster, nur um das Geld für einen Trabi zusammenzukratzen», meint Petra Bartel.

Wie eng der finanzielle Spielraum des Paares bis jetzt ist, zeigt ein weiteres Beispiel. Als die alte DDR-Regierung ihren Bürgern nach der Maueröffnung anbot, pro Erwachsenen 100 DDR-Mark und pro Kind 50 DDR-Mark eins zu eins zu tauschen und darüber hinaus nochmals den gleichen Betrag zum Kurs von fünf zu eins zu tauschen, begnügten sie sich mit 250 D-Mark zum niedrigen Kurs. «Fünf zu eins konnten wir uns nicht leisten», sagt Andreas Bartel.

Fünfzig D-Mark aus dieser Tauschaktion behielten sie als eiserne Reserve für den Notfall. Vergangene Woche trat er ein: In Ost-Berlin gab es kein Toilettenpapier mehr, ein Trip nach West-

Berlin schloß diese Versorgungslücke. «Wir werden auch nicht größenwahnsinnig, wenn wir am 1. Juli unsere 2000 Mark Überbrückungsgeld bekommen», meint Andreas. Die Wünsche des Paares sind bescheiden: Sie möchte einen Jogginganzug, er träumt von einem Ölradiator, mit dem er morgens das Bad warm machen kann, ohne den Kachelofen anheizen zu müssen, und beide wollen neue Eheringe.

Schulden wollen sie auch künftig auf keinen Fall machen. «Ich weiß doch gar nicht, ob mein Job noch sicher ist», meint Andreas. Im West-Berliner Stadtteil Spandau soll eine neue Fleischzerlegerei eröffnet werden, die seinem Betrieb Konkurrenz machen kann. Bisher ist das Fleischkombinat, aus dem inzwischen eine GmbH geworden ist, noch nicht in den roten Zahlen. Aber die Maschinen sind veraltet. Ob der Betrieb durchhält, ob sein Arbeitsplatz sicher ist, wie sich das Einkommen entwickeln wird, ob seine Frau nach dem Babyjahr wieder arbeiten kann, weiß Andreas nicht. Seine Ungewißheit teilen viele DDR-Bürger.

Doch verzagt ist das Paar keineswegs. Beide sind froh, daß die Währungs- und Wirtschaftsunion endlich kommt. Er und seine Frau freuen sich, endlich auswählen zu können, wenn sie einkaufen gehen. Beeindruckt erzählt Petra von einem Einkauf im Penny-Markt in West-Berlin. Für fünfzehn Mark erstand sie Ananas, ein Einwegfeuerzeug, ein Duschbad, Süßigkeiten und Käse. «Bei uns hätte allein das Duschbad fünfzehn und alles zusammen sechzig Mark gekostet», hat sie ausgerechnet.

Sie teilen auch nicht die Sorgen etlicher Landsleute, vom Westen überrollt zu werden. «Es ist ganz normal, daß die Geldgeber das Sagen haben wollen», findet Andreas. Bezeichnend seine Antwort auf die Frage nach seiner Wahlentscheidung am 18. März: «Ich habe das Kapital gewählt.» Erst eine Nachfrage beseitigt den leisen Zweifel, daß er damit die CDU gemeint hat. Seine Frau hat SPD gewählt, weil sie sich von dieser Partei mehr soziale Sicherheit verspricht, und weil sie fürchtet, daß die CDU auch in der DDR die Abtreibung nach bundesdeutschem Recht regeln will.

Sorge bereitet den beiden vor allem, was aus der Miete und den Kosten für Strom und Gas wird. Da haben sie Angst vor den westdeutschen Verhältnissen. Auch in dieser Beziehung sind die Bartels eine Familie, wie sie es zu Hunderttausenden in der DDR gibt – eine ganz normale Familie.

Die Last der Einheit

Im Frühsommer 1990 war der Jubel über die im November 1989 errungene Freiheit längst verhallt, die Euphorie des Aufbruchs hatte sich verflüchtigt. Die DDR-Bürger zogen wieder auf die Straßen, die Demonstranten zählten schon wieder nach tausenden, so wie im Oktober 1989, als die Revolution begann. Doch diesmal war es nicht die Hoffnung auf eine bessere Zukunft, die sie marschieren ließ. Diesmal waren es Angst und Ungewißheit, die ihnen Beine machte. Angst hatten sie vor den Folgen jener Währungs- und Wirtschaftsunion mit der Bundesrepublik, für die sie bei der Volkskammerwahl am 18. März noch so vehement votierten und die ihnen erst gar nicht schnell genug kommen konnte. Damals berauschte sich die Mehrheit an der Vorstellung, bald harte D-Mark in Händen zu halten und gleichsam über Nacht den aus der Ferne paradiesisch anmutenden Wohlstand der reichen Bundesrepublik genießen zu können.

Auf dem Karl-Marx-Platz in Leipzig, bei den mittlerweile legendären Montagsdemonstrationen, wurden im Januar und Februar 1990 jene Redner niedergebrüllt, die auch nur in Andeutungen von den Schattenseiten des raschen wirtschaftlichen Zusammenschlusses sprachen. Begeisterung war Pflicht, Skepsis galt als defätistisch. Das Vertrauen in den großen reichen Bruder im Westen, den Helmut Kohl so glaubwürdig verkörperte, schien beinahe grenzenlos.

Vor allem die Allianz für Deutschland nutzte mit massiver Hilfe ihrer westlichen Partner in den Unionsparteien entschlossen diese Gemütslage. Wer Allianz wähle, so die Botschaft, wähle Wohlstand und soziale Sicherheit. Und der Bundeskanzler tat mit seinen Auftritten im DDR-Wahlkampf nichts, um die großen Erwartungen zu dämpfen.

Doch im Mai tönte es ganz anders aus Bonn. Steuererhöhungen für die DDR-Hilfe lehnten der Bundeskanzler und andere Regierungsmitglieder immer wieder kategorisch ab. Die Bundesrepublik Deutschland sei kein Selbstbedienungsladen – dazu da, die Fehler aus vierzig Jahren sozialistischer Mißwirtschaft zu korrigieren, sagte Bundesfinanzminister Theo Waigel. Ingrid Matthäus-Maier, Finanzexpertin der SPD, warnte die DDR davor, die Hilfsbereitschaft der Bundesbürger über Gebühr zu strapazieren. Und die SPD hatte mit ihrer Doppelstrategie bei den Landtagswahlen in Niedersachsen und Nordrhein-Westfalen Erfolg: Die SPD-Ost forderte Nachbesserungen des Staatsvertrages zu Lasten der Bundeskasse, die SPD-West aber warnte vor unzumutbaren Belastungen der kleinen Leute durch die Vereinigung der beiden deutschen Staaten.

Die DDR-Bürger waren ziemlich erschrocken über den Geiz der Brüder und Schwestern im Westen, die noch wenige Monate zuvor an die Grenze geeilt waren, um mit den Landsleuten aus dem Osten deren friedlich erkämpfte Befreiung vom SED-Regime zu feiern. Verständnislos registrierten sie, daß die Bundesbürger offensichtlich nicht bereit waren, für die deutsche Einheit auch nur kleine Abstriche von einem Lebensstandard zu machen, der nach DDR-Maßstäben sehr komfortabel ist.

In seiner Regierungserklärung vom 19. April 1990 sagte DDR-Ministerpräsident Lothar de Maizière: «Wir erwarten Gemeinsamkeit und Solidarität. Die Teilung kann tatsächlich nur durch Teilen aufgehoben werden.» Aber er sagte zugleich: «...wir sehen mit Sorge auch Tendenzen schwindender Bereitschaft, abzugeben und solidarisch zu sein.»

Der zwischen den Expertenkommissionen ausgehandelte Staatsvertrag über die Währungs-, Wirtschafts- und Sozialunion bestätigte de Maizières Sorgen. «Vom Geiste, die Teilung durch Teilen zu überwinden, ist praktisch nichts zu spüren. Vielmehr soll die Bundesrepublik von allen Belastungen nach Möglichkeit freigestellt werden», urteilte damals Kurt Biedenkopf, der heute Ministerpräsident des Freistaates Sachsen ist, über einen früheren Entwurf des Staatsvertrages, der sich kaum von der endgültigen Fassung unterschied.

Die staatliche, wirtschaftliche, soziale und ökologische Erneuerung der DDR betrachteten die Bonner Regierungsparteien offenkundig nicht als eine Last, die beide deutsche Staaten nach ihren Kräften tragen müssen. Die DDR sollte sie statt dessen weitgehend allein schultern, wenn es nach Buchstaben und Geist des Staatsvertrages gegangen wäre. «Das kann nicht der Geist der November-Revolution sein», klagte Frank Bogisch, Vorstandsmitglied der DDR-SPD. «So rücksichtslos hätten auch die alten SED-Genossen mit uns verfahren können.»

Der SPD-Abgeordnete, der auch stellvertretender Vorsitzender des Wirtschaftsausschusses der Volkskammer war, hatte nach Lektüre des Staatsvertrages nicht den Eindruck, «daß die DDR wie ein souveräner Staat behandelt worden ist». Die DDR durfte keine stimmberechtigten Vertreter in den Zentralbankrat der Bundesbank entsenden, die künftig die Währungshoheit der DDR übernehmen wird. Die DDR-Regierung mußte künftig die Entscheidungen, «welche die wirtschaftspolitischen Grundsätze berühren, das Einvernehmen mit der Regierung der Bundesrepublik Deutschland herstellen». Sie selbst hingegen wurde von Gesetzesänderungen und geänderten Rechtsverordnungen nur unterrichtet. Überdies saßen im Finanz-, im Wirtschaftsministerium, aber auch beim Ministerpräsidenten längst vom Rhein an die Spree delegierte Berater, die Einfluß auf Entscheidungen der DDR-Regierung nahmen und ihre Dienstherren in Bonn über die Politik in Berlin auf dem laufenden hielten.

Die Bundesregierung wollte die Haushaltsdefizite der DDR für 1990 und 1991, nach damaliger Schätzung etwa 70 bis 110 Milliarden D-Mark, ausgleichen und eine Anschubfinanzierung für die Arbeitslosen- und Rentenversicherung leisten, von der damals noch niemand wußte, wieviel sie letztlich kosten würde.

Die Leistungen des Bundes nahmen sich damals eher bescheiden aus angesichts der Aufgaben und Schwierigkeiten, die auf die DDR zukamen. Denn die Finanzierung der wirklich teuren Probleme überließ Bonn der DDR. Die Modernisierung der überwiegend abgewirtschafteten Unternehmen sollte die Regierung der DDR «im Einvernehmen mit der Regierung der Bundesrepublik Deutschland im Rahmen der haushaltspolitischen Möglichkeiten» selbst regeln und bezahlen (Artikel 14 des Staatsvertrages). Ebenfalls aus der eigenen Kasse sollte die DDR «den in der Agrar- und Ernährungswirtschaft erforderlichen strukturellen Anpassungsprozeß... durch geeignete Maßnahmen fördern» (Artikel 15). Bonn gestand der DDR allerdings zu, den Handel mit sensiblen Agrarerzeugnissen zwischen den beiden deutschen Staaten zu regulieren. Im Klartext: Importe aus der Bundesrepublik, die im Frühjahr 1990 die Landwirtschaft und die Nahrungsmittelindustrie der DDR in Existenznöte gestürzt hatten, durften begrenzt werden. Auch dieses hoffnungslose Unterfangen hätte nicht das Geld der Bundesregierung, sondern das der Verbraucher in der DDR gekostet, denn ein knapperes Angebot läßt allemal die Preise steigen.

Auch die Arbeitsförderung, also die Fortbildung, Umschulung und betriebliche Einarbeitung von Arbeitslosen und Arbeitnehmern, die noch einen Job haben, sollte die DDR selbst tragen. Durchgesetzt hat sich die Bundesregierung auch mit ihrem Wunsch, Grund und Boden sofort für gewerbliche Zwecke frei verkäuflich zu machen. Die DDR-Regierung, so stand es noch im Ostberliner Koalitionsvertrag, wollte Ausländern (und Bundesbürgern) für zehn Jahre nur ein Erbpachtrecht mit anschließendem Vorkaufsrecht zugestehen. Während dieser zehn Jahre sollte sich ein Immobilienmarkt entwickeln, der den Verkauf von Grundstücken zu Marktpreisen ermöglicht hätte. Daß diese Idee zu einem Investitionshindernis mißraten wäre, ist ziemlich wahrscheinlich. Erkennbar war aber damals auch schon, daß DDR-Bürger gegen die viel kapitalkräftigeren Investoren aus dem Westen keine Chance haben würden. Der in der DDR allseits befürchteten Spekulation mit Grundstücken und Gebäuden wurde somit Tür und Tor geöffnet.

Gescheitert ist die DDR-Regierung de facto auch mit ihrem wenig realistischen Plan, die Bürger am sogenannten Volkseigentum zu beteiligen. Nur noch theoretisch bestand diese Möglichkeit, denn «vorrangig» sollte laut Staatsvertrag das volkseigene Vermögen, also in erster Linie die Betriebe, dazu genutzt werden, die Strukturanpassung der Wirtschaft und die Sanierung des Staatshaushaltes zu bewältigen. Selbst beim Kindergeld mußte sich die DDR-Regierung den Bonner Vorhaben beugen: Statt – wie im Koalitionsvertrag vorgesehen – einheitlicher Beträge unabhängig vom Einkommen wurden auch in der DDR Steuerfreibeträge für Kinder eingeführt, womit die Bezieher höherer Einkommen stärker begünstigt werden als Einkommensschwache. Viele dieser im Staatsvertrag vereinbarten Regelungen wurden mit der Vereinigung der beiden deutschen Staaten obsolet, zum Beispiel die Übernahme der Defizite im Haushalt der DDR oder die Anschubfinanzierung für die Renten- und Arbeitslosenversicherung, weil die DDR am 3. Oktober 1990 in der Bundesrepublik aufging. Aber als der Staatsvertrag geschlossen wurde, stand der Termin der Vereinigung noch nicht fest, und er dokumentiert deshalb eindrucksvoll das Klima, das damals zwischen den beiden deutschen Staaten herrschte.

Die Stunde Null

Während angesichts der bevorstehenden Währungsunion die Sorge um Arbeitsplätze, die Angst vor steigenden Preisen und einer ungewissen wirtschaftlichen Zukunft die Freude auf die harte D-Mark überlagerte, liefen die Vorbereitungen auf den Währungsschnitt auf vollen Touren. Die DDR brauchte nicht nur neues Geld, sie brauchte auch ein völlig neues Bankensystem, das den Kunden binnen kurzem all jene Dienstleistungen anbieten konnte, die in der Bundesrepublik üblich waren. Bisher hatte die Staatsbank der DDR von der Ausgabe der Banknoten über die Abwicklung des Zahlungsverkehrs bis zur Kontenführung für den Staatshaushalt und die anderen Kreditinstitute in der DDR alles geregelt und kontrolliert. Unterhalb der allmächtigen Staatsbank gab es nur noch Spezialbanken, die für bestimmte Kundengruppen zuständig waren. Wettbewerb zwischen den Banken gab es nicht, entsprechend gering war das Angebot an Dienstleistungen. Geldanlage war nur auf dem Sparkonto möglich für den einheitlichen Zinssatz von 3,25 Prozent, Konsumentenkredite gab es nur in Ausnahmefällen, eine Aktienbörse verbot sich schon aus ideologischen Gründen.

Rund drei Monate vor dem Start in die Währungsunion haben die privaten Geschäftsbanken der Bundesrepublik mit ihrer Arbeit begonnen. Zwar saßen die Repräsentanten von Dresdner Bank, Commerzbank und Deutscher Bank schon lange vorher in teuren Suiten der Ost-Berliner Luxushotels, doch Geschäfte durften sie noch nicht machen, sondern nur beraten, Kontakte knüpfen und pflegen. Aber am 1. April 1990 traten erste grundsätzliche Veränderungen des staatlichen Finanzsystems in der DDR in Kraft, und die bundesdeutschen Banken konnten loslegen. Allen voran marschierte die Deutsche Bank, die sich den größten Teil des Filialnetzes und der Mitarbeiter der Deutschen Kreditbank einverleibte. Die Deutsche Kreditbank war aus der Staatsbank der DDR hervorgegangen und wollte eigentlich allein in die

Marktwirtschaft marschieren, aber der Deutschen Bank konnte sie nicht widerstehen. In fast allen Städten der DDR wurden provisorische Flachbauten und Container installiert, in denen westdeutsche Banken Filialen eröffneten, vor denen die DDR-Bürger stundenlang anstanden, um ein Konto zu eröffnen.

Höchst anspruchsvoll war auch die Aufgabe der Deutschen Bundesbank. Zum 1. Juli gab die DDR nämlich ihre Währungshoheit auf, und die Bundesbank mußte nahtlos die Kontrolle des Bankensystems übernehmen und den bargeldlosen Zahlungsverkehr organisieren. Auch dies war eine Revolution, denn der ostdeutsche Zahlungsverkehr war technisch und organisatorisch völlig verschieden vom westdeutschen System. Firmen und Privatleute bekamen diesen Systemwechsel nach der Währungsunion schmerzhaft zu spüren, weil sie oft wochenlang auf Überweisungen warten mußten.

Spektakulärer, aber technisch einfacher wenngleich logistisch kompliziert war die Versorgung der DDR mit dem neuen Bargeld aus dem Westen. Am 1. Juli 1990 sollten alle Banken, Sparkassen und Postämter in der DDR mit neuen D-Mark-Banknoten und -Münzen ausgestattet sein, um diese an die Bürger auszuzahlen. 28 Milliarden Mark, aufgeteilt in 6000 Tonnen Geldscheinen und 500 Tonnen Münzen hat die Bundesbank aus ihren westdeutschen Niederlassungen auf Hunderten von schwerbewachten Geldtransportern in ihre 15 neuen Filialen in der DDR fahren lassen. Von dort wurde das Geld an die Banken, Sparkassen und Postämter verteilt. Die alten Banknoten verschwanden in Schächten der Kaligruben. Keinem Ganoven gelang es, einen der Geldtransporter der Bundesbank zu knacken. Die Geldversorgung gelang lückenlos. Bei keiner Bank, Sparkasse oder Postfiliale gingen die neuen Geldscheine aus. Selbst Bundesbankpräsident Karl Otto Pöhl war überrascht. Er hatte «bei dieser beispiellosen Operation mehr technische Probleme erwartet».

Am 1. Juli 1990, einem Sonntag, war es dann soweit: Um Mitternacht begann mit der Wirtschafts-, Währungs- und Sozialunion die ökonomische Vereinigung der beiden deutschen Staaten: ein Volk, eine Währung. Am schnellsten war mal wieder die Deutsche Bank, das mit Abstand größte Geldinstitut in beiden deutschen Staaten. Pünktlich um Mitternacht öffnete sie die Schalter in ihrer Filiale am Ost-Berliner Alexanderplatz. Rüdiger Wrede, Leiter der Filiale: «Dies ist ein historischer Moment. Um null Uhr wird die D-Mark offizielles Zahlungsmittel in der DDR. Dies ist der erste Schritt zur deutschen Einheit, deshalb öffnen wir unsere Filiale um Mitternacht.»

Die ersten Kunden der Deutschen Bank werden sich lange an diesen historischen Augenblick erinnern. Schon eine halbe Stunde vor Mitternacht herrschte ein gefährliches Gedränge vor den Glastüren zur Eingangshalle. «Beim ersten Loch in der Mauer ging es friedlicher zu», meinte einer der Wartenden. Pünktlich um Mitternacht öffneten die Volkspolizisten die Tür nur einen Spalt, durch den die ersten Menschen quollen. Hans-Joachim Corsalli wurde von den Bankmitarbeitern als Sieger beim harten Kampf um die harte Währung ausgeguckt. Eigentlich hätten der Präsentkorb mit Champagner und Rotwein und das Sparbuch mit dem Guthaben von hundert D-Mark Gisela Meier zugestanden, die sich neben Corsalli durch den Türspalt gepreßt hatte. Doch die etwa sechzigjährige Frau war vom Kampf um das Geld schwer gezeichnet. Das Kleid verrutscht und durchgeschwitzt, die Brille schief auf der Nase, irrte sie durch die Eingangshalle und rief hysterisch: «Reinhard, Reinhard.» Sie suchte ängstlich und verwirrt nach ihrem Mann, den sie im Nahkampf verloren hatte. Schließlich lehnte sie erschöpft an der Kundentheke und stöhnte: «Wenn ich das geahnt hätte, wäre ich nie gekommen.» Derweil stand der nicht minder verwirrte Hans-Joachim Corsalli mit verschwitztem Gesicht neben dem Filialleiter auf dem Siegerpodest, nahm Präsentkorb und Sparbuch entgegen, lauschte geistesabwesend den wohlgesetzten Worten des Filialleiters und blickte hilflos in die Scheinwerfer und Objektive von einem Dutzend Fernsehkameras.

Für die Deutsche Bank schien der Plan, die historische Stunde mit einer symbolischen Geste publicityträchtig auszuschlachten, wie erhofft aufzugehen. Keine andere Bank in der DDR hatte um Mitternacht die Schalter geöffnet, die geballte Aufmerksamkeit der Weltpresse richtete sich auf die größte Bank der Bundesrepublik und wohl bald auch in der DDR. Doch die Banker konnten nicht ahnen, daß der Wettlauf um die Mark vor ihrer Filiale so bedrohliche Formen annehmen würde. Um zehn Minuten nach Mitternacht stemmten sich schon sieben Volkspolizisten von innen gegen die Glastür, um die brutal drängenden und schreienden Kunden vom Stürmen der Bank abzuhalten. Vier Minuten später wurde Verstärkung angefordert. Draußen versuchte Hellmut Hartmann, oberster Öffentlichkeitsarbeiter der Bank, die drängende Masse über Megaphon zu beruhigen: «Bitte haben Sie Geduld. Jeder wird heute bedient. Wir haben genügend Geld für jeden da.» Drinnen gelang einem Mittdreißiger der Durchbruch in die Bank, die Hose hing ihm fast auf den Knien. Keuchend stammelte er: «Ich wollte eigentlich nur gucken kommen, aber dann gab es keinen Weg zurück.»

In der Schalterhalle im ersten Stock ging es gesittet zu. Erleichtert, dem Chaos vor der Tür entronnen zu sein, standen die Kunden da. Sechs Kassierer zahlten die blauen Scheine aus. Martin Köhler, im blauen Arbeitsanzug direkt von der Nachtschicht bei der DDR-Reichsbahn in die Bank gehetzt, wollte mit dem Geld demnächst nach England fahren, sich aber keine Extravaganzen leisten. Ein junger Mann hatte größere Pläne: Im Herbst wollte er mit dem Bau eines Bungalows beginnen. Und Hans-Joachim Corsalli, der Sieger des Abends, stand noch anderthalb Stunden nach Mitternacht in der Schalterhalle, um auch dem zwanzigsten Reporter zu erzählen, daß er 41 Jahre alt sei, Kohlen ausfahre, zwei Söhne von zwölf und vierzehn Jahren habe, von den 3000 Mark, die er abgehoben habe, ein Drittel für die Jugendweihe des Ältesten ausgeben, ein Drittel für den Urlaub im FDGB-Ferienheim opfern wolle und den Rest zum Leben brauche, weil der Monat bekanntlich lang sei, und daß er schon um Viertel vor fünf am Nachmittag angestanden habe.

Ein Angestellter störte die friedliche Szene, indem er hektisch nach Ärzten und Krankenschwestern unter den Wartenden rief. Denn eine Etage tiefer wurden die ersten Bankkunden mit der Bahre zum Hinterausgang und gleich in den Krankenwagen getragen. Bankmitarbeiter trugen der Ohnmacht nahe Frauen an Händen und Füßen auf das Siegerpodest, von dem längst das dezente schwarze Tuch heruntergerissen war, und lagerten die völlig erschöpften Menschen auf den blanken Brettern.

In Panik hatten Frauen die untere Scheibe einer Glastür eingetreten und sich durch die schmale Öffnung in die Eingangshalle gezwängt. Eine junge Frau hatte ihren Freund entdeckt, der bleich in die Halle wankte, die beiden fielen einander um den Hals, kauerten sich reglos auf einen Sessel und weinten. Eine Kundin sank mit wachsbleichem Gesicht auf die Fensterbank, starrte erschöpft vor sich hin. Neben ihr stand eine meterhohe Markmünze aus Pappe, sie hatte keine Augen für das Symbol der harten Währung, für die sie ihre Gesundheit riskiert hatte.

Um zwei Uhr kam ein junger Mann mit nacktem Oberkörper die Wendeltreppe von der Schalterhalle hinunter. In seiner rechten Hand baumelte ein schweißtriefendes T-Shirt, das er wütend gegen die Wand klatschte. Die Kassierer hatten seinen Auszahlungscoupon nicht akzeptiert, der Schweiß hatte ihn völlig aufgeweicht und unleserlich gemacht.

Am Sonntag um neun öffnen Sparkassen, Banken und Post ihre Schalter in der ganzen DDR. Im Ostberliner Stadtteil Lichtenberg, vor der Filiale 178 der Sparkasse der Stadt Berlin, warteten etwa zweihundert Menschen gelassen im Nieselregen auf die D-Mark. Einige hatten auf sogenannten Reste-Parties die letzten DDR-Mark konsumiert und waren noch gar nicht im Bett gewesen.

Vor der Filiale 178 der Sparkasse war die Schlange um zehn Uhr schon halbiert. Am Nachmittag schickte Filialleiterin Sabine Köcher die ersten Aushilfskräfte nach Hause. Als um 21 Uhr alle

Schalter schlossen, waren 3,8 Millionen Mark an die Kunden aus-
gezahlt worden. Würden sie damit am nächsten Morgen die Geschäfte stürmen?

«Schöpferische Zerstörung» statt Krisenmanagement

Zum Stichtag 1. Juli 1990 übernahm die DDR große Teile der
Wirtschafts- und Rechtsordnung der Bundesrepublik. Mit der
Vereinigung drei Monate später fielen – abgesehen vom Miet-
recht, von einigen steuerlichen Vorschriften und wichtigen Regelungen des Finanzausgleichs zwischen den Bundesländern – fast
alle rechtlichen Unterschiede weg, die von wirtschaftlicher Rele-
vanz waren. Binnen drei Monaten war die DDR – nach fast 41 Jahren Sozialismus – in einem Staat mit einer sehr liberal organisierten sozialen Marktwirtschaft aufgegangen. Zumindest auf dem
Papier sind damit zwei Gesellschaften gleichsam mit Lichtge-
schwindigkeit verschmolzen worden.

Ökonomen ist dieses bisher historisch beispiellose Tempo un-
heimlich. Denn einen Strukturbruch, wie ihn die Politik der ehemaligen DDR mit der Wirtschafts- und Währungsunion zumutet,
hat es in der alten Bundesrepublik nie gegeben. Zwanzig Jahre hat
es gedauert, und zig Milliarden Mark hat es gekostet, bis die westdeutschen Politiker den mit dem ersten Ölpreisschock von 1973
ausgelösten Strukturwandel und die damit verbundene Kohle-,
Stahl- und Schiffbaukrise halbwegs bewältigt hatten. Der von der
mikroelektronischen Revolution erzwungene Anpassungsprozeß
hält die Wirtschaft in der alten BRD immer noch in Atem. Entwik-
kelte Volkswirtschaften können sich also nur allmählich veränderten Bedingungen anpassen, wenn ökonomisches Chaos vermieden werden soll. Doch alle Strukturkrisen zusammengenommen
sind ein Kinderspiel verglichen mit dem Systemwandel in der ver-
blichenen DDR.

Mit dieser Erkenntnis im Hinterkopf und unter Hinweis auf die marode Verfassung der DDR-Wirtschaft hatten vom Sachverständigenrat bis zur Deutschen Bundesbank fast alle ökonomischen Institutionen der Bundesrepublik und die weit überwiegende Mehrheit der bundesdeutschen Wirtschaftswissenschaftler dafür plädiert, die DDR nicht gleichsam über Nacht dem Wettbewerb mit der westdeutschen und weltweiten Konkurrenz auszusetzen.

Klaus von Dohnanyi, ehemaliger Erster Bürgermeister in Hamburg, hielt diesen Ökonomen in seinem Buch «Das deutsche Wagnis» vor: «Die Vertreter der langsamen Annäherung haben die Größe des Problems immer unterschätzt und nur ökonomistisch argumentiert.» Zumindest der erste Teil dieser Kritik ist falsch. Gerade weil diese Wirtschaftswissenschaftler vorhergesehen und zum Teil sehr präzise vorhergesagt hatten, welche dramatischen Folgen eine schnelle Währungs- und Wirtschaftsunion für die Industrie, die Landwirtschaft und den Arbeitsmarkt in der DDR haben würde, plädierten sie dafür, das Land zunächst zu einer sozialen Marktwirtschaft umzubauen und es erst dann der rauhen Luft des internationalen Wettbewerbs auszusetzen.

Aber auch der graduelle Umbau hätte unter ungeheurem Zeitdruck stattfinden müssen, denn die Mauer war gefallen; die DDR drohte auszubluten, weil täglich bis zu 4000 Menschen in die Bundesrepublik übersiedelten.

Wer die Regierung Modrow während ihrer viermonatigen Amtszeit erlebt und dabei beobachtet hat, wie sie daran gescheitert ist – sofern der politische Wille überhaupt vorhanden war –, die ersten Schritte in Richtung marktwirtschaftlicher Erneuerung zu tun, wer das gewiß gutwillige Kabinett von Lothar de Maizière gesehen hat, das dieser Aufgabe ebensowenig gewachsen war, wer den quälend langsamen Umbauprozeß in der Sowjetunion verfolgt, wo sechs Jahre Perestrojka das riesige Reich immer tiefer in die Krise geführt haben, kann eigentlich nicht mehr glauben, daß die DDR aus eigener Kraft – das heißt, ohne Wirtschafts- und Währungsunion, wenngleich bundesdeutsche Hilfe nicht ausgeblieben wäre – den schrittweisen Übergang zur Marktwirtschaft bei offenen Grenzen gemeistert hätte. Die Verfechter der langsamen Annäherung haben die Fähigkeit der DDR überschätzt, den komplexen Umbau einer in vierzig Jahren gewachsenen Kommandowirtschaft zu einer Marktwirtschaft zu bewältigen. Jeder neue Reformschritt hätte den politischen Widerstand der Betroffenen herausgefordert. Eine in jeder Beziehung unerfahrene Regierung wäre dabei bald ins Straucheln geraten. In seiner Kritik am Sondergutachten des Sachverständigenrates, in dem sich die fünf Weisen am 20. Januar für einen schrittweisen Reformprozeß aussprachen, schrieb Kurt Biedenkopf: «Überforderungen solchen Umfangs lähmen die politischen Kräfte, statt sie zu entfalten. Sie wecken nicht die für die wirtschaftliche Erneuerung notwendige Initiative und Bereitschaft zum Risiko, sondern entmutigen sie.»

Weniger diese Erkenntnis als außenpolitisches Kalkül hatte Helmut Kohl am 13. Februar 1990 zu seinem Angebot an die DDR veranlaßt, ein beide deutsche Staaten umfassendes Wirtschafts- und Währungsgebiet zu schaffen. Es galt, die günstige politische Konstellation zu nutzen, denn niemand konnte im Winter 1990 abschätzen, ob die Sowjetunion eine wirtschaftliche Vereinigung, die erklärtermaßen der erste Schritt zum politischen Zusammenschluß sein sollte, zwei oder drei Jahre später auch noch tolerieren würde.

Wie richtig Kohl agierte, als er, den Rat der Ökonomen mißachtend, im August 1990 dem sowjetischen Präsidenten Michail Gorbatschow im Kaukasus sogar noch die Zustimmung zur politischen Vereinigung der beiden deutschen Staaten abhandelte, zeigte sich spätestens ein Jahr nach dem Treffen der beiden, als eine reaktionäre Clique in Moskau versuchte, mit einem Putsch den Reformprozeß in der UdSSR zu stoppen.

Falsch war es hingegen, daß Kohl und die verantwortlichen Minister die Warnungen der Wirtschaftsexperten vor den ökonomischen Folgen der schnellen wirtschaftlichen Vereinigung als

Schwarzmalerei abtaten. Später wollten Kohl, sein Finanzminister Theo Waigel und der damalige Wirtschaftsminister Helmut Haussmann der Öffentlichkeit weismachen, die Probleme im Gefolge der Währungsunion seien unvorhersehbar gewesen – eine glatte Notlüge. Die Bundesregierung hätte sehr wohl frühzeitig gegensteuern und so den Niedergang der Wirtschaft in den fünf neuen Bundesländern bremsen können. Der entscheidende wirtschaftspolitische Fehler der Bonner Regierung war ihre Untätigkeit, oder, wie Helmut Schmidt kritisierte, «daß die Regierung den Eindruck erweckte, man könnte die deutsche Einheit mit der linken Hand, quasi aus der Portokasse finanzieren».

Tatsächlich verfolgten die westdeutschen Regierungsparteien eine verhängnisvolle Doppelstrategie: Im Osten verbreiteten sie einen unhaltbaren Optimismus, im Westen versuchten sie den Menschen einzureden, daß die Vereinigung praktisch zum Nulltarif zu haben sei. In einem Gastkommentar für «Bild am Sonntag» schrieb Bundeswirtschaftsminister Haussmann: «Gefragt sind Mut und Optimismus. Ich bin überzeugt, daß dann in der DDR schon bald ein gewaltiger wirtschaftlicher Aufschwung beginnen wird – ein neues Wirtschaftswunder in Deutschland.» Am 6. April 1990 sagte der Bundeskanzler beim 125jährigen Jubiläum des Chemiekonzerns BASF: «Wie in der Bundesrepublik kann auch in der DDR die soziale Marktwirtschaft aus dem Nichts funktionieren.» Oft zitiert ist ein Satz Lothar de Maizières, den Kohl sich in einer Rede am 21. Juni vor dem Deutschen Bundestag zu eigen machte: «Es wird niemandem schlechter gehen als zuvor – dafür vielen besser.» Gen Westen gewandt meinte er: «Für die Deutschen in der Bundesrepublik gilt: Keiner wird wegen der Vereinigung Deutschlands auf etwas verzichten müssen.» Anstatt im Winter 1990 den schwarz-rot-goldenen Überschwang zu nutzen, der die Herzen der Menschen in Ost und West geöffnet hatte und es leicht gemacht hätte, denen im Westen in die Taschen zu greifen, ließen Kohl und Waigel diese einmalige Gelegenheit ungenutzt verstreichen, obwohl damals schon abzusehen war, daß die Sanierung der

DDR ein teures Unterfangen werden würde. Helmut Schmidt hatte schon Ende 1989 einen Zuschlag zur Einkommen- und Körperschaftssteuer vorgeschlagen, ohne Resonanz in Bonn. Dort brach statt dessen wenig später, angezettelt von der SPD, die unselige Debatte um Steuererhöhungen aus. Allen voran die FDP, behaupteten die Regierungsparteien unverdrossen, die deutsche Vereinigung sei ohne Steuererhöhungen zu finanzieren. Bundesfinanzminister Theo Waigel im April 1990: «Es wird keine Steuererhöhungen geben.» Helmut Kohl am 23. Mai 1990: «Leistungsfeindliche Steuererhöhungen... sind zur Finanzierung der Hilfen an die DDR nicht nötig.» Manfred Carstens, Parlamentarischer Staatssekretär im Bundesfinanzministerium im August 1990: «Steuererhöhungen im Zusammenhang mit DDR-Problemen schließe ich völlig aus.» Und schließlich Otto Graf Lambsdorff, Vorsitzender der FDP, am 7. Januar 1991: «Die aus der deutschen Einheit resultierenden Defizite dürfen nicht durch Steuererhöhungen reduziert werden. Das würde unsere Wirtschaft nicht stärken, sondern schwächen.»

Es war blanker Opportunismus, der die Regierenden in Bonn die Probleme und Lasten aus der Vereinigung schönfärben ließ. Die Koalition wollte die Bundestagswahl am 3. Dezember 1990 gewinnen, erst dann sollte die Wahrheit scheibchenweise auf den Tisch, eine kurzsichtige, wirtschaftlich teure und politisch unanständige Strategie. Selbst wenn die Bundesregierung erkannt hätte, daß frühzeitiges Gegensteuern zum Beispiel mit massiven öffentlichen Investitionen in der DDR der richtige Weg gewesen wäre, sie hätte ihn nicht gehen können, weil sie sich mit ihrer Steuerlüge den dafür erforderlichen finanziellen Spielraum selbst genommen hatte. An Aufforderungen zu schnellem Handeln hat es weiß Gott nicht gefehlt. Die Sozialdemokraten hatten sehr früh massive Investitionen in die öffentliche Infrastruktur gefordert. Und Kurt Biedenkopf, damals Gastprofessor an der Leipziger Universität und seit Oktober 1990 Ministerpräsident des Freistaates Sachsen, hatte schon im Februar 1990 in einer brillanten Ana-

lyse «Offene Grenzen, offener Markt», in der er die Voraussetzungen für die Erneuerung der DDR-Volkswirtschaft unter-
suchte, geschrieben: «Eine Abwägung der Kosten-Nutzen-Rela-
tion sofortigen oder späteren Handelns wird in jedem Falle dazu
führen, daß schnelles Handeln geboten erscheint. Trotz der Risiken und Belastungen, die auch mit sofortigem Handeln verbunden sein werden, sind schnelle und durchgreifende Maßnahmen
deshalb gerechtfertigt.»

Am 2. Juli 1990 sprach der damalige Bundeswirtschaftsminister
Helmut Haussmann in einem «Spiegel»-Interview von der «großen Bewährungsprobe für den Wirtschaftsminister», müsse doch
der Staatsvertrag zur Wirtschafts- und Währungsunion noch «mit
wirtschaftspolitischem, mit marktwirtschaftlichem Leben erfüllt
werden». Eine zu späte Erkenntnis, denn seine eigentliche Bewährungsprobe hatte Haussmann schon verpaßt, als am 7. Februar, also Monate vorher, das Kabinett nicht seinen Stufenplan
für die graduelle Annäherung der beiden deutschen Volkswirtschaften verabschiedete, sondern den harten Weg der schnellen
Währungs- und Wirtschaftsunion wählte. Diese politisch richtige
Entscheidung hätte zwingend durch ein wirtschafts- und finanzpo-
litisches Krisenprogramm für die DDR flankiert werden müssen,
um den absehbaren Niedergang der DDR-Ökonomie abzufedern,
um Arbeitslosigkeit und Kurzarbeit in Grenzen zu halten. Es wäre
natürlich die Aufgabe des Wirtschaftsministers gewesen, ein solches Programm zu entwickeln. Doch Haussmann, als Wirtschafts-
liberaler staatlichem Interventionismus und Wirtschaftsprogram-
men abhold, vertraute weitgehend auf die Selbstheilungskräfte
des Marktes und versuchte, frei nach Ludwig Erhard, eine positive
Grundstimmung zu erzeugen. Anstatt sich ins Krisenmanagement
zu stürzen, schwadronierte er von einem zweiten Wirtschaftswunder. Im Februar 1990 klagte ein hoher Beamter aus dem Bonner
Finanzministerium: «Die Regierung hat nichts in der Schublade,
was die Wiedervereinigung ökonomisch vorbereitet.» Statt dessen
schickte sie eine Wanderausstellung über Ludwig Erhard auf die

Reise durch die DDR, mit der sie den Menschen dort das Gedankengut des Altmeisters liberaler Wirtschaftspolitik näherbringen wollte. Es war wohl dieses Warten auf die Reprise des Aufstiegswunders à la Ludwig Erhard, das den Blick für die ökonomischen Realitäten trübte.

Die aber unterschieden sich fundamental von jenen im Juni 1948, als in den drei westlichen Besatzungszonen mit der Währungsreform die Marktwirtschaft etabliert wurde. Damals stieg die Industrieproduktion binnen eines halben Jahres um fünfzig Prozent, die Beschäftigung nahm zu, die Investitionen wuchsen um fast sechs Prozent, die öffentlichen Haushalte erzielten Überschüsse, und trotz mancherlei Rückschläge machte sich berechtigter Optimismus breit. Ludwig Erhard hatte für seine sehr mutige Wirtschaftspolitik 1948 viel günstigere Ausgangsbedingungen als die DDR Anfang 1990. Damals gab es in den westlichen Besatzungszonen – die Bundesrepublik wurde erst 1949 gegründet – einen, wie der Kieler Wirtschaftswissenschaftler Holger Schmieding schreibt, «ansehnlichen, vielfach hochmodernen Kapitalstock, der das Vorkriegs-Produktionspotential überstieg». Nach der Währungsreform reichten vergleichsweise geringe Reparaturen, um das Sachkapital und die Infrastruktur wieder funktionsfähig zu machen. Die Unternehmen waren auch während der Nazi-Zeit überwiegend in privater Hand geblieben. Es gab also erfahrene, mit den Spielregeln einer Marktwirtschaft vertraute Unternehmer, die wesentlichen Strukturen einer Marktwirtschaft (Gesetze, Bankwesen, Buchführungsregeln und -gewohnheiten) hatten die zwölf Jahre Hitler-Diktatur überdauert. Und – ein entscheidender Vorteil – wichtige Teile der Wirtschaft waren gegen ausländische Konkurrenten durch allerlei Handelsbeschränkungen und später durch eine unterbewertete Währung geschützt.

All diese günstigen Voraussetzungen fehlten der DDR weitgehend. Und sie hatte einen entscheidenden Nachteil gegenüber der westdeutschen Wirtschaft 1948: Ihre Grenzen wurden mit der Währungsunion über Nacht für fast alle Produkte des Weltmarktes geöffnet, und die eigene Währung wurde gleichzeitig um 300 Prozent aufgewertet, eine solche schlagartige Verschlechterung der eigenen Wettbewerbsposition hätte nicht einmal eine leistungsfähige Volkswirtschaft wie die der Bundesrepublik (alt) überlebt.

Die Wirtschaftspolitiker in Bonn begriffen zweierlei nicht: daß es in der DDR um einen Systemwechsel ging, der nahezu alle vorhandenen gesellschaftlichen und wirtschaftlichen Strukturen zusammenbrechen ließ, und daß schon im Februar 1990, als der Weg der DDR in die Demokratie festgelegt und die Vereinigung der beiden deutschen Staaten im Prinzip feststand, damit alle Probleme der DDR gesamtdeutsche Probleme waren.

Den wirtschaftlichen Systembruch betrachteten die Bonner wie die vergleichsweise sanfte Integration Spaniens und Portugals in die EG. Anders ist nicht zu erklären, daß sie glaubten, den ökonomischen Umbruch mit einem Griff in den Werkzeugkasten bundesdeutscher Wirtschaftsförderung bewältigen zu können. Bundeswirtschaftsminister Haussmann lobte einen Zuschuß von 12 Prozent für Investitionen in der DDR aus, der auf ein Jahr begrenzt war und vom 1. Juli 1991 an auf acht Prozent sinken sollte. Überdies gab es noch allerlei Förderprogramme für DDR-Bürger, die sich selbständig machen wollten. Ansonsten predigte Haussmann die Vorzüge des Mittelstandes und glaubte daran, daß es schon 1990 in der DDR 500 000 Existenzgründer geben werde. Mittelstandsromantiker rechneten eilig aus, daß in der Bundesrepublik (alt) jeder Selbständige im Durchschnitt fünf Mitarbeiter hat, und so ergab die einfache Multiplikation 2,5 Millionen neue Jobs im deutschen Osten, genug, um alle Arbeitsmarktprobleme zu kontrollieren. Hinter diesen völlig unrealistischen Erwartungen verbarg sich die Hoffnung, daß die Menschen in der DDR, wenn sie mit der Währungsunion erst einmal ihre wirtschaftlichen Fesseln abgestreift hätten, zu Hunderttausenden zu dynamischen Pionierunternehmern mutieren würden.

Den Niedergang der maroden Industriebetriebe betrachteten

viele Regierungspolitiker als «schöpferische Zerstörung», ein Begriff, den der große österreichische Ökonom Joseph A. Schumpeter 1942 in seinem Buch «Capitalism, Socialism and Democracy» geprägt hatte. Es entbehrte nicht der Absurdität, daß sich ausgerechnet wirtschaftsliberale Politiker auf Schumpeter beriefen, denn der war erklärtermaßen Sozialist, davon überzeugt, daß «der Kapitalismus [...] durch seine eigenen Errungenschaften umgebracht [wird]». Er dürfte also wohl kaum an den abrupten Wechsel von einem sozialistischen zu einem kapitalistischen System gedacht haben, als er die «schöpferische Zerstörung» entdeckte.

Historisch zu denken, die in vierzig Jahren gewachsenen Unterschiede zu erkennen und strategisch zu berücksichtigen, war zu dieser Zeit aber ohnehin nicht gerade die Stärke der Bonner Koalition. Sie kaschierte ihre Untätigkeit damit, daß sie den grundlegenden Wandel in der DDR fast als «business as usual» und als gleichsam normale Managementaufgabe des Politalltags behandelte. Walter Romberg, der als Finanzminister der ersten demokratisch gewählten DDR-Regierung engen Kontakt zur Bundesregierung hatte, resümierte seine Beobachtungen so: «Die Bonner haben keine Konzepte gehabt. Sie haben die Schwierigkeiten des Prozesses völlig unterschätzt und geglaubt, daß die Übertragung ihres Systems auf die DDR die wesentlichen Probleme löst und die sozialen Friktionen begrenzt.»

Das Ende der Illusionen

Dabei konnte auch die angestrengte Vereinigungsrhetorik nicht verbergen, dies war der zweite gravierende Fehler, daß die Bundesregierung auch noch nach dem 1. Juli 1990, dem Beginn der Währungsunion, weit davon entfernt war, gesamtdeutsch zu denken. Völlig zutreffend schrieb Robert Leicht in der «Zeit»: «Bonn stellt der vormaligen DDR den Ordnungsrahmen hin. Jetzt sollen sich ihre Bürger gefälligst damit zurechtfinden, und Geld gibt es gerade so viel, daß es uns nicht richtig juckt und dort nicht richtig zu Aufständen führt.» Bezeichnend für die Haltung der Bundesregierung im Sommer 1990 war eine Äußerung von Finanzminister Waigel: «Wir sind keine Zahlmeister... Aus Ost-Berlin können nicht tagtäglich neue Forderungen nachgeschoben werden. Man muß sich an Vereinbarungen halten.» Doch diese Vereinbarungen waren nicht viel wert. Die sogenannte Anschubfinanzierung für die Arbeitslosen-, Kranken- und Rentenversicherung hatte die Bundesregierung nach den eigenen Haushaltsmöglichkeiten und nicht nach den Erfordernissen der DDR bemessen. Die Erwartungen über die Steuereinnahmen der DDR, weitgehend von Bonn inspiriert, waren viel zu optimistisch. Der wirtschaftliche Niedergang hingegen vollzog sich schneller, als von den notorischen Optimisten in der Bundesregierung prophezeit. All das kostete Geld, aber Bonn fühlte sich nicht zuständig.

Im September 1990 urteilte Kurt Biedenkopf in einem Gespräch: «Wir hatten eine Wirtschafts- und Währungsunion, aber keine Souveränitäten. Wir hatten zwei Staaten, aber keiner fühlte sich zuständig. Das war ein negativer Kompetenzkonflikt. Die offizielle Politik in Bonn war: Dies ist eine Aufgabe der Deutschen in der DDR. Aber was nötig war an Leistungen, das hätte gemeinsam definiert werden müssen.» Die DDR-Regierung war von Anfang an in der Rolle des Bittstellers. Biedenkopf dazu: «Wenn man von jemandem verlangt, auch noch das Seil zu beantragen, an dem er sich hochziehen soll, ist das eine Zumutung.»

Die DDR-Regierung war überfordert, und es fehlte ihr auch an Kompetenz, um eine eigenständige Politik für den Aufbau der Wirtschaft zu entwickeln. Kurt Biedenkopf hatte dies schon im Februar 1990 prophezeit. Damals schrieb er: «Es ist unrealistisch, die Bewältigung dieser Probleme von einer politischen Führung zu erwarten, die über keinerlei Erfahrungen mit der sozialen Marktwirtschaft und ihrer politischen und gesellschaftlichen Verwirklichung verfügen kann, weil sie in den vergangenen 40 Jahren systematisch am Zugang zu diesem Wissen gehindert wurde.» Auf Ministerebene gab es praktisch keine Debatten über Wirtschaftspolitik. Außerdem stand das DDR-Kabinett unter ungeheurem Zeitdruck. Es mußte innerhalb von Wochen Gesetze in einem Umfang beraten und beschließen, zu denen westdeutsche Regierungen mehrere Legislaturperioden gebraucht hatten. Walter Romberg, damals Finanzminister, erinnert sich: «In einer Sitzung des Ministerrates haben wir 1400 Seiten Gesetzestext beraten, die wir an die Volkskammer weitergeben mußten. Das ließ eine Debatte über Wirtschafts- und Finanzpolitik überhaupt nicht zu.» Und der DDR-Wirtschaftsminister Gerhard Pohl (CDU), bei dem man nicht wußte, ob man ihn wegen seiner Ahnungslosigkeit in Sachfragen oder wegen seines politischen Ungeschicks mehr bedauern sollte, hatte nicht die Statur, ein halbwegs angemessenes wirtschaftspolitisches Konzept zu entwickeln und durchzusetzen. Er war wie sein Bonner Kollege auf dem Mittelstandstrip und hatte das ganze Ausmaß der Strukturkrise in der DDR nicht begriffen. Das ganze Ausmaß seiner Verwirrung und Überforderung offenbarte er am 1. Juli 1990 in einer Talkshow anläßlich des Beginns der Währungsunion im Gebäude des Ministerrates in Ost-Berlin. Als der DDR-Regierungssprecher Mathias Gehler ihn artig fragte, was die DDR denn als künftiges Mitglied der Europäischen Gemeinschaft in die EG einbringen könne, antwortete Pohl zur allgemeinen Verblüffung: «Unsere ordnungspolitische Erfahrung», womit er doch wohl nur die vierzig Jahre Erfahrung mit der Kommandowirtschaft gemeint haben konnte, auf die die EG nun wirklich nicht wartete.

Es gab also weder vor noch nach der Wirtschafts- und Währungsunion eine politische Instanz, die sich in angemessener Weise der Folgen der wirtschaftlichen Vereinigung annahm. Gewiß konnte niemand alle aus dem Vereinigungsprozeß resultierenden Schwierigkeiten voraussahnen, aber weithin unumstritten war, daß in den Betrieben der DDR massenhaft Arbeitsplätze verlorengehen würden, daß die Infrastruktur desolat war, daß man der Arbeitslosigkeit frühzeitig mit öffentlichen Aufträgen hätte begegnen müssen. Ideale Auftraggeber für ein Beschäftigungsprogramm wären die Kommunen gewesen, die in der Bundesrepublik rund zwei Drittel aller öffentlichen Investitionen tätigen. Doch die Probleme der im Mai 1990 in die kommunale Selbstverwaltung entlassenen Städte und Gemeinden hat die Bundesregierung völlig unterschätzt. Die Kommunen hatten und haben kaum eigene Einnahmen, die ihnen gestatten würden, nennenswerte Aufträge an Industrie und Handwerk zu vergeben – und das angesichts eines riesigen Investitions- und Reparaturbedarfs.

Hinrich Lehmann-Grube, der am 6. Mai 1990 zum Oberbürgermeister von Leipzig gewählt wurde und zuvor elf Jahre Oberstadtdirektor in Hannover war, sagte es rundheraus: «Wenn man mir 200 Millionen Mark gegeben hätte, wären die sofort in die Wirtschaft geflossen. Wir konnten dieses Geld praktisch nur sinnvoll ausgeben.» Bekommen hat er nur fünfzig Millionen Mark, die gerade ausreichten, begonnene Wohnungsbauten fortzuführen und die nötigsten Arbeiten im Tiefbau, in Schulen und Krankenhäusern zu bezahlen. Anstatt das desolate Leipzig zu erneuern, wanderten noch im Herbst 1990 arbeitslose Bauarbeiter in die Bundesrepublik ab, wo der boomenden Branche Leute fehlten.

Wehmütig denkt Lehmann-Grube an die Zeit in Hannover zurück, wo jährlich 400 bis 500 Millionen Mark für Investitionen zur Verfügung standen. Im September 1990 wußte er nicht, wie er die Kreide in den Schulen bezahlen sollte. Die Putzkolonnen waren schon aus Geldmangel gestoppt worden, statt dessen säuberten Eltern, Lehrer und Kinder die Klassenzimmer.

Selbst von Arbeitsbeschaffungs-Maßnahmen (ABM) konnte die Stadt keinen Gebrauch machen, obwohl die Lohnkosten dafür die Bundesanstalt für Arbeit in Nürnberg trägt. Die Stadt hatte nur zwei Leute in der Personalabteilung, die allein nicht die komplizierte und für sie völlig neue Organisation der ABM bewältigen konnten, außerdem fehlte das Geld, um das nötige Arbeitsgerät zur Verfügung zu stellen.

Ulrich Pfeiffer, bis 1982 Ministerialdirektor im Bonner Bauministerium und mit der Bonner Bürokratie bestens vertraut, meinte damals, daß die Bundesministerien gar nicht wüßten, wie Kommunen funktionierten, und deshalb auch kein Gespür für deren Nöte in der DDR hätten.

Der Kurswechsel in Bonn kam erst, als die Bundestagswahl im Dezember 1990 mit der Steuerlüge von der christ-liberalen Koalition gewonnen worden war, und als alle Schönfärberei nicht mehr verfing. Aber auch das im März 1991 von der Bundesregierung beschlossene «Gemeinschaftswerk Aufschwung Ost» war nicht Resultat vorausschauender Politik, sondern die hektische Reaktion auf die Zuspitzung der Krise im Osten. Erst als Arbeitslosigkeit und Kurzarbeit immer bedrohlichere Größenordnungen gewannen, als auch die Bonner sahen, was längst augenfällig war, daß nämlich den Ländern und Kommunen Geld fehlte, um mit dringend nötigen Investitionen das darniederliegende Handwerk und die unterbeschäftigte Bauwirtschaft anzukurbeln, erst dann flossen die Milliarden aus Bonn.

Das Programm kam zu spät, und es wies schwere Konstruktionsfehler auf. Als sich die Bundesregierung zum Gegensteuern entschloß, waren in der Bauwirtschaft der neuen Länder schon 200000 Arbeitsplätze mangels Nachfrage verschwunden, waren schon Hunderte von Handwerksbetrieben, die hoffnungsvoll in die Marktwirtschaft gestartet waren, Fälle für den Konkursrichter. Das Groteske daran: Niemand bezweifelte, daß die Leute vom Bau und die Handwerker gebraucht wurden, weil gerade der Osten einen riesigen Nachholbedarf im Straßenbau, in der Sanierung von Wohnungen, Städten und Dörfern, beim Bau von Kläranlagen, Abwasserkanälen und Krankenhäusern hat. Geld, das in diesen Bereich fließt, ist also allemal gut angelegt, das Risiko von Fehlinvestitionen denkbar gering.

Öffentliche Investitionen im Bau haben überdies noch den

Charme, daß sie ein bewährtes Instrument sind, um einer Volkswirtschaft zu Wachstum zu verhelfen. Denn jede Mark, die der Staat für Bauten ausgibt, löst Folgeausgaben von etwa sieben Mark aus. Diesen Multiplikationseffekt hätte die Bundesregierung schon im Sommer 1990 erzielen können. Er hätte einige hunderttausend Arbeitnehmer im Osten vor Arbeitslosigkeit oder Kurzarbeit bewahrt und die Kassen der Bundesanstalt für Arbeit geschont, die Arbeitgebern und Arbeitnehmern höhere Beiträge abnehmen muß, um das Arbeitslosen- und Kurzarbeitergeld zahlen zu können.

Hätte die Bundesregierung dieses Gemeinschaftswerk ein Jahr früher beschlossen, wäre sie wahrscheinlich mit weniger Geld als den dann genehmigten 24 Milliarden Mark ausgekommen. Vor allem dann, wenn sie einige der Konstruktionsfehler des Programms vermieden hätte. Denn das Gemeinschaftswerk überträgt westliche Förderinstrumente auf den Osten der Republik, wo die öffentlichen Verwaltungen aber noch gar nicht die Routine im Umgang mit komplizierten Förderprogrammen haben können, wo sich Unternehmer, Landräte und Bürgermeister beinahe zwangsläufig im Förderdschungel verirren.

«Wir sind in einer Phase singulärer Ratlosigkeit, das gilt für Parteien und Wissenschaft», meinte Meinhard Miegel, Leiter des Instituts für Wirtschaft und Gesellschaft in Bonn und sensibler Beobachter des deutsch-deutschen Einigungsprozesses. «Das Niveau der Diskussion auf allerhöchster Ebene», urteilte Miegel, «entspricht dem des Stammtisches in der ‹Alten Post›. Das zeigt, daß Informationsvorsprünge auf der Handlungsebene nicht zu Erkenntnisvorsprüngen führen. Der Schreinermeister am Stammtisch hat nämlich dieselben Erkenntnisse wie die hohe Politik.»

Dieses ebenso niederschmetternde wie zutreffende Fazit wird durch Zahlen und Fakten bestätigt. Im August 1991 waren 1063200 Ostdeutsche ohne Arbeit, 1451700 leisteten Kurzarbeit, ca. 350000 pendelten in die alten Bundesländer oder nach West-

Berlin. Diese Zahlen wären noch sehr viel dramatischer, wenn nicht 566000 als Vorruheständler aus dem Arbeitsleben ausgeschieden wären und wenn nicht 280000 Ostdeutsche Unterschlupf in Beschäftigungs- und Qualifizierungsgesellschaften gefunden hätten und so die Arbeitslosenstatistik entlasteten.

«Das Ungeheuer reiten»

Die Treuhand – die größte Industrieholding der Welt

«Neues Deutschland», vierzig Jahre lang das Parteiorgan der SED, nun Sprachrohr der PDS, schrieb am 22. März 1991: «Die Treuhand samt ihrem Chef Rohwedder läuft gegenwärtig allen anderen Unbilden den Rang ab. Denn sie richtet über Leben und Tod ganzer Regionen und volkswirtschaftlicher Zweige. Letztlich über das Schicksal von 16 Millionen Menschen der östlichen Bundesländer.»

Schon seit Monaten war die Treuhandanstalt in Berlin «der Watschenmann der Nation», wie ihr Chef Detlev Rohwedder grimmig bemerkte. Für beinahe alles, was wirtschaftlich im deutschen Osten schieflief, schoben frustrierte Investoren, verzweifelte Bürgermeister, hilflose Geschäftsführer, entlassene Arbeitnehmer, überforderte Ministerpräsidenten und Landräte, besorgte Gewerkschafter und ratlose Bundespolitiker der größten Industrieholding der Welt die Schuld in die Schuhe. Die Treuhand galt und gilt heute bei vielen Bürgern in den neuen Ländern als Inkarnation des Sozialdarwinismus, als Hort kalter Kapitalisten aus dem Westen, die strikt nach betriebswirtschaftlichen Regeln über die Existenz von Unternehmen und Arbeitsplätzen entscheiden und dabei die Industrie der ehemaligen DDR plattmachen. Die Prägnanz des Urteils wuchs mit der Entfernung vom kritisierten Gegenstand. Am härtesten langte Heiner Geißler hin, von Bundeskanzler Helmut Kohl als Generalsekretär der CDU geschaßt.

113

Er warf im Herbst 1990 dem damaligen Treuhand-Präsidenten Detlev Rohwedder schlicht «Versagen und Unfähigkeit» vor.

Am Ostermontag, dem 1. April 1991, wurde Detlev Rohwedder in seinem Haus in Düsseldorf von Terroristen der Roten Armee Fraktion (RAF) heimtückisch erschossen. Gewiß wäre es leichtfertig und ungerecht, zwischen den Protesten gegen die Treuhandanstalt, der Schelte von Gewerkschaftern und Politikern an der Super-Behörde und dem Mord an ihrem Präsidenten Rohwedder eine direkte Beziehung herzustellen. Angesichts der massiven Kritik an der Treuhandanstalt konnten die Terroristen allerdings das Gefühl haben, mit dem Mord bei ihren Sympathisanten jene klammheimliche Freude auszulösen, auf die sie spekulierten. Rohwedder paßte mit tödlicher Präzision in das abstruse Feindbild der Terroristen, wie der Bekennerbrief, mit dem die RAF das Verbrechen ihres Kommandos Ulrich Wessel zu begründen suchte, dokumentiert:

«Wir haben am 1. 4. 1991 mit dem Kommando Ulrich Wessel den Chef der Berliner Treuhandanstalt Detlev Karsten Rohwedder erschossen.

Rohwedder saß seit 20 Jahren in Schlüsselfunktionen in Politik und Wirtschaft.

Als Bonner Wirtschafts-Staatssekretär organisierte er in den 70er Jahren die Rahmenbedingungen, die das BRD-Kapital für seine Profite in aller Welt braucht. Er war damals zum Beispiel maßgeblich beteiligt am Deal mit dem faschistischen südafrikanischen Regime: Know-how für den Bau von Atom-Bomben für Süd-Afrika gegen Uran für die BRD-Atom-Industrie. In der Phase der Durchsetzung des Atom-Programms war er im Aufsichtsrat staatlicher Energie-Konzerne und in internationalen Gremien.

Aber auch für die glatte Abwicklung unzähliger – oft verdeckter – Waffenexporte an faschistische Regimes im Trikont suchte und fand er immer Wege.

Rohwedder war schon damals einer dieser Schreibtischtäter,

die tagtäglich über Leichen gehen und die im Interesse von Macht und Profit Elend und Tod von Millionen Menschen planen.

In den 80er Jahren machte sich Rohwedder als Chef des Hoesch-Konzerns einen Namen als brutaler Sanierer. Er hat bei Hoesch in wenigen Jahren mehr als ⅔ aller Arbeiterinnen rausgeschmissen und den bankrotten Konzern zu neuen Profitraten geführt. Dafür wurde er 1983 zum Manager des Jahres gekürt. Die Krönung von Rohwedders Karriere sollte seine Funktion als Bonner Statthalter in Ost-Berlin sein. Seit ihrer Annexion ist die Ex-DDR faktisch Kolonie der Bundesrepublik: Die politischen, wirtschaftlichen und militärischen Entscheidungszentren liegen in Bonn bzw. bei bundesdeutschen Konzernen.

Dieser Kolonial-Status ist als vorübergehender geplant, denn die Bundesrepublik braucht für ihre Großmachtpläne die Ex-DDR als funktionierenden kapitalistischen Teil – schließlich ist das Hauptstandbein, auf dem die politische Macht hier basiert, die wirtschaftliche Potenz. Vorher aber soll die Wirtschaft der Ex-DDR genauso wie die sozialen Strukturen dort (vom Gesundheitssektor bis zu den Kinderkrippen) systematisch kaputtgemacht weden, damit danach das Kapital auf freiem Feld und mit entwurzelten Menschen den Neuaufbau nach seinen Maßstäben organisieren kann.

Das ist der Plan, und die Treuhandanstalt soll diesen Zusammenbruch organisieren. [...]

Für die Durchsetzung dieses Plans hat die Bundesregierung Rohwedder ausgesucht, und er war dafür mit seiner Brutalität und Arroganz auch der Richtige. Für ihn gab es von Anfang an nichts in der Ex-DDR, was nach seinem, auf Profit ausgerichteten Blick irgendwelche Werte hatte. Alles dort war für ihn immer bloß Konkursmasse: 40 Jahre Sozialismus auf dem Gebiet der Ex-DDR haben mehr Schaden angerichtet als der Zweite Weltkrieg – sagte er vor Unternehmern in Wien. So redet einer, der die Welt in Produktivitätssteigerung und Profitraten sieht und für den Menschenleben nichts zählen. [...]»

Der Mord galt einem Mann, der das verhaßte kapitalistische System scheinbar perfekt symbolisierte. Doch es waren nicht Kapitalisten, denen die Idee gekommen war, die Treuhandanstalt zu gründen. Die Treuhandanstalt ist eine Kreation der Übergangsregierung von Hans Modrow, dem ehemaligen Bezirkssekretär der SED in Dresden, der nach der Wende Egon Krenz ablöste und zum Ministerpräsidenten der DDR avancierte. Die Idee für die Gründung der Treuhandanstalt wurde allerdings nicht in der Regierung, sondern in der Gruppe von elf Arbeitsgruppen der Regierung geboren, die bald nach der Wende im November 1989 vom Kabinett Modrow den Auftrag bekamen, ein Konzept für die Reform der DDR-Wirtschaft zu erarbeiten. Die Treuhandanstalt war Teil dieses Konzepts, das der zentrale Runde Tisch, an dem sich Vertreter der Bürgerbewegungen, der alten und neuen Parteien im Ost-Berliner Stadtteil Hohenschönhausen trafen, akzeptierte.

Die Gründung

Am 1. März 1990 beschloß der Ministerrat: «Zur Wahrung des Volkseigentums wird mit Wirkung vom 1. März 1990 die Anstalt zur treuhänderischen Verwaltung des Volkseigentums gegründet. Bis zur Annahme einer neuen Verfassung wird die Treuhandanstalt der Regierung unterstellt. Sie ist Anstalt des öffentlichen Rechts und territorial gegliedert.» Die Treuhandanstalt wurde damit nicht Eigentümerin des Vermögens der volkseigenen Kombinate, Betriebe und Einrichtungen, sie sollte nur deren Vermögen, wie es im Statut vom 15. März 1990 hieß, «im Interesse der Allgemeinheit» verwalten. Denn nach der politischen Wende in der DDR funktionierte die öffentliche Kontrolle der Vermögensbewegungen nicht. Die Bürgerbewegungen und die neuen Parteien befürchteten den unkontrollierten Zugriff von Bonzen und Bürokraten auf dieses Vermögen, das zwar volkseigen hieß, tatsächlich aber immer dem Staat gehört hatte, den wiederum mit beinahe unbeschränkter Macht die SED lenkte. Die Treuhandanstalt sollte diese Vermögensbewegungen überwachen, Mißbrauch und Bereicherung verhindern. Den Wert des in den volkseigenen Betrieben schlummernden Vermögens hatte Ministerpräsident Modrow aus den Bilanzen des Jahres 1989 dieser Betriebe hochrechnen lassen. Resultat: 900 Milliarden Mark der DDR. In dieser stolzen Zahl war nicht einmal der Wert der Grundstücke enthalten, die standen nämlich nur mit einer Mark als Erinnerungsposten in Bilanzen, weil Grund und Boden nach sozialistischer Auffassung keine handelbaren Waren sind und deshalb auch keinen Preis haben.

Trotz dieses nach marktwirtschaftlichen Kriterien aberwitzigen Rechenfehlers war Modrows Zahl immer noch viel zu optimistisch. Denn in den Bilanzen der DDR-Unternehmen tauchten Maschinen, Anlagen und Gebäude auf, die wegen ihres biblischen Alters und ihrer technischen Rückständigkeit nach den betriebswirtschaftlichen Kriterien westlicher Unternehmen praktisch wertlos waren. Was die mittlerweile ehemaligen volkseigenen Betriebe heute wirklich wert sind, läßt sich noch nicht exakt ermitteln. Diese Zahl kann die Treuhand erst berechnen, wenn sie alle von Wirtschaftsprüfern bestätigte D-Mark-Eröffnungsbilanzen der Betriebe vorliegen hat. Treuhandvorstand Wolfram Krause meint: «Jeder, der eine Zahl nennt, äußert nur eine persönliche, subjektive Vermutung.» Nach dieser Einschränkung läßt sich Krause doch noch zu einer «persönlichen Vermutung» hinreißen: «Anhand ganz grober Schätzungen dürfte der Substanzwert der Betriebe zwischen 180 bis 250 Milliarden D-Mark liegen.» In dieser Zahl sind Grund und Boden enthalten, nicht aber der Aufwand für das Beseitigen ökologischer Altlasten, der sich nicht einmal annähernd schätzen ließe.

Die Bürgerbewegungen, in erster Linie also das Neue Forum und Demokratie jetzt, die neuen Parteien, aber auch die aus der SED entstandene PDS, wollten das volkseigene Vermögen für das Volk retten. Allerdings gab es nur reichlich nebulöse Vorstellungen davon, wie es bewerkstelligt werden sollte, das Volk zum wahren Eigentümer des Volkseigentums zu machen. Der Volkskammerabgeordnete Günter Nooke (Bündnis 90/Grüne) schlug in der Volkskammerdebatte am 7. Juni 1990 vor, als über das neue Treuhandgesetz beraten wurde, den DDR-Bürgern «einklagbare Anteilsrechte am Volkseigentum» zu übergeben, «und zwar zu Vorzugsbedingungen, die sich alle leisten können». Den meisten Abgeordneten in der Volkskammer dämmerte damals schon, daß von dem vier Jahrzehnte beschworenen Volkseigentum für das Volk nichts übrigbleiben würde. Denn der zwischen den beiden deutschen Regierungen ausgehandelte Staatsvertrag zur Gründung der Wirtschafts- und Währungsunion zwischen den zwei deutschen Staaten legte in Artikel 26, Absatz 4 unmißverständlich fest: «Das volkseigene Vermögen ist vorrangig für die Strukturanpassung der Wirtschaft und für die Sanierung des Staatshaushaltes der Deutschen Demokratischen Republik zu nutzen.» Artikel 27 des Staatsvertrages sorgte für die nötige Klarheit: «...die Erlöse der Treuhandanstalt sollen zur Tilgung der bis zum Beitritt der DDR [zur Bundesrepublik, d. Verf.] aufgelaufenen Staatsschulden verwendet werden.» Dem SPD-Abgeordneten Harald Ringstorff war klar, was dies bedeuten würde. In der Debatte sagte er: «Daher stehen zur Einräumung der verbrieften Anteilsrechte [am Volkseigentum, d. Verf.] zu einem späteren Zeitpunkt praktisch keine Vermögenswerte mehr zur Verfügung.» Aus dieser schon damals sehr realen Gefahr zog Günter Nooke den Schluß: «Wenn... von dem volkseigenen Vermögen nichts übrigbleibt, dann heißt das... den Verkauf des Volkseigentums bis zur letzten Wohnung und bis zur letzten Fläche Wald, die wir haben, also... eine Volksenteignung in nie dagewesenem Ausmaß. Das Ergebnis ist ein Volk von Sozialhilfeempfängern und Angestellten.»

Nicht minder wichtig war der Auftrag der Treuhand, die Kombinate und volkseigenen Betriebe, die sie nun treuhänderisch verwaltete, in Aktiengesellschaften oder Gesellschaften mit be-

schränkter Haftung (GmbH) umzuwandeln. Allerdings, so hatte
es der Ministerrat der DDR am 1. März 1990 beschlossen, sollte die
Treuhand «keine wirtschaftsleitenden Funktionen» ausüben, sie
sollte also nicht den von ihr verwalteten Unternehmen in die Geschäfte hineinreden, so wie es bisher die Branchenministerien getan hatten. Die Geschäftsleitungen sollten weitgehend selbständig
handeln und dabei nur von den jeweiligen Aufsichtsräten kontrolliert werden, denen aber niemand aus dem Direktorium der Treuhand angehören durfte. Der alte Zentralismus, unter dessen Gängelung die DDR-Wirtschaft vierzig Jahre gelitten hatte, sollte
nicht im Gewand der Treuhandanstalt fortgesetzt werden.

Privatisierung und Sanierung, heute die entscheidenden Aufgaben der Treuhand, spielten bei der alten Anstalt noch keine Rolle
– im Gegenteil. Damals fürchteten vor allem die PDS, aber auch
Teile der Bürgerbewegung, der in der DDR neugegründeten SPD
und der Öffentlichkeit den «Ausverkauf» der DDR. Ebendieser
«Ausverkauf», so wurden auch Übernahmen ostdeutscher Betriebe durch westdeutsche Firmen deklariert, sollte verhindert
werden. Gemeinsame Gesellschaften, sogenannte joint ventures,
durften ost- und westdeutsche Betriebe bilden, mehr aber auch
nicht. Das Volk sollte zum wirklichen Eigentümer des Volkseigentums werden. Die Sanierung der Betriebe war im Frühjahr
1990 kein Thema, weil der Ministerrat noch gar keine halbwegs
präzisen Vorstellungen über den Zustand der Betriebe hatte. Wie
weit die damalige Regierung der DDR, der auch schon Minister
der neuen Parteien – allerdings ohne eigenes Ressort – angehör-
ten, von der tristen Realität entfernt waren, zeigt auch der Paragraph 13, Absatz 1 des am 15. März 1990 vom Ministerrat beschlos-
senen Statuts der alten Treuhandanstalt. Dort heißt es nämlich
unter der Überschrift «Finanzielle Mittel der Treuhandanstalt»:
«Einnahmen der Treuhandanstalt sind: Gewinnausschüttungen
(Dividenden) der Kapitalgesellschaften, an denen die Treuhandanstalt beteiligt ist...»

Mit diesen ausgeschütteten Gewinnen sollte ein Fonds gefüttert werden, dessen Geld dann dazu dienen sollte, schwächlichen Betrieben unter die Arme zu greifen. Nur, die alte Treuhand hat nie auch nur eine Mark Dividende oder Gewinnausschüttung von den Unternehmen bekommen. Denn die meisten lebten längst von der Substanz, weil sie jahrelang hohe Zahlungen an den Staat leisten mußten. Erst im Mai 1990 gaben die damaligen Ministerien für Finanzen und für Wirtschaft eine erste grobe Einschätzung der Rentabilität der Unternehmen. Als Basis diente der Gewinn, den die Unternehmen im Jahr 1989 erzielt hatten, daraus wurden Rückschlüsse auf den voraussichtlichen Gewinn im Jahr 1990 und somit auf die Rentabilität gezogen. Bei ihrer Schätzung unterstellten die beiden Ministerien, daß die Ostexporte der DDR-Betriebe wie in der Vergangenheit weiterlaufen würden – ein gravierender Irrtum –, und sie nahmen an, daß der Absatz in der DDR durch die sich schon anbahnende Wirtschafts- und Währungsunion stagnieren würde. Die Ministerien kamen zu dem vorläufigen Resultat, daß etwa ein Fünftel der DDR-Betriebe rentabel, etwa die Hälfte sanierungsfähig und damit später rentabel und etwa ein Drittel nicht zu retten sein werde.

Am 1. März 1990 beschloß der Ministerrat die Gründung der «Anstalt zur treuhänderischen Verwaltung des Volkseigentums», am 15. März legte er deren Statut fest. Vorsitzender des aus fünf Personen bestehenden Direktoriums wurde Peter Moreth, ein verdienter Parteisoldat der Blockpartei LDPD. Moreths Karriere war allerdings nur kurz. Im Juni mußte er seinen Posten räumen. Er paßte als alter Funktionär politisch nicht mehr in das Bild der LDPD, die sich zur LDP wendete und bald in der neu gegründeten FDP aufging. Und seine als Einzelhändler gesammelte unternehmerische Erfahrung reichte bei weitem nicht aus, um einen Apparat wie die Treuhand aufbauen und leiten zu können. Dies traute der Ministerrat allerdings Moreths Stellvertreter, dem studierten Ökonomen Wolfram Krause zu. Als «amtierender Vorsitzender des Direktoriums der Treuhandanstalt» übernahm er deren Leitung bis zum 15. Juli 1990. Dann löste ihn Rainer Maria Gohlke ab.

Krause arbeitet heute noch bei der Treuhand. Er ist als Vorstandsmitglied zuständig für Finanzen, Grundsatzfragen, Unterneh-
mensfinanzierung, Rechnungswesen und Haushalt.

Doch zwischen der Treuhand (alt), bei der Krause von Anfang
an dabei war, und der Treuhand (neu), wo er wieder zu den Männern der ersten Stunde gehörte, gibt es erhebliche Unterschiede.
Die neue Treuhand soll das ihr anvertraute Vermögen keineswegs
nur, wie im ersten Treuhandgesetz festgelegt, «im Interesse der
Allgemeinheit» verwalten. Die Volkskammer und die von Lothar
de Maizière (CDU) geführte Regierung hatten viel weiterrei-
chende Ziele als das Kabinett Modrow. In der Präambel des am
17. Juni 1990 verabschiedeten Gesetzes heißt es:

«Getragen von der Absicht,
● die unternehmerische Tätigkeit des Staates durch Privatisierung so rasch und so weit wie möglich zurückzuführen,
● die Wettbewerbsfähigkeit möglichst vieler Unternehmen herzustellen und somit Arbeitsplätze zu sichern und neue zu schaffen,
● Grund und Boden für wirtschaftliche Zwecke bereitzustellen,
● daß nach einer Bestandsaufnahme des volkseigenen Vermögens und seiner Ertragsfähigkeit sowie nach seiner vorrangigen
Nutzung für Strukturanpassung der Wirtschaft und die Sanierung des Staatshaushaltes den Sparern zu einem späteren Zeitpunkt für den bei der Währungsumstellung am 2. Juli 1990 redu-
zierten Betrag ein verbrieftes Anteilsrecht an volkseigenem
Vermögen eingeräumt werden kann,
wird folgendes Gesetz erlassen.»

Das Gesetz trat am 1. Juli 1990 in Kraft. Die neue Treuhandanstalt
wurde damit zur Eigentümerin oder treuhänderischen Verwalte-
rin von damals 8000 volkseigenen Betrieben, von 17,2 Milliarden
Quadratmetern landwirtschaftlicher Flächen, von 19,6 Milliarden
Quadratmetern Forstfläche, von 25 Milliarden Quadratmetern

Immobilien, von etwa 40000 Einzelhandelsgeschäften und Gaststätten, von 14 Centrum-Warenhäusern, von einigen tausend Buchhandlungen, Hunderten von Kinos und Hotels und einigen tausend Apotheken. In den Betrieben, Geschäften, Gaststätten, Apotheken, Kinos und auf den volkseigenen Gütern, die der Treuhandanstalt anvertraut wurden, arbeiteten fast 3,6 Millionen Menschen, also etwa zwei Drittel aller Erwerbstätigen östlich von Werra und Elbe. Aus diesem kaum überschaubaren Wust soll die Treuhandanstalt eine nach marktwirtschaftlichen Maßstäben funktionierende Landschaft von Unternehmen, Gewerbebetrieben und Freiberuflern formen, in der privates Unternehmertum dominiert, in der Wettbewerb herrscht, die schnell so produktiv ist, daß sie auf dem Weltmarkt mithalten kann, und die möglichst vielen Menschen sichere Arbeitsplätze bietet. Es gibt keine historische Parallele für eine auch nur annähernd vergleichbare Anhäufung wirtschaftlicher Macht unter einem Dach. Die Treuhandanstalt war gleichsam über Nacht zur größten Wirtschaftsholding der Welt geworden.

Dieses überaus inhomogene Konglomerat, zu dem ganze Industriezweige beherrschende Kombinate mit 60000 Beschäftigten ebenso gehörten wie winzige HO-Läden mit zwei Verkäuferinnen, sollte die Berliner Zentrale lenken, die im Sommer 1990 weit davon entfernt war, dieser gigantischen Aufgabe zu genügen.

Die Manager

Am 26. Juli 1990 sagte Detlev Rohwedder, damals erst wenige Tage Vorsitzender des Verwaltungsrates der Treuhandanstalt, in einem Hintergrundgespräch: «Wir suchen Leute, die in der Lage sind, ein solches Ungeheuer zu reiten.» Damals hatte die Treuhand gerade 144 Mitarbeiter, die meisten davon waren DDR-Bürger, die folglich keine Erfahrung haben konnten mit marktwirtschaftlich geprägten Unternehmen, die nicht wußten, wie man

Bilanzen macht und analysiert, wie man Unternehmen bewertet, verkauft oder gar so umstrukturiert, daß sie der Konkurrenz aus dem westlichen Ausland, vor allem aus der Bundesrepublik, standhalten konnten, denn mit dem 1. Juli 1990 waren die beiden deutschen Staaten zu einer Wirtschafts- und Währungsunion verschmolzen. Die DDR-Wirtschaft war damit praktisch schutzlos dem Wettbewerb der hochentwickelten Industrie aus der gesamten Europäischen Gemeinschaft, aus Japan, Korea, Taiwan, Singapur und den Vereinigten Staaten ausgesetzt. Die Generaldirektoren der Kombinate, die sich nun Vorstandsvorsitzende nannten, die Betriebsdirektoren, die nun Geschäftsführer hießen, waren angesichts der schlagartig veränderten Umwelt, in der sie sich nun bewegen mußten, nicht minder ratlos als die Treuhänder in Berlin.

Dort, im ehemaligen Haus der Elektroindustrie am Berliner Alexanderplatz, wohin die Treuhandanstalt, die bis dahin Unter den Linden im Wirtschaftsministerium residiert hatte, inzwischen umgezogen war, sollte Rainer Maria Gohlke die Anstalt öffentlichen Rechts zu einem funktionierenden Apparat aufbauen. Es war Rohwedder selbst, der Gohlke an die Spree holte. Gohlke hatte sich bis dahin gut neun Jahre gemüht, die Bundesbahn zu sanieren und zu einem modernen und wettbewerbsfähigen Verkehrsunternehmen zu entwickeln – mit mäßigem Erfolg, was nicht nur ihm, sondern zu einem großen Teil auch den politischen Rahmenbedingungen anzulasten ist. Zuvor hatte Gohlke 16 Jahre als Manager der IBM Deutschland gearbeitet.

Er war nicht der strategisch denkende, kühle Kopf, den die Treuhandanstalt gebraucht hätte. Er stürzte sich ins Tagesgeschäft, kümmerte sich detailverbissen um den Verkauf einzelner Unternehmen, statt der Treuhand die Struktur zu verpassen und die Mitarbeiter zu verschaffen, die sie brauchte, um langfristig ihre Aufgabe zu bewältigen.

Rohwedder beobachtete mit wachsendem Mißvergnügen die hektische Wuselei des Treuhandpräsidenten. Das Zerwürfnis zwischen den beiden war unausweichlich. Am 20. August 1990 warf Gohlke, von den Auseinandersetzungen mit Rohwedder und dem ungeheuren Arbeitsdruck entnervt, das Handtuch. Der abrupte Abschied von der Treuhand wurde ihm, so kolportierten es Mitarbeiter der Anstalt, mit drei Millionen Mark Abfindung versüßt, ein gutes halbes Jahr später fand er als Geschäftsführer Unterschlupf beim Süddeutschen Verlag in München. Rohwedder selbst übernahm den wohl schwierigsten Job, der in der deutschen Wirtschaft zu vergeben war, und das mit dem Vorsatz, Ende 1990 zu seinem Arbeitgeber, dem Stahl- und Technologiekonzern Hoesch AG in Dortmund, zurückzukehren.

Rohwedder war wie kaum ein anderer als Präsident der Treuhand geeignet. Er zählte nämlich zu jener in der Bundesrepublik sehr seltenen Spezies von Grenzgängern zwischen Wirtschaft und Politik, die es zum Beispiel in den Vereinigten Staaten und Großbritannien sehr viel häufiger gibt. Nach Studium und Promotion begann Rohwedder bei der Düsseldorfer Wirtschaftsprüfungsgesellschaft Kontinentale Treuhand, bei der er rasch zum Leiter der Rechts- und Steuerabteilung avancierte. Zum 1. Januar 1970 sollte der gebürtige Thüringer dort geschäftsführender Gesellschafter werden, eine steile Karriere für einen 37jährigen. Aber er folgte lieber dem Ruf von Karl Schiller (SPD), damals Wirtschaftsminister in Bonn, der dem Sozialdemokraten Rohwedder den Posten als beamteter Staatssekretär im Bundeswirtschaftsministerium anbot. Dort erwarb er Renommee als Energiefachmann und versuchte sich auch an der bei liberalen Dogmatikern verpönten Industriepolitik.

Nach Schillers Rücktritt blieb Rohwedder auch unter den Wirtschaftsministern Helmut Schmidt (SPD), Hans Friederichs (FDP) und Otto Graf Lambsdorff (FDP) Staatssekretär, mit wachsender innerer Unruhe allerdings, denn es drängte ihn zu neuen Aufgaben. Das Angebot, Anfang Januar 1979 als stellvertretender Vorstandsvorsitzender beim damals angeschlagenen Dortmunder Stahlkonzern Hoesch anzufangen, war denn auch unwiderstehlich. Ein Lehrjahr reichte ihm, um zu begreifen, wie man ein Unternehmen führt und warum gerade Hoesch so tief in der Stahlkrise steckte. Er brauchte knapp drei Jahre, um den Stahlkonzern aus der paralysierenden Verbindung mit dem niederländischen Stahlunternehmen Hoogovens herauszulösen – ein Unterfangen, das wegen der wasserdichten Verträge, die den Zusammenschluß der beiden Unternehmen regelten, vorher als schier aussichtslos galt.

Nach der Trennung verordnete Rohwedder dem Hoesch-Konzern eine Roßkur, bei der jeder zweite Arbeitsplatz in der Stahlproduktion verlorenging, an deren Ende aber ein gesundes Unternehmen stand, das nur noch ein Viertel seines Umsatzes mit dem Verkauf von Stahl macht, das sich heute auf vielen Feldern der Hochtechnologie tummelt, sichere Arbeitsplätze bietet und den Aktionären Dividende zahlt. Sein Ruf als erfolgreicher Unternehmenssanierer war damit begründet, Erfahrungen im politischen Geschäft hatte er in seinen zehn Jahren als Staatssekretär in Bonn gesammelt, und eine neue Aufgabe reizte ihn schon lange. Rohwedder brachte also alle Voraussetzungen für den undankbaren Posten an der Spitze der Treuhandanstalt mit. Was war für Bundeskanzler Helmut Kohl, der auch schon im Sommer 1990, also noch einige Monate vor der Vereinigung der beiden deutschen Staaten, die Entscheidungen in Berlin traf, naheliegender, als Rohwedder den Posten anzubieten? Der griff zu, obwohl er auf einiges Geld verzichten mußte, denn der Präsident der Treuhand verdient etwa 800000 Mark jährlich, der Vorstandschef bei Hoesch etwa 500000 Mark mehr im Jahr. Aber wie sagte Rohwedder: «Ich bin nicht zum Broterwerb gekommen.»

Vielmehr reizte ihn die Aufgabe, in der einflußreichsten Schlüsselfunktion für das wirtschaftliche Zusammenwachsen der beiden deutschen Staaten und für den ökonomischen Aufbau im Osten die Fäden zu ziehen, die Treuhand zu einem funktionierenden Apparat zu machen, der dieser gewaltigen Aufgabe gewachsen ist. Der Aufbau der Anstalt, ihre Organisation, das Suchen geeigneter Leute, gestalteten sich weit schwieriger, als von der ungeduldigen Öffentlichkeit erwartet worden war. Die Treuhand brauchte ganze Hundertschaften erprobter Manager, die Erfahrungen mit der Bewertung von Unternehmen hatten, die sich ein sicheres Urteil bilden konnten über die Überlebensfähigkeit von Betrieben, die überdies noch diese Betriebe an Investoren aus der alten Bundesrepublik oder dem westlichen Ausland verkaufen konnten. Diese Spezies von Managern ist in normalen Zeiten schon knapp und teuer. Rohwedder rühmte zwar immer wieder die Expertise, die sich unter dem Dach der Treuhand versammelt habe und die nach seiner Meinung in Deutschland ihresgleichen suche, doch tatsächlich dauerte es Monate, bis die Anstalt einigermaßen auf Touren kam. Die Liste ihrer tatsächlichen und vermeintlichen Fehlleistungen ist ellenlang, und selbst einige ihrer Vorstände gaben noch im Frühjahr 1991 zu: «Unsere Fehlerquote ist zu hoch.»

Für Investoren aus dem Westen war es lange Zeit mühsam, die bürokratischen Barrieren der Anstalt öffentlichen Rechts zu überwinden, in dem schnell gewachsenen Apparat, der dreimal neu organisiert wurde und in dem die Zuständigkeiten entsprechend häufig wechselten, einen entscheidungsfähigen Mitarbeiter ausfindig zu machen. «Uns gibt es nicht schon hundert Jahre wie Siemens», sagte Rohwedder im Gespräch. «Wir haben nicht nur Top-Frauen und Top-Männer, wir haben doch genommen, wen wir kriegen konnten.»

Wann immer es bei der Treuhand knirschte, wenn Investoren lange und vergeblich auf Entscheidungen warteten, vermuteten vor allem außenstehende Wessis alte SED-Seilschaften am Werk. Tatsächlich beschäftigt die Treuhand Dutzende ehemaliger SED-Mitglieder und Funktionäre, die dem alten System in der Plankommission oder Ministerien dienen.

Gelegentlich kam es dabei zu anstößig kontinuierlichen Karrieren. So war Paul Liehmann gut zehn Jahre stellvertretender Minister für Leichtindustrie und unter anderem zuständig für die Textilindustrie. Exakt diese Branche betreute er als Treuhand-Direktor. «Die Textilleute schäumen natürlich, daß sie es wieder mit Liehmann zu tun haben», räumte ein Treuhand-Vorstand ein. Im Mai 1991 war Liehmanns Job dann endlich am Ende, er schied bei der Treuhand aus.

Als politische Last galt auch Gunter Halm, der Mitglied der Blockpartei LDPD war, unter dem Ministerpräsidenten Hans Modrow zum stellvertretenden Minister aufstieg und nach der Wende im Kabinett von Lothar de Maizière zum Staatssekretär im Wirtschaftsministerium avancierte. Der Protektion de Maizières und des ehemaligen Bundeswirtschaftsministers Helmut Haussmann verdankte Halm seinen Sitz als Vizepräsident im Treuhand-Vorstand. Welche fachliche Qualifikation er dort einbrachte, beantworteten Kollegen aus der Chefetage auch nach längerem Nachdenken mit Achselzucken und tiefem Seufzen. Kommentar: «Er stört nicht.» Erst im Mai 1991 trennten sich Halm und die Treuhand in beiderseitigem Einvernehmen, wie die übliche Formel für nicht harmonische Trennungen heißt. Sein für vier Jahre geltender Arbeitsvertrag sicherte ihm eine stattliche Abfindung. Auch Vorstandsmitglied Wolfram Krause gehört zu den Treuhändern mit politischer Vergangenheit. Er war bis 1974 stellvertretender Vorsitzender der staatlichen Plankommission, wurde dann deren erster SED-Kreissekretär und geriet in dieser Funktion mit dem damals schon allmächtigen Lenker der DDR-Wirtschaft Günter Mittag aneinander. Seine Parteikarriere war damit zu Ende. Er überwinterte als persönlicher Referent der beiden Ostberliner SED-Bezirkssekretäre Naumann und Schabowski und tauchte erst nach der Wende wieder auf. Als Staatssekretär in der Regierung Modrow war er verantwortlich für jene Arbeitsgruppen, die ein Konzept zur Reformierung der DDR-Wirtschaft erarbeiteten, das der zentrale Runde Tisch akzeptierte und in dem auch schon eine Institution wie die Treuhandanstalt enthalten war. Anders als Liehmann und Halm ist Krause im Vorstand und im Verwaltungsrat der Treuhandanstalt sehr geachtet. Er gilt als kompetent, seriös, fleißig und überaus lernfähig. Der Kategorie politische Alt-lasten rechnen ihn seine Kollegen nicht zu. Seit Halms Ausschei-den ist er überdies der einzige Ostdeutsche in der Führungsmann-schaft.

Zu spät hat sich die Treuhand um mögliche Stasi-Karrieren ih-rer Mitarbeiter gekümmert. In den Niederlassungen mußten einige ehemalige Stasi-Helfer gehen. In der Berliner Zentrale erhielten die Mitarbeiter erst im Frühjahr 1991 Fragebögen, in denen sie über mögliche Verbindungen zur Staatssicherheit Aus-kunft geben sollten. Entlassungen, auch Bitten um einen diskre-ten Abschied aus persönlichen Gründen hat es jedoch nicht gege-ben.

Aber daß Seilschaften tatsächlich Sand ins Getriebe streuen, hat bisher niemand öffentlich nachgewiesen. Nach Beobach-tungen westdeutscher Treuhand-Mitarbeiter sind die ehemaligen SED-Genossen von geradezu ängstlicher Angepaßtheit, weil sie wegen ihrer politischen Vergangenheit Angst um die gutdotierten Jobs haben. Das verlogen-vertrauliche Genossen-Du gebrauchen sie nur noch, wenn sie unter sich sind, nie im Beisein von Kollegen aus dem Westen. Bei der Suche nach führenden ehemaligen SED-Größen in der Treuhand hat es einige peinliche Fehlleistungen gegeben. Die Illustrierte «extra», ein «Stern» für Arme, überrum-pelte und fotografierte den sich sträubenden Treuhand-Mitarbei-ter Werner Müller in seinem Büro und präsentierte ihn den Lesern als ehemaligen Vize des Chefs der früheren staatlichen Plankom-mission in der DDR. Der hieß allerdings Richard Müller, war nie bei der Treuhand, sondern verschwand mit Erich Honecker von der politischen Bühne.

Priorität Privatisierung

Es war weniger der Vorwurf, von alten Seilschaften durchsetzt zu sein, als der Eindruck, kein Gespür für die Nöte der Neubürger zu haben, der den Ruf der Treuhand schwer lädiert hat. Etliche der Vorwürfe richten sich freilich an den falschen Adressaten. Die Treuhand büßte für Mängel im Einigungsvertrag, den die Regierungen der beiden deutschen Staaten hektisch ausgehandelt hatten. Sie konnte zum Beispiel 10000 Anträge von Kommunen auf Übereignung von Grundstücken und Gebäuden nicht bearbeiten, weil bis Mitte März 1991 die rechtlichen Voraussetzungen dafür fehlten. Sie kann den Kommunen nicht mehr als 49 Prozent an Energieversorgungsunternehmen zubilligen, wogegen fünfzig Städte Klage erhoben, weil der Einigungsvertrag dies verbietet. Und der Einigungsvertrag hat auch manche Investitionen blokkiert, weil erst im März 1991 der dort festgelegte Grundsatz, daß Rückgabe des Eigentums Vorrang vor Enteignung hat, durch allerlei Ausnahmen durchlöchert worden ist, die das Investieren erleichtern sollen.

«Wir haben mit äußerster Intensität auf Bonn eingewirkt, damit diese Situation geändert wird», sagte Rohwedder wenige Tage vor seiner Ermordung, nachdem die Bundesregierung neue Gesetze durch Parlament und Bundesrat gebracht hatte. Das heftige Bemühen in Bonn hatte offenbar die Aufmerksamkeit für die Stimmung östlich von Elbe und Werra abgelenkt. Dort hatte sich längst der Eindruck verfestigt, daß die Treuhand ein herzloser Abwickler der DDR-Wirtschaft ist, dem es darum gehe, möglichst viele Betriebe möglichst schnell zu verkaufen und den Rest zu liquidieren. An diesem Bild hat die Treuhand kräftig mitgemalt, weniger mit Taten als mit Worten. Wenige Tage nach seiner Ernennung sagte der Präsident des Verwaltungsrates, Privatisierung (der Verkauf) von Unternehmen habe Vorrang vor der Sanierung. Ähnlich äußerte sich der Anstaltschef. Rohwedder sagte zum Beispiel Anfang November ausdrücklich: «Wir nehmen den gesetzlichen

Auftrag wahr, Privatisierung hat Priorität.» Ein Mitarbeiter beschreibt die Stimmung in der Treuhand so: «Im Januar 1991 war es fast ketzerisch, über Sanierung zu sprechen.»

Dabei konnten sich die Treuhänder durchaus einig fühlen mit der Bonner Politik, die damals noch dem naiven marktwirtschaftlichen Ideal nachhing, daß nicht wettbewerbsfähige Unternehmen verschwinden müßten. In lebhafter Erinnerung ist einigen Vorständen noch die Sitzung des Präsidialausschusses der Treuhand, dem einige Mitglieder des Verwaltungsrates angehören und zu dem ausgewählte Vorstandsmitglieder eingeladen werden. Am 23. Januar 1991 traf sich dieser erlauchte Zirkel wie immer im vornehmen Hotel Excelsior Ernst gleich neben dem Kölner Dom, um die großen Linien der Treuhand-Politik abzustecken. Horst Köhler, Staatssekretär im Bundesfinanzministerium und Verwaltungsrat der Treuhand, sagte: «Es muß gestorben werden», und meinte damit die Stillegung unrentabler Betriebe. Wenige Tage später beschloß die Treuhand, die hoffnungslos unrentable Autoproduktion im Eisenacher Wartburg-Werk zu beenden, wovon etwa 20 000 Arbeitsplätze abhingen. In Thüringen war die Empörung groß. Ministerpräsident Josef Duchac, obwohl frühzeitig von der Treuhand ins Bild gesetzt, tat überrascht und drosch gemeinsam mit Gewerkschaften und Arbeitnehmern auf die Behörde ein. Wichtiger für die Treuhand war allerdings, daß ihre Entscheidung die Reisepläne von Bundeskanzler Helmut Kohl störte. Denn der Kanzler wollte eigentlich am 7. Februar 1991 in Eisenach den Grundstein für das neue Autowerk von Opel legen und sich dabei der Öffentlichkeit als Retter der Wirtschaft im Osten präsentieren. So wie er es schon Ende September 1990 bei der Grundsteinlegung des neuen VW-Werkes in Mosel bei Zwickau getan hatte. Wütende arbeitslose Demonstranten hätten dabei jedoch die feierliche Stimmung gestört. Also erkundigte sich Johannes Ludewig, der im Bonner Kanzleramt die Abteilung Wirtschaft leitet, Anfang Februar beinahe täglich bei der Treuhand, wie denn die Lage in Eisenach sei. Das Resultat ist bekannt, Kohl blieb in

Bonn, den Grundstein legten Opel-Chef Louis Hughes und Thüringens Ministerpräsident Duchac.

Diese Episode blieb nicht ohne Folgen. Als der Präsidialausschuß der Treuhand mit etlichen Vorständen der Anstalt das nächste Mal wieder in Köln zusammenkam, wünschte Staatssekretär Köhler, daß die Treuhand, die seinem Ministerium untersteht, nun mehr Gewicht auf die Sanierung kranker Betriebe lege. Treuhand-Chef Rohwedder ließ es sich nicht nehmen, Köhler gleich mehrfach diesen Sinneswandel formulieren zu lassen, bis jedem in der Runde klar war, daß der oberste Dienstherr der Anstalt seine Meinung geändert hatte.

Ein vertraulicher Vermerk vom 5. März 1991 der Unterabteilung VIII B, die sich im Finanzministerium um die Treuhand kümmert, dürfte den Meinungswandel in Bonn wesentlich gefördert haben. Unter der Überschrift «Ausgangslage» heißt es dort: «Gegenwärtig zeichnet sich die Gefahr ab, daß bei einem rein betriebswirtschaftlichen Vorgehen der Treuhandanstalt lediglich rund zwanzig Prozent der industriellen Arbeitsplätze im Beitrittsgebiet [gemeint ist die ehemalige DDR, d. Verf.] – das wären 700000 von ehemals 3,4 Millionen Arbeitsplätzen der Industrie – überleben. Eine weitgehende Deindustrialisierung des Beitrittsgebiets wäre in sozialer, ökonomischer und politischer Hinsicht nicht akzeptabel.»

Diese späte Erkenntnis hat, so der Vermerk, «in den letzten Wochen erhebliche politische Betriebsamkeit hervorgerufen». Die Bundesregierung erinnerte sich, daß der gesetzliche Auftrag der Treuhandanstalt weit über die Privatisierung der ehemals volkseigenen Betriebe hinausgeht und daß im Treuhandgesetz steht: «Die Treuhandanstalt hat die Strukturanpassung der Wirtschaft an die Erfordernisse des Marktes zu fördern, indem sie insbesondere auf die Entwicklung sanierungsfähiger Betriebe zu wettbewerbsfähigen Unternehmen und deren Privatisierung Einfluß nimmt.» Fazit des Vermerks: «Jetzt tritt die unternehmerische Verantwortung für die (noch) nicht privatisierungsfähigen Unternehmen in den Vordergrund, also die Sanierungsaufgabe.»

In der zweiten Märzwoche trafen sich im Kanzleramt der Bundeskanzler, die Ministerpräsidenten der neuen Länder und Vorstände der Treuhand, um die künftige Arbeitsteilung festzuklopfen. Die Runde übernahm dabei wortwörtlich ein Papier, das Birgit Breuel aus dem Treuhand-Vorstand verfaßt und ihr Chef Rohwedder präsentiert hatte. Resultat: Auch künftig entscheidet die Treuhandanstalt über das Schicksal der Betriebe, für die daraus resultierenden arbeitsmarkt-, struktur- und regionalpolitischen Folgen sind die jeweiligen Landesregierungen zuständig. Sie bilden sogenannte Treuhand-Wirtschaftskabinette, die von der Holding in Berlin und deren fünfzehn Niederlassungen frühzeitig über bevorstehende Stillegungen informiert werden.

Damit war es der Treuhand zumindest auf dem Papier gelungen, sich die Verantwortung für Regional-, Struktur- und Arbeitsmarktpolitik vom Hals zu halten. Im politischen Tagesgeschäft gelang dies allerdings nicht so elegant. So versuchte die Treuhand einer direkten Beteiligung an den Beschäftigungs- und Qualifizierungsgesellschaften zu entgehen, die zu Hunderten in Ostdeutschland entstanden sind und deren Zweck es ist, entlassene Arbeitnehmer durch Arbeitsbeschaffungsmaßnahmen (ABM) in Brot und Lohn zu halten oder Entlassene für neue berufliche Tätigkeiten auszubilden. Ein möglichst großer Teil der etwa vier Millionen Menschen im deutschen Osten, die durch den Strukturwandel ihren Arbeitsplatz verloren haben oder noch verlieren werden, sollen so vor dem Absturz in die Arbeitslosigkeit bewahrt werden. Die Löhne für die Beschäftigten dieser Gesellschaften zahlt die Bundesanstalt für Arbeit in Nürnberg, die auch einen wesentlichen Teil der Ausstattung dieser Firmen mit Arbeitsgeräten, Maschinen und Material finanziert. Es kann also nicht der finanzielle Aufwand gewesen sein, der die Treuhand veranlaßte, rigoros jede direkte Beteiligung an diesen Beschäftigungs- und Qualifizierungsgesellschaften abzulehnen.

Die Beschäftigungs- und Qualifizierungsgesellschaften

Ihre harte Haltung erneuerte den Ruf der Anstalt, zu unsensibel zu sein für die sozialen und wirtschaftlichen Nöte der Menschen im Osten. In Zwickau besetzten Ende Juni 1991 einige hundert Arbeiter das Trabant-Werk, weil sich die Treuhand nicht an der dort geplanten Beschäftigungs- und Qualifizierungsgesellschaft beteiligen wollte. Am 17. Juni, dem ehemaligen «Tag der deutschen Einheit», besetzte die Belegschaft der Leipziger Verlade- und Transport GmbH ihre Firma aus demselben Grund. 6000 ob der Hartleibigkeit der Treuhand erboste Arbeiter zogen am 1. Juli vor deren Niederlassung in Suhl. Die IG Metall heizte die Stimmung gegen die Treuhand kräftig an. Die Gewerkschaft wollte die Treuhand unbedingt als Gesellschafter bei den Auffangfirmen für die Entlassenen sehen. Ihr Argument: Nur die Treuhand habe das Wissen und die Fähigkeit, diese Firmen zu leiten. Die Gewerkschaft hatte aber auch ein höchst eigennütziges Motiv für ihren Wunsch: Wenn die Treuhand-Betriebe sich direkt an den Beschäftigungs- und Qualifizierungsgesellschaften beteiligen, gehören diese weiterhin zur Metallbranche und damit zum Bereich der IG Metall, die so die Arbeitnehmer als Mitglieder behalten kann.

Über die wahren Motive ihrer ablehnenden Haltung ließ die Treuhand die Öffentlichkeit lange im unklaren, dabei lagen sie auf der Hand. Wenn sich die Treuhand oder ihre Betriebe, in denen die Entlassenen früher gearbeitet haben, direkt an den Beschäftigungs- und Qualifizierungsgesellschaften beteiligen, dann bestehen die alten Beschäftigungsverhältnisse weiterhin. Wenn also die Beschäftigungs- und Qualifizierungsgesellschaften irgendwann aufgelöst werden, weil etwa der Bundesanstalt für Arbeit das Geld ausgegangen ist, haben deren Mitarbeiter das Recht, in ihre ursprünglichen Betriebe zurückzukehren. Genau dies will die Treuhand verhindern. Denn den Erfolg dieser Behörde mißt sie selbst und auch ihr Dienstherr in Bonn vor allem daran, wie viele der ihr gehörenden Betriebe sie verkauft. Aber für Betriebe, die an einer Auffanggesellschaft für entlassene Arbeitnehmer beteiligt sind, die das Recht haben, an ihren alten Arbeitsplatz in diesen Betrieben zurückzukehren, läßt sich schwerlich ein Käufer finden. Oder, wie ein Vorstand der Treuhand sagte: «Beschäftigungs- und Qualifizierungsgesellschaften sind grundsätzlich investorenfeindlich.»

Überdies fürchtet die Treuhand die administrative Zuständigkeit für einige tausend dieser Firmen. Sie müßte dafür in ihrer Berliner Zentrale und in den fünfzehn Niederlassungen einen Verwaltungsapparat aufbauen, der knappes Personal binden würde. Fraglich ist auch, ob die Behörde es sich politisch überhaupt leisten könnte, eines Tages diese Gesellschaften aufzulösen, die ja keine Dauereinrichtungen sein, sondern ihren Mitarbeitern nur als Brücke in ein reguläres Arbeitsverhältnis dienen sollen. Die Treuhand sähe sich dann mit Sicherheit wieder dem Vorwurf sozialer Kälte ausgesetzt, weil sie Menschen in die Arbeitslosigkeit entläßt. «Am meisten fürchten wir, daß wir auf 2000 oder mehr Gesellschaften sitzen und dann gezwungen sind, Struktur- und Regionalpolitik zu machen», räumte ein Treuhand-Vorstand in einem vertraulichen Gespräch ein.

Diesem Konflikt wird die Anstalt wahrscheinlich ohnehin nicht entkommen. Denn unbemerkt vom Vorstand in der Berliner Zentrale hatten sich bis zum Juni 1991 schon rund 200 Treuhand-Unternehmen an Beschäftigungs- und Qualifizierungsgesellschaften beteiligt. Erst Anfang Juni schrieb Treuhand-Vorstand Alexander Koch einen Brief an die Unternehmen der Anstalt, mit dem er ihnen praktisch untersagte, solche Beteiligungen einzugehen. «Das Problem ist über uns hereingebrochen wie ein Feuersturm, wir konnten nur noch die Reißleine ziehen», kommentierte ein Vorstand der Treuhand den Brief seines Kollegen.

Die Berliner Behörde einigte sich am 1. Juli 1991 mit den Gewerkschaften, den Arbeitgebern und den ostdeutschen Landesregierungen, gemeinsam mit diesen in jedem der neuen Länder eine Dachgesellschaft für Arbeitsförderung zu gründen, die dann in den jeweiligen Bundesländern als Trägerin und Beraterin von Beschäftigungs- und Qualifizierungsgesellschaften fungiert. An diesen Dachgesellschaften wollte sich die Treuhand mit zehn Prozent beteiligen. Nachteil dieser Vereinbarung: Die mächtigste Gewerkschaft, die IG Metall, hatte nicht am Verhandlungstisch gesessen und lehnte wenige Tage später die Vereinbarung ab. Natürlich werden die Ministerpräsidenten der krisengeschüttelten Länder im Osten, die sämtlich im Verwaltungsrat der Treuhand sitzen und Vertreter in die Beiräte der Treuhand-Niederlassungen entsandt haben, versuchen, wichtige Unternehmen zu retten und Stillegungen zu verhindern, weil sie die politischen, sozialen und wirtschaftlichen Folgen fürchten.

Die Kosten der Sanierung

Die Treuhand hingegen will zwar «nicht das Heft aus der Hand geben, die Schlüsselrolle bei der Umgestaltung der Wirtschaft der ehemaligen DDR zu spielen» (Rohwedder), aber sie will auch nicht in die Rolle einer alles regelnden, sanierenden und verantwortenden Behörde geraten. Sie hat zwar mittlerweile die Stillegung von etwa 600 Betrieben mit über 120000 Arbeitsplätzen verfügt, aber sie hat auch ganze Industriezweige vor dem Absturz bewahrt. Ohne ihre Finanzhilfe gäbe es heute in den neuen Ländern keine Werften, keine Chemie-, Stahl- und Textilindustrie mehr.

Mit Sanierung hat das allerdings nur wenig zu tun, aber viel mit Überlebenshilfe. Die Treuhand und ihre Niederlassungen wären gar nicht in der Lage, sechs- oder gar siebentausend Betriebe zu sanieren. Ihnen fehlen dafür schlichtweg die Menschen und das branchenspezifische Wissen. Die Treuhand hat immer noch kein vollständiges und exaktes Bild der wirtschaftlichen Lage ihrer Unternehmen. Fast anderthalb Jahre nach dem Entstehen der Wirtschafts- und Währungsunion fehlen immer noch Eröffnungsbilanzen, die erst Ende 1991 vollständig vorliegen sollen und die dann auch nur die Kapitalverhältnisse der Betriebe am 1. Juli 1990, dem Beginn der Währungsunion, darstellen. Diese Zahlen werden in fast allen Fällen überholt sein und kaum noch Auskunft über die heutige wirtschaftliche Situation und schon gar nicht über die Zukunftsaussichten der Firmen geben.

Eine große Anzahl von Betrieben hat Sanierungskonzepte abgegeben, die eine unabhängige Gruppe von neunzig Wirtschaftsprüfern auf Plausibilität untersucht und in eine von sechs Kategorien einordnet, die von «Unternehmen arbeitet rentabel» bis zu «Unternehmen nicht sanierungsfähig» reichen. Diese Einstufung ersetzt aber keineswegs eine Entscheidung der Treuhand über Sein oder Nichtsein der jeweiligen Firmen.

Die Treuhand kann Sanierungen allenfalls finanziell sichern. Die Konzepte entwickeln und umsetzen müssen die Unternehmen selbst. Ob dort die richtigen Manager am Werk sind, ist in vielen Fällen zweifelhaft. In etwa achtzig Prozent der Firmen sitzen noch die Leute aus der Vor-Wende-Zeit an den Schalthebeln. Im Frühjahr 1991 hatte die Treuhand Geschäftsführer und Vorstände ihrer großen Unternehmen nach Berlin geladen. Das Urteil eines Treuhand-Vorstands nach dieser Versammlung war vernichtend: «Die waren wie eine amorphe, stumpfe, trostlose Masse, so richtig vollgefressene, tote Gesichter. Das waren diese Typen von Funktionären, die man aus dem Bilderbuch kennt.» Höchstens vierzig Prozent dieser alten Führungskader sind nach Ansicht von Hermann Wagner, dem im Vorstandsressort «Personal» der Treuhand für Unternehmen zuständigen Direktor, für ihren derzeitigen Job geeignet. Aber auch etliche der im Westen für die Treuhand-Unternehmen engagierten Vorstände, Geschäftsführer und Aufsichtsräte haben sich als Fehlbesetzung erwiesen. Der Treuhand rennen viele Bewerber die Tür ein, doch darunter befinden sich nach Einschätzung des Frankfurter Personalberaters Kurt von Gleichen viele «Möchtegern-Manager», die keine Hilfe für die Treuhand-Betriebe sind. Gesucht werden etwa 13000 Führungskräfte, die in der Lage sind, ein krisengeschütteltes Unternehmen zu sanieren. Die finden sich selten unter jenen Managern, die von ihren bisherigen Arbeitgebern weggelobt werden. «Je größer die Protektion, um so genauer müssen in den meisten Fällen die Leute unter die Lupe genommen werden», hat von Gleichen festgestellt.

«Wir wissen noch nicht, wie wir sicherstellen, daß das Geld, das wir den Betrieben geben, nicht verpulvert wird. Wir wollen nicht Betriebe alimentieren, wo das Management im Sessel sitzt und auf den Scheck aus Berlin wartet», meinte Detlev Rohwedder kurz vor seinem Tod. Genau dabei sollen die neuen Manager helfen.

Was es kosten wird, einige tausend Betriebe über Wasser zu halten, ihre Kredite zu verbürgen, Investitionen zu finanzieren, läßt sich allenfalls ahnen. Im Westen kostet ein Industriearbeitsplatz zwischen 150000 und 200000 Mark, in einigen Branchen ein Vielfaches davon. Wenn die Treuhand nur anderthalb Millionen ihrer ursprünglich 3,4 Millionen Industriejobs erhalten soll, kann das nach dieser sehr groben Kalkulation allein schon 300 Milliarden Mark kosten.

Klar ist, daß der Finanzrahmen der Treuhand in diesem Jahr nicht ausreichen wird. Aus dem Verkauf von gut 3000 Betrieben flossen bis Ende August elf Milliarden Mark in die Kassen, außerdem darf sie bis Ende diesen Jahres 25 Milliarden Mark über den Kapitalmarkt beschaffen. 4,3 Milliarden Mark dieses Kreditrahmens hat sie schon im vergangenen Jahr verbraucht.

Für Sanierungen hat die Treuhand höchstens acht Milliarden Mark in diesem Jahr zur Verfügung. Eine gewaltige Summe zwar, die aber bei weitem nicht ausreichen wird. Außerdem kommen neue und noch nicht kalkulierbare Kosten auf sie zu: So hatte Bundesarbeitsminister Norbert Blüm Anfang März verkündet, die Treuhand werde die Sozialpläne all jener Unternehmen finanzieren, die dies aus eigener Kraft nicht können. In der Tat ist es ungerecht, daß Bergleute mit einer Abfindung von 20000 Mark in die Arbeitslosigkeit entlassen werden, Arbeitnehmer ausgebluteter Betriebe aber leer ausgehen sollen. Anfang April, bei der Ernennung von Birgit Breuel zur neuen Präsidentin der Treuhandanstalt, war es soweit. Der Deutsche Gewerkschaftsbund, die Deutsche Angestellten Gewerkschaft und die Treuhand schlossen einen Sozialpakt, demzufolge die Mitarbeiter stillgelegter Betriebe oder aus anderen Gründen entlassene Mitarbeiter durchschnittlich 5000 Mark Abfindung bekommen. Alexander Koch, im Vorstand der Treuhand für Personal zuständig, schätzte im Mai 1991, daß etwa 1,4 Millionen Arbeiter und Angestellte aus den Treuhandfirmen ausscheiden müssen. Falls die Berliner Anstalt vollständig für deren Abfindung aufkommen muß, belastet sie das mit neun Milliarden Mark.

Überdies hat die Treuhand 102 Milliarden Mark Altkredite ihrer Unternehmen am Hals, deren Tilgung zwar ausgesetzt ist, die aber irgendwann fällig werden. Außerdem soll die Treuhand, so steht es im Vertrag über die Währungsunion, 1994 einen noch festzulegenden Teil der staatlichen Alt- und Auslandsschulden der ehemaligen DDR übernehmen, das sind rund 85 Milliarden Mark.

Staatssekretär Horst Köhler vom Bundesfinanzministerium hat in einem vertraulichen Papier ausgerechnet, daß die Treuhandanstalt bis zum Jahr 2000 wahrscheinlich 400 Milliarden Mark brauchen wird. Ein Vorstand der Treuhand, der von sich sagt: «Ich kenne diese Zahlen genau, ich weiß, wie sie zusammengedacht sind», beurteilt Köhlers Rechnung so: «Wenn der Doktor Köhler eine solche Zahl nennt, dann muß ich sagen, er ist schon sehr problembewußt.»

Bei Köhlers Kalkulation ist schon berücksichtigt, daß die Treuhand noch viele Milliarden aus dem Verkauf von Grundstücken und Unternehmen einnehmen wird. Vom Vermögen der Treuhand, das ursprünglich mal an die Bürger der ehemaligen DDR verteilt werden sollte, bleibt nicht nur nichts übrig, es ist sogar ein Negativkapital, das die Steuerzahler tilgen müssen.

Angesichts dieser prekären finanziellen Situation und eingedenk der Sorge vieler Bürger der ehemaligen DDR, daß ihr in vierzig Jahren mühsam erarbeitetes Volksvermögen nun an raffgierige Kapitalisten aus dem Westen der neuen Bundesrepublik und aus dem Ausland verschleudert wird, ist es allzu verständlich, daß die Öffentlichkeit empfindlich reagiert, wenn die Treuhand in Verdacht gerät, Teile des ihr anvertrauten Vermögens unter Wert zu verkaufen und allzu bereitwillig auf Forderungen von Investoren einzugehen. So war es nicht verwunderlich, daß eine Reportage des WDR-Fernsehmagazins «Monitor», die am 9. Juli 1991 ausgestrahlt wurde, einiges Aufsehen erregte. Drei Mitarbeiter der Monitor-Redaktion gründeten die Scheinfirma Euro Consult, die weder im Handelsregister eingetragen war, noch eigene Büroräume hatte und deren einzige Investitionen aus einem Türschild, das die drei Reporter an den Eingang eines Kölner Hauses schraubten, aus fotokopierten Visitenkarten und Briefbögen mit Firmennamen bestanden. Bei der Treuhand in Berlin behaupteten die Schein-Consultants, einen großen Chemiekonzern aus den Vereinigten Staaten zu vertreten, der in Mitteleuropa einen Tochterbetrieb für die Produktion technischer Kunststoffe und Feinchemikalien aufbauen und dafür etwa 2,5 Milliarden Dollar investieren und so rund 1500 Arbeitsplätze schaffen wolle. Für dieses Projekt suchten die Scheininteressenten ein Grundstück von 100 Hektar, die Treuhand verwies sie an ihre Firmen Dessauer Magnetband und Filmfabrik Wolfen, die beide über erhebliche nicht genutzte Flächen verfügten. Bei Gesprächen über den Verkauf der Dessauer Magnetbandfabrik, der zunächst nicht zur Debatte stand, waren die Monitor-Rechercheure sehr erstaunt über das Entgegenkommen des von der Treuhand mit den Verhandlungen beauftragten Unternehmensberaters. Statt der ursprünglich geforderten 50 bis 60 Millionen Mark und der im Sanierungskonzept des Betriebes vorgesehenen 436 Arbeitsplätze ist er auch bereit, sich auf einen Preis von unter 50 Millionen Mark und mit einer auf drei Jahre begrenzten Garantie von 350 Arbeitsplätzen einzulassen. Die Filmfabrik Wolfen wollte die Treuhand sogar zu einem

Negativpreis verkaufen, sie wollte also dem Investor Geld dazuge-
ben, wenn er den Betrieb übernahm, in diesem Fall einen Investi-
tionszuschuß von angeblich 120 Millionen Mark.

Die Vorwürfe der Monitor-Mitarbeiter konzentrierten sich auf
vier Dinge: Die Treuhand verkauft Betriebe unter Wert (Magnetband Dessau), sie stellt Investoren bereitwillig Geld zur
Verfügung, das sie andererseits ihren Unternehmen vorenthält,
obwohl sie damit saniert und lebensfähig gemacht werden könnten (Filmfabrik Wolfen), und so verschenkt sie die Chance, Arbeitsplätze zu erhalten.

Der Monitor-Bericht, den die Treuhand mit einigen guten Argumenten als unbegründet zurückwies, erhellt das Konfliktfeld, in
dem die Behörde sich bei ihren Verkaufs- und Sanierungsversu-
chen bewegt. Die Treuhand ist gehalten, möglichst schnell ihren
Beitrag zum Strukturwandel zu leisten, also möglichst rasch möglichst viele Unternehmen an private Investoren zu verkaufen. Dabei hat sich schon bald gezeigt, daß der ursprünglich erhoffte
Wettbewerb der Käufer um die Betriebe der ehemaligen DDR –
von einigen attraktiven Branchen abgesehen – keineswegs ent-
brannt ist. Die Treuhand muß vielmehr aktiv Käufer für ihre
Firmen suchen. Um dies zu beschleunigen, hat sie Investment-
Banken und Beratungsfirmen als Verkäufer engagiert. Denn
monatelang ist die Treuhand von kaufwilligen Unternehmen, Politikern und Journalisten wegen ihrer nur mäßigen Verkaufserfolge gescholten worden. Detlev Rohwedder konterte diese Kritik
mit der Bemerkung: «Wir wollen uns nicht betuppen lassen.
Wenn wir uns entscheiden müssen zwischen gut verkaufen oder
schnell verkaufen, werden wir uns für gut verkaufen entscheiden.»
Tatsächlich hatte die Treuhand viel mehr Angst vor den neuen als
vor den alten Seilschaften. Die neuen Seilschaften bestehen aus
den Geschäftsführern und Vorständen der Betriebe, die unbe-
schadet die politische Wende überstanden hatten und nun mit
Hilfe westlicher Investoren versuchten, auch im neuen politischen
und wirtschaftlichen System oben zu schwimmen. Deshalb zeigten

sie sich besonders entgegenkommend, wenn ein Unternehmer aus dem Westen ein Auge auf ihren Betrieb geworfen hatte, versuchten in trautem Zusammenspiel ihm die Firma günstig zuzuschanzen und dabei den eigenen Job zu retten. Markantestes Beispiel für diese trickreiche Kooperation war der Fall Interhotel. Trotz eindeutig anderer Weisungen der Treuhand fädelte der inzwischen gefeuerte Vorstandsvorsitzende der Interhotel AG mit der Steigenberger AG in Frankfurt am Main ein für die Westdeutschen überaus vorteilhaftes Geschäft ein, das einer Tochtergesellschaft der beiden Unternehmen langjährige Pachtverträge für sämtliche 34 Interhotels gesichert hätte.

Wendet die Treuhand also die gebotene Sorgfalt auf, um zum Beispiel Spekulanten, denen es nur darum geht, mit den Immobilien eines Unternehmens eine schnelle Mark zu machen, von seriösen Investoren abzusondern, gerät sie in Gefahr, wegen ihrer bürokratischen Langsamkeit kritisiert zu werden. Geht sie allzu bereitwillig auf Forderungen von Investoren ein, zieht sie sich den Vorwurf zu, das ihr anvertraute Vermögen zum Schaden der Steuerzahler unter Wert zu verhökern. Als die Treuhand im Sommer 1990 die Zementwerke Rüdersdorf an den Düsseldorfer Betonhersteller Readymix verkaufte anstatt an die Hamburger Firma Alsen-Breitenburg, so wie es die Belegschaft und die Geschäftsleitung in Rüdersdorf gefordert hatten, weil Readymix einen wesentlich höheren Preis geboten hatte, mußte die Treuhand sich vorwerfen lassen, die Interessen der Belegschaft wegen einiger Millionen Mark zu ignorieren.

Aus diesem Zwiespalt wird sich die Treuhand ebensowenig befreien können wie von der Kritik an ihrem Umgang mit den Tausenden von Unternehmen, die sich selbst als sanierungsfähig einschätzen. Schließt sich die Treuhand dem Urteil der Unternehmen nicht an, wird ihr vorgehalten werden, rücksichtslos Arbeitsplätze zu vernichten. Entschließt sie sich hingegen, die Firmen bei der Sanierung finanziell zu unterstützen, muß sie in vielen Fällen mit dem Vorwurf leben, Geld für auf Dauer unrentable Betriebe zu

verschwenden. Denn eines ist klar: Längst nicht jeder Sanierungs-
versuch wird gelingen, und selbst letztlich erfolgreiche Sanierungen können viele Jahre dauern, in denen mehrfach wieder überlegt
werden muß, ob die Sanierung fortgesetzt oder trotz der inzwischen
ausgegebenen vielen Millionen Mark nicht doch endgültig abgebrochen werden soll. Sicher ist auch, daß Privatunternehmen, die
sich gegen die von der Treuhand subventionierten Betriebe behaupten müssen, auf die ungleiche Wettbewerbssituation hinwei-
sen werden. Schon heute klagen Handwerker und Baubetriebe
über die von der Treuhand alimentierte Konkurrenz, die ihre
Preise dank der großzügigen Treuhand-Kredite unterbieten kann.
Dieser unerwünschte Nebeneffekt der Sanierungspolitik wird vor
allem von den Gewerkschaften weitgehend ignoriert.

Um all ihre komplizierten Transaktionen zu überwachen,
braucht die Treuhand einen eigenen leistungsfähigen Kontroll-
apparat. Als Eigentümerin muß sie regelmäßig prüfen, ob die mit
ihrer Billigung und Hilfe in der Sanierung befindlichen Unternehmen tatsächlich Fortschritte auf dem Weg zur Rentabilität erzielen oder ob sie Fässer ohne Boden sind, in denen das ihnen anvertraute Geld spurlos verschwindet. Wie das Beispiel der AEG
zeigt, kann die Sanierung eines Unternehmens durchaus länger als
ein Jahrzehnt dauern. Auch viele der verkauften Unternehmen
werden keineswegs für immer aus dem Blickfeld der Behörde verschwinden können. Denn in einer großen Zahl der Kaufverträge
hat sich der Käufer verpflichtet, Auflagen der Treuhand einzuhalten. So sind zum Beispiel Vereinbarungen über Investitionen und
über die Zahl der Arbeitsplätze durchaus üblich. Mißachtet der
Käufer diese Auflagen, werden Vertragsstrafen fällig, die zum
Beispiel bis 100 000 Mark für jeden Arbeitsplatz hoch sein können,
um den die zugesagte Zahl von Jobs unterschritten wird. Bei etlichen Unternehmensverkäufen sind spätere Nachverhandlungen
über den Preis des Betriebes selbst oder seiner Grundstücke ver-
einbart worden. Diese Verträge haben oft lange Laufzeiten, die es
der Treuhand verbieten, sich zurückzuziehen.

Eine umstrittene Berufung

Ende Juli 1990, als Detlev Rohwedder gerade Präsident der Treuhand geworden war, schwärmte er von der Treuhand als einem
«schlanken Corpus» mit einem «vergänglichen, sparsamen Perso-
nalansatz ohne schöne Planstellen». Die fünfzehn Außenstellen
der Treuhand, so glaubte Rohwedder damals, «werden wir zum
Jahresende nicht mehr brauchen». Es kam ganz anders. Die Treuhand ist mittlerweile ein großer Apparat mit vielen gut dotierten
Planstellen, auf denen in der Berliner Zentrale und in den 15 Niederlassungen insgesamt ca. 3000 Beschäftigte sitzen. Präsidentin
ist seit Anfang April 1991 Birgit Breuel, sie soll «das Ungeheuer
reiten» (Rohwedder). Am 3. November 1990 sagte Birgit Breuel
in einem Gespräch mit der «Frankfurter Allgemeinen»: «Es wäre
ein falsches Signal, wenn ein Politiker die Treuhand führen
würde.» Und sie erklärte auch warum: «Benötigt wird ein Manager, der unternehmerische Erfahrung hat und sich dennoch auf
der politischen Spielwiese auskennt.»

Damals war Birgit Breuel schon mal als Nachfolgerin des damaligen Treuhand-Präsidenten Detlev Rohwedder im Gespräch,
weil er eigentlich auf seinen Posten als Vorstandsvorsitzender der
Hoesch AG zurückkehren sollte. Nach der Ermordung Rohwedders war Birgit Breuel wieder Kandidatin. Am 13. April 1991 berief sie der Verwaltungsrat der Treuhandanstalt einstimmig zur
neuen Präsidentin, und Jens Odewald, Vorsitzender des Verwaltungsrates, begründete die Wahl so: «Wir haben viele Kandidaten
im Auge gehabt. Wir haben die Pros und Contras aller Kandidaten
und Kandidatinnen abgewogen, und wir sind zu einem eindeuti-
gen Ergebnis gekommen: Frau Breuel ist die beste Kandidatin als
Präsidentin der Treuhandanstalt.»

Was im November 1990 laut Birgit Breuel noch ein falsches Signal gewesen wäre, wurde ein halbes Jahr später als kontinuier-
liche Fortsetzung der Arbeit Rohwedders betrachtet. Daß die Präsidentin nicht dem von ihr selbst beschriebenen Bild eines idealen

Treuhand-Chefs entspricht, weil bei ihr die Gewichte exakt umgekehrt verteilt sind – sie ist nämlich eine erfahrene Politikerin, die sich auf der unternehmerischen Spielwiese auskennt –, hat Frau Breuel offenbar wenig gestört und den Verwaltungsrat nicht von seiner Wahl abgehalten.

In Bonn war beim Kanzler leichtes Zähneknirschen zu vernehmen. Kohls Elefantengedächtnis war nicht entfallen, daß die streitbare Parteifreundin die Bundesregierung gelegentlich sehr deutlich kritisiert hatte. Das mag Kohl nicht, das trägt er nach.

Wolfgang Roth, wirtschaftspolitischer Sprecher der SPD im Bundestag, wurde sehr deutlich: «Frau Breuel hat bislang noch nicht den Beweis dafür geliefert, daß sie die notwendige soziale Sensibilität und die notwendigen Fähigkeiten im Umgang mit dem Schicksal von Millionen von Arbeitnehmern besitzt. Eine abgewählte und nicht sehr erfolgreiche Landesministerin, die selbst noch nie an der Spitze eines großen Unternehmens gestanden hat, ist keine gute Wahl für die Spitze der Treuhand.»

Klar ist: Kohl hätte auf dem Chefsessel der Berliner Anstalt lieber einen erstklassigen Manager gesehen. Doch der Verwaltungsratsvorsitzende Jens Odewald, im Hauptberuf Vorstandschef der Kaufhof-Holding in Köln, hatte schon im Oktober, als Rohwedder mit ihm die Plätze tauschen wollte, aus sehr persönlichen Gründen abgesagt. Andere Top-Leute wie Siemens-Chef Karlheinz Kaske und Daimler-Chef Edzard Reuter waren nicht zu gewinnen. Erstklassige Manager mit politischem Gespür und sozialer Sensibilität sind in Deutschland so rar wie weiße Raben.

Ist Birgit Breuel also nur zweite Wahl? Gemessen am idealtypischen Präsidenten, den es nicht gibt, dem Rohwedder etwas näher kam als seine Nachfolgerin, bleibt jede(r) zweite Wahl.

Breuel hat in Arbeitsteilung mit Rohwedder die Rolle der marktwirtschaftlichen Mahnerin, der strengen Ordnungspolitikerin bei der Treuhandanstalt ausgeübt; diese fiel ihr leicht, weil sie sich mit ihren politischen Überzeugungen deckte. Rohwedder war der Stratege, der für die Treuhand, gemessen an der Kompliziertheit und schieren Größe der Aufgaben, in erstaunlich kurzer Zeit eine funktionsfähige Unternehmensstruktur geschaffen hat. Beide gemeinsam haben in der politischen Kulisse in Bonn erreicht, daß die im Einigungsvertrag eingebauten Bremsklötze, die der Treuhand die Arbeit schwermachten, durch neue Gesetze weggeräumt wurden. Birgit Breuel hat in ihrer politischen Funktion den Kontakt zu den fünf neuen Ländern geknüpft und gepflegt.

Aber auch mit ihrer internen Arbeit hat die neue Treuhand-Chefin den Respekt der Vorstandskollegen und des Verwaltungsrates erworben. Als sie am 1. Oktober in Berlin anfing, übernahm sie die Verantwortung für die fünfzehn Niederlassungen der Treuhand, die für das Gros der Betriebe zuständig sind, die der Anstalt gehören. Eine ihrer ersten Amtshandlungen war die Entlassung der noch vom ehemaligen DDR-Ministerpräsidenten Hans Modrow eingesetzten und weitgehend aus dem alten Parteiapparat stammenden Chefs der Niederlassungen. An deren Stellen setzte sie erfahrene Manager aus der alten Bundesrepublik, engagierte zusätzliche sogenannte Privatisierungsteams aus freiberuflichen Unternehmensberatern, die den Verkauf von Betrieben beschleunigten. Eine Rangliste mit den Verkaufszahlen der einzelnen Niederlassungen sorgte überdies für internen Wettbewerb.

Der Erfolg blieb nicht aus: Die Verkaufszahlen wuchsen sprunghaft. Es waren weniger diese Verkaufserfolge, die absolut dem Auftrag der Treuhand entsprechen, als öffentliche Äußerungen und ihre politische Vergangenheit, die Birgit Breuel bei Gewerkschaften und Sozialdemokraten den Ruf eintrugen, vor allem an Privatisierung, wenig an Sanierung von Unternehmen im deutschen Osten interessiert zu sein und nicht das rechte Gespür für soziale Probleme zu haben. Dieser Ruf schien sich in der Auseinandersetzung zwischen Gewerkschaften und Treuhand um die Beteiligung der Behörde an den Beschäftigungs- und Qualifizierungsgesellschaften durch die harte Haltung der Präsidentin zu bestätigen. Allerdings ist es ihre Funktion, die Position der Treuhand öffentlich zu vertreten und sie gegen Begehrlichkeiten von Gewerkschaften, Unternehmern und Politikern zu verteidigen. Taktische Erwägungen mögen der Grund sein, warum Birgit Breuel dabei gelegentlich so entschieden auftritt, daß sie den Eindruck sozialer Kälte vermittelt.

In ihrer politischen Karriere, die ihr 1970 als Abgeordnete der Hamburger Bürgerschaft das erste Mandat brachte, machte sie mit unkonventionellen, bisweilen radikalen wirtschaftspolitischen Ideen Furore. Sie plädierte heftig für den Rückzug des Staates aus der Wirtschaft, kämpfte gegen Bürokratisierung, gegen die Gebietsmonopole der Stromerzeuger, gegen das starre öffentliche Dienstrecht und gegen ausufernde Subventionen. Als Wirtschaftsministerin in Niedersachsen (1978 bis 1986) stieß ihre Prinzipientreue schnell auf praktische Grenzen. Von ihren Ideen konnte sie nur relativ wenige verwirklichen. 1986 übernahm sie das Finanzministerium in Niedersachsen, das sie bis zur Wahlniederlage der CDU im vergangenen Jahr leitete.

Ihre politische Erfahrung ist also unbestritten, die wird sie auch künftig brauchen. Denn an der Arbeitsteilung in der Treuhand wird sich prinzipiell nichts ändern. Birgit Breuel ist der politische Kopf, die unternehmerische Seite prägt Hero Brahms. Er war Finanzchef der Hoesch AG, hat dort als Assistent von Rohwedder begonnen und galt als dessen Vertrauter. Brahms avancierte am 1. Juni 1990 zum Vizepräsidenten der Treuhandanstalt.

Der Verwaltungsrat hatte die unternehmerischen Defizite der neuen Präsidentin im Blick. Daß die Wahl trotzdem auf Birgit Breuel fiel, erklärt ein Mitglied dieses Aufsichtsgremiums so: «Die Wahrscheinlichkeit, daß es mit Frau Breuel schiefgeht, ist geringer als bei allen anderen Kandidaten.»

In den Schlagzeilen und in der Kritik wird die mächtige Behörde auch unter Frau Breuel bleiben. Denn die wirklich harten Entscheidungen über das Schicksal großer Unternehmen, mit denen fast immer auch die Weichen für die Zukunft ganzer Städte und Regionen gestellt werden, diese Entscheidungen waren bei der

Amtsübernahme von Birgit Breuel längst noch nicht vollständig gefallen. Die Treuhand wird noch lange den Angriffen von in ihrer Existenz bedrohten Arbeitnehmern ausgesetzt sein, die ihre Arbeitsplätze retten wollen. Sie wird von Bürgermeistern, Landräten und Landespolitikern bedrängt werden, deren politisches Schicksal auch davon abhängt, ob die Treuhand Unternehmen stillegt oder rettet.

Der Mangel an industriepolitischen Konzepten

Der Planungsfetischismus der roten Bonzen, aber auch historische Entwicklungen und natürliche Gegebenheiten haben in der ehemaligen DDR die heute fatale Konsequenz gehabt, daß ganze Städte, Kreise und Regionen wirtschaftlich monostrukturiert sind. Einige Beispiele: Die Region Bitterfeld–Halle–Merseburg ist in hohem Maße abhängig von der dort alles dominierenden Chemieindustrie, das Mansfelder Land ist seit Jahrhunderten geprägt vom Kupferschieferbergbau und den nachgelagerten Verarbeitungsbetrieben, das Vogtland und Teile der Lausitz werden von der Textilindustrie dominiert, die Ostseeküste ist industriell auf Gedeih und Verderb abhängig vom Wohlergehen der Werften und ihrer Zulieferer, und die sächsische Stadt Riesa lebt von ihrem Stahlwerk. Sterben diese Industrien, verkümmern auch die von ihnen wirtschaftlich geprägten Regionen binnen kurzem zu ökonomischen Sahel-Zonen. Alle genannten und einige andere Wirtschaftszweige sind praktisch vom Exitus bedroht, wenn man die Überlebenschancen ihrer Unternehmen ausschließlich mit der betriebswirtschaftlichen Elle mißt.

Genau diesen Maßstab legt aber die Treuhandanstalt an, wenn sie als Eigentümer über Sein oder Nichtsein ihrer Betriebe entscheidet. Das Treuhandgesetz verpflichtet sie zu dieser Betrachtungsweise. Anhand betriebswirtschaftlicher Kriterien hat sie zu entscheiden, zu welchem Preis sie Unternehmen verkauft, welche

ihrer Firmen sie für sanierungswürdig erachtet und welche liqui-
diert oder in Konkurs geschickt werden. Mit dem Schicksal der
Betriebe entscheidet die Treuhand oft auch über Gedeih und Verderb ganzer Dörfer, Städte und Regionen. Doch um diese unaus-
weichlichen Folgen ihres Tuns will und soll sie sich eigentlich nicht
kümmern. Regional-, Arbeitsmarkt-, Struktur- und Industriepolitik sind nicht Sache der mächtigen Behörde, darum haben sich im
Osten wie im Westen die Landesregierungen und, mit Einschrän-
kungen, der Bund zu kümmern. In der zweiten Märzwoche 1991
wurde in Bonn diese Arbeitsteilung in einer Verhandlung festgeschrieben, an der neben dem Bundeskanzler die Ministerpräsidenten der neuen Länder und die Treuhandanstalt teilnahmen.

Anfangs schien es so, als ob die Treuhandanstalt ihren gesetzlichen Auftrag («Die Treuhandanstalt hat die Strukturanpassung
der Wirtschaft an die Erfordernisse des Marktes zu fördern, indem
sie insbesondere auf die Entwicklung sanierungsfähiger Betriebe
zu wettbewerbsfähigen Unternehmen und deren Privatisierung
Einfluß nimmt») sehr einseitig zugunsten der Privatisierung, also
des Verkaufs von Unternehmen, auslegen würde – Motto: Was
nicht verkauft werden kann, wird rigoros stillgelegt. Doch die
Äußerungen einiger Treuhand-Vorstände, die diesen Eindruck
vermittelten, waren radikaler als die Praxis. Die Sanierung von
Unternehmen spielt eine allmählich wichtiger werdende Rolle. Allerdings ist bei der Treuhand keine konsistente Sanierungsstrategie
erkennbar, es fehlen nachvollziehbare Kriterien, anhand derer die
Verantwortlichen in Berlin oder in den Niederlassungen der Treuhand sich im Einzelfall für oder gegen eine Sanierung entscheiden.

Kleinere Betriebe, bei denen nicht damit zu rechnen ist, daß
ihre Belegschaften vor dem Bürogebäude der Treuhand in Berlin
demonstrieren, für die sich Politiker und Presse nicht vernehmbar
stark machen, die also lautlos sterben, können offensichtlich weit
weniger auf die Fürsorge der Behörde bauen als Großunternehmen, denen das öffentliche Interesse gilt, weil sie ganz einfach
mehr Mitarbeiter haben. Aber ein relativ kleines Textilunterneh-

men im Vogtland kann für das Wohlergehen einer Stadt ebenfalls unverzichtbar sein. Für das Schicksal der chemischen Industrie hingegen scheint es schon zu genügen, wenn der Bundeskanzler bei einem Besuch in Bitterfeld im emotionalen Überschwang, ohne präzise Kenntnis der wirtschaftlichen Fakten und ohne Abstimmung mit der Treuhand sagt, diese Region müsse als Chemiestandort erhalten bleiben. Nachvollziehbar ist auch nicht, warum die Treuhandanstalt bereit ist, für die Sanierung von Carl Zeiss in Jena 310000 Mark für jeden der hoffentlich geretteten Arbeitsplätze auszugeben, aber in anderen Fällen die Sanierung schon an wesentlich kleineren Summen scheitern läßt. Betriebswirtschaftliches Kalkül kann bei dieser teuren Entscheidung jedenfalls nicht ausschlaggebend gewesen sein. Bleibt also nur die Vermutung, daß es politische Rücksichtnahme war, ein Motiv, das für die Treuhand eigentlich nicht gelten darf.

Diese Inkonsistenz der Treuhandpolitik können bisher auch die ostdeutschen Landesregierungen nicht ausgleichen. Das Land Thüringen will zur Rettung von günstigstenfalls 9800 Arbeitsplätzen bei Carl Zeiss 900 Millionen Mark, umgerechnet also fast 90000 Mark pro Arbeitsplatz aufbringen (zusätzlich zum Geld der Treuhand). Für das Büromaschinenwerk von Robotron in Sömmerda (Thüringen), der wichtigste Arbeitgeber der Stadt, ist die Opferbereitschaft der Landesregierung weit weniger ausgeprägt.

Keine der eigentlich zuständigen ostdeutschen Landesregierungen hat ein industriepolitisches Konzept, in dem halbwegs verbindlich erklärt wird, wo welche Standorte, Branchen und Unternehmen auch künftig erhalten bleiben sollen, und in dem überdies nachzulesen ist, wie dies geschehen soll. Bei einigen ostdeutschen Regierungen entspricht diese industriepolitische Abstinenz der politischen Absicht, zum Beispiel im Falle der Regierung des Freistaates Sachsen. Der dort verantwortliche Wirtschaftsminister Kajo Schommer (CDU) ist ein erklärter Gegner jeder Industriepolitik. In einem Interview mit der «Zeit» sagte er: «Industriepolitik ist ein schönes Schlagwort, mit dem den Menschen vorgegaukelt wird, daß der Staat kann, was Unternehmer nicht können, nämlich unrentable Betriebe erhalten. Es ist nicht die Aufgabe des Staates, unrentable Betriebe über Wasser zu halten.» Zur Untermauerung seiner These verweist Schommer gern auf die Bahnetaler Industriemontagen GmbH, die im Südosten Sachsens unweit der tschechischen Grenze Gummidichtungen für Volkswagen und BMW produziert. Ein Westdeutscher hat diesen Betrieb übernommen und gerettet. «Weder meine Beamten noch ich wären jemals darauf gekommen, hier diesen Betrieb auf die Beine zu bringen.» Meint Schommer.

Der österreichische Ökonom und Nobelpreisträger Friedrich A. Hayek hat es als «Anmaßung von Wissen» bezeichnet, wenn der Staat glaubt, wirtschaftliche Chancen besser beurteilen zu können als Unternehmer. In der Tat sind die Initiativen westdeutscher Bundes- und Landesregierungen, wenn sie sich in die Geschicke von Unternehmen und Branchen eingemischt haben, wenig ermutigend.

Der Schiffbau wird in Deutschland subventioniert, seit Wilhelm II. Ende des vergangenen Jahrhunderts befand, die Zukunft des Reiches liege auf dem Wasser. Die Werften zählen auch heute noch zu den Krisenbranchen, die ohne staatliche Almosen längst pleite wären. Die Sanierung ist also nicht gelungen. Der Steinkohlebergbau an Ruhr und Saar wird seit Ende der fünfziger Jahre vom Staat gepäppelt, obwohl er schon aus geologischen Gründen keine Chance hat, jemals wettbewerbsfähig zu werden. Schiffbau und Steinkohleförderung sind also klassische Beispiele dafür, wie der Staat mit Industriepolitik alte Strukturen konserviert und den Strukturwandel so behindert. Das Ruhrgebiet und das Saarland stünden heute besser da, wenn die gut zehn Milliarden Mark, die dort jährlich in die Zechen gesteckt werden, für zukunftsträchtigere Branchen oder als Fördermittel für Investoren ausgegeben worden wären.

Der Staat kann aber auch irren, wenn er sich «anmaßt» zu entscheiden, welche Branchen «Zukunft» haben. So wird die bayrische Landesregierung noch bitter bereuen, daß sie großzügig die Ansiedlung von angeblich «zukunftsträchtigen» Rüstungsbetrieben im weiß-blauen Freistaat gefördert hat. Die Entschärfung des Ost-West-Konfliktes hat die Geschäftsaussichten dieser Hightech-Branche sehr getrübt. Es gibt also keine im Westen bewährte Industriepolitik, die man auf den Osten übertragen könnte. Daraus kann man aber nicht den Umkehrschluß ziehen, der Osten käme ohne Industriepolitik aus.

Bund, Länder und Treuhand können gewiß nicht zusehen, wie in den fünf neuen Ländern ganze Städte und Regionen zu Industriebrachen verfallen. Bisher versuchen sie, dieser Entwicklung mit im Westen mehr oder minder erprobten Mitteln zu begegnen, indem sie Investitionen fördern, die Steuerlast erleichtern und so hauptsächlich die Gewinnchancen der Unternehmen verbessern. Letztlich vertrauen sie darauf, daß die Marktmechanismen neues Leben aus alten Ruinen sprießen lassen. Welches Wachstum, wieviel Investitionen in welchen Wirtschaftszweigen dafür erforderlich sind, darüber gibt es allerdings keine halbwegs exakten Vorstellungen. Die Marktkräfte, denen die Politiker im Westen vielfach nicht getraut haben (Ruhrgebiet, Saarland, Küste), sollen das industrielle Desaster im Osten verhindern.

Doch die Situation in Ostdeutschland ist singulär, und sie verlangt eine intelligentere, phantasievollere Politik. Ein schnelles, flächendeckendes Massensterben von Betrieben ist mit einem Griff in den Instrumentenkasten westdeutscher Wirtschaftspolitik jedenfalls nicht zu verhindern. Auch die bisherige Strategie der Treuhand, die der SPD-Vorsitzende Björn Engholm überspitzt so charakterisiert: «Sie verscherbelt die Filetstücke, und die anderen haben Pech gehabt», verschärft eher die Probleme, statt sie zu lösen. Sie hat überdies eine bisher wenig beachtete, aber gravierende Konsequenz: Es wird in den neuen Ländern kaum eine eigenständige Industrie geben, denn die Eigentümer und die Zentralen der ostdeutschen Betriebe residieren im Westen, dort fallen die Entscheidungen, dort wird künftig geforscht und entwickelt.

Die ehemalige DDR droht zu einem Standort von Zweigbetrieben und verlängerten Werkbänken zu verkümmern. Was das bedeuten kann, sagte Lothar Späth, ehemals Ministerpräsident von Baden-Württemberg, jetzt Chef der Jenoptik GmbH in Jena: «Wenn es so wird, daß im Grunde die Westbetriebe die Forschung, Entwicklung und Innovation in den alten Ländern lassen und gewissermaßen nur Produktlinien in die neuen Länder verlegen, in der Hoffnung, es geht dort ein bißchen billiger, dann ist die Gefahr groß, daß wir in einem Dreivierteljahr eine zweite Arbeitsplatz-Abbauwelle bekommen. Denn diese Produktionen wandern im Rahmen des EG-Binnenmarktes durch die internationale Arbeitsteilung logischerweise ab – nach Portugal, nach Spanien oder anderswohin.» Wie ernst diese Befürchtung zu nehmen ist, zeigen Zahlen, die das Institut für Angewandte Wirtschaftsforschung ermittelt hat: 1989 gab es in der damaligen DDR in Forschung und Entwicklung noch 75000 Beschäftigte, im Frühjahr 1991 waren davon nur noch 25000 übriggeblieben, von denen wiederum nur 9000 in der Industrie arbeiten. Die Betriebe im Osten schweben also in der großen Gefahr, ihre überlebenswichtige Innovationskraft zu verlieren.

Aber wie ist Abhilfe möglich, wie können Betriebe, für die die Treuhand keine Käufer findet, die nicht auf Dauer mit Liquiditätshilfe der Behörde über Wasser zu halten sind, trotzdem gerettet und saniert werden? Gewerkschaften und Sozialdemokraten wollen den Auftrag der Treuhand um die Verpflichtung zur Sanierung erweitern. Die SPD will im Bundestag einen entsprechenden Gesetzentwurf vorlegen. Die IG Metall verlangt, daß die Treuhand eine Industrieholding gründet, in die alle unverkäuflichen Firmen eingebracht werden, die überleben sollen. Diese Holding soll dann für die Sanierung sorgen.

Fachleute halten dieses Konzept für völlig abwegig. Hero Brahms, Vizepräsident der Treuhandanstalt, begründet seine Ablehnung so: «Die Treuhand hat bisher 3000 Betriebe verkauft, die Käufer haben sich verpflichtet, in diese Betriebe 67 Milliarden

Mark zu investieren. Keine zentrale Behörde, keine Industrieholding kann dieses riesige Volumen an Investitionen planen und umsetzen.» Herbert Henzler, Chef der Unternehmensberatungsgesellschaft McKinsey, «packt das kalte Grausen», wenn er sich vorstellt, daß eine Industrieholding das schwierige und langwierige Geschäft der Sanierung übernimmt. Henzler: «Die managt dann die Hoffnungslosen, aber wo kriegt sie die Manager her, die das können? Das endet mit einer Katastrophe.»

Italien und Österreich haben bittere und teure Erfahrungen mit staatlichen Holdinggesellschaften gesammelt, die in beiden Ländern kläglich gescheitert sind. Aber in der Bundesrepublik hat es auch positive Resultate mit Holdinggesellschaften des Staates gegeben. Die VIAG hat über viele Jahre staatliche Industriebetriebe gemanagt, die schließlich so gesund waren, daß die Bundesregierung die VIAG an der Börse verkaufen konnte. Die Salzgitter AG war Jahrzehnte in Staatsbesitz und konnte schließlich als gewinnbringendes Unternehmen an private Aktionäre verkauft werden. Doch weder VIAG noch Salzgitter waren allumfassende Industriekonglomerate, sondern relativ überschaubar.

Auch die Sanierung einiger tausend Betriebe im Osten ist nur dezentral zu bewältigen. Diese riesige Aufgabe muß allerdings rasch angepackt werden. Zuvor müßten Bund, Länder und Treuhand sich Klarheit darüber verschaffen, welche Unternehmen überhaupt saniert werden sollen. Lutz Hoffmann, Präsident des Deutschen Instituts für Wirtschaftsforschung, hält dafür Entwicklungspläne für unerläßlich: «Für Entwicklungsländer machen wir Entwicklungspläne und jede Menge regionaler Konzepte. Für uns selbst machen wir sie nicht, weil wir Angst vor Planwirtschaft haben. Dabei sind sie wichtige Instrumente.»

Der Staat (Länder und Bund) oder stellvertretend für ihn die Treuhandanstalt werden nicht umhinkommen, sich an den als Sanierungskandidaten ausgewählten Firmen zu beteiligen und die Sanierung finanziell zu unterstützen. Allerdings muß diese Hilfe degressiv und zeitlich befristet sein, um nicht Dauersubventionsempfänger wie die Werften zu kreieren. Die eigentliche Sanierungsarbeit müssen Unternehmer oder Manager leisten, die ebenfalls an den Firmen beteiligt sein sollten.

Politik und Treuhand werden an dieser Aufgabe nicht vorbeikommen, die durch weiteres Zögern nur schwieriger wird. Auch hier gilt Gorbatschows Satz: «Wer zu spät kommt, den bestraft das Leben.»

Sein oder Nichtsein
Die ostdeutsche Wirtschaft in der Anpassungskrise

Die Bilanz nach über einem Jahr Wirtschafts- und Währungsunion ist mehr als ernüchternd. Einige Lichtblicke können nicht darüber hinwegtäuschen, daß die ostdeutsche Krisenökonomie ihre Durststrecke noch längst nicht überwunden hat. In der Industrie, dem mit Abstand wichtigsten Wirtschaftszweig in der ehemaligen DDR, hält die Talfahrt an. Ihre Produktion schrumpfte schon bis Anfang 1991 auf nur noch ein Drittel des Wertes von 1989. Aber auch die Bauwirtschaft und das Handwerk wurden lange Zeit nicht ihrer Rolle als Zugpferd des Aufschwungs gerecht. Politiker und Wissenschaftler beteuern denn auch einhellig, sie hätten die Schnelligkeit und Tiefe des Niedergangs unterschätzt. Dennoch überbieten sie sich unverdrossen mit optimistischen Prognosen über den Beginn des langersehnten Booms.

Wer die Lage nicht ganz so rosig sieht, wird da schnell zurechtgewiesen, zum Beispiel von Bundeswirtschaftsminister Jürgen Möllemann, qua Amt zu Optimismus verpflichtet. Die «positiven Perspektiven» dürften nicht «von Skepsis oder gar bewußter Schwarzmalerei verdeckt» werden, erklärte er kürzlich. Tatsächlich wäre bewußte Schwarzmalerei schlicht unredlich. Wer allerdings jedes auch noch so kleine Hoffnungszeichen zum Anlaß nimmt, den Aufschwung herbeizureden, handelt auch nicht gerade redlich. Wirklich aussagekräftige Fakten, die das Lager der Optimisten bestätigen, gibt es nach wie vor nur wenige. Und Zuversicht, die nicht fundiert begründet ist, verleitet nur dazu, die Zügel schleifen zu lassen und wieder einmal wichtige wirtschaftspolitische Weichenstellungen zu versäumen.

Auch wenn die ostdeutsche Wirtschaft – wie von den Experten erwartet – demnächst die Talsohle in der Produktion durchschreitet, so ist dies noch längst kein Grund zum Jubel. Zum einen ist damit der Anstieg der Arbeitslosenzahlen noch keineswegs gestoppt. Zum anderen ist völlig unsicher, ob anschließend die Marktkräfte Oberhand gewinnen und ein sich selbsttragender Aufschwung einsetzt. Einige spektakuläre Ansiedlungs- und Privatisierungsfälle können nicht darüber hinwegtäuschen, daß das Engagement westlicher Investoren bei weitem nicht ausreicht, den massiven Arbeitsplatzabbau in fast allen Branchen der ostdeutschen Wirtschaft auch nur annähernd auszugleichen. Laut Treuhand-Vizepräsident Hero Brahms haben viele westdeutsche Unternehmen nach wie vor den «verhängnisvollen» Standpunkt, sie könnten den Markt in der ehemaligen DDR fast ausschließlich aus ihren heimischen Fabriken bedienen. Gleichzeitig ist ihre Neigung gering, aus dem Osten Zulieferungen zu beziehen. Brahms appelliert daher an die westdeutsche Industrie, gezielt Produkte in Ostdeutschland einzukaufen: «Nachdem wir den Wachstumsschub im Westen gehabt haben, ist es jetzt an der Zeit, den Unternehmen im Osten durch verstärkte Einkäufe zu wettbewerbsfähigen Bedingungen auf die Beine zu helfen.»

Der Absatz der Produkte ist in der Tat ein Kardinalproblem der ostdeutschen Betriebe. Was nützen die schönsten Sanierungskonzepte, in denen plausibel vorgerechnet wird, wie sich die Produktionskosten auf Westniveau senken lassen, wenn sich anschließend die Umsatzplanungen als völlig unhaltbar herausstellen, wenn die Unternehmen also auf ihren Waren sitzenbleiben. Verschärft wird die Situation dadurch, daß sich ein vermeintlicher Trumpf der ostdeutschen Wirtschaft immer mehr als Niete entlarvt. Die Rede ist vom Export in die Länder des ehemaligen RGW, der früher einen Anteil an der gesamten Ausfuhr der DDR von regelmäßig zwei Drittel hatte und Anfang 1991 total zusammenzubrechen drohte. Auf dieses Thema wird in den folgenden Abschnitten ebenso eingegangen wie auf eine Reihe von Unternehmen, Branchen oder Regionen, die allesamt ums Überleben kämpfen. Überall ist ein massiver Personalabbau unausweichlich. Selbst in der Automobilindustrie, in der sich westliche Investoren vorbildlich engagieren, stehen Zehntausende von Arbeitsplätzen auf dem Spiel.

Die unrentablen Umweltvergifter
Die Chemieindustrie in Sachsen-Anhalt

Für Transitreisende war der verrußte Turm am Ufer der Elbe bei Dessau ein vertrautes Etappenziel, und das vor allem wegen der an ihm installierten Leuchtreklame: «Plaste und Elaste aus Schkopau». Der für östliche Werbestrategen typische Spruch war zwar nicht besonders originell, dafür prägte er sich aber ins Gedächtnis ein. Inzwischen ist das Relikt sozialistischer Planwirtschaft verschwunden. Nach der Wende gingen – angeblich wegen «technischer Gründe» – erst die Lichter aus, und dann montierten Mitarbeiter der Buna AG auch noch die Neonröhren ab. Was bleibt, ist wehmütige Erinnerung und die Gewißheit, daß der Vorgang für die chemische Industrie in Schkopau Symbolkraft besitzt. In dem ehemals volkseigenen Betrieb gehen zwar nicht alle, aber vermutlich sehr viel mehr Lichter aus, als die Belegschaft lange Zeit hoffen durfte.

Daß unter Umständen schlimme Kahlschläge bevorstehen, wurde erstmals Anfang Mai 1991 klar, als unter Berliner Wirtschaftsjournalisten ein Unternehmenskonzept der US-Beratung McKinsey zirkulierte. Bei Buna seien im Chemiebereich mittelfristig nur etwa 3000 Arbeitsplätze wettbewerbsfähig, stellten die Berater fest. Zum Vergleich: 1989 standen bei der einstigen Tochter des IG-Farben-Konzerns 27000 Mitarbeiter in Lohn und Brot, und

Mitte 1991 waren es immerhin noch fast 15000 Beschäftigte – die knapp 7000 Kurzarbeiter eingerechnet. Das Fatale an der Sache: Für die anderen Exkombinate der ostdeutschen Großchemie, allesamt im Raum Halle/Leipzig konzentriert, waren die Perspektiven kaum besser. Im Gegenteil.

Der Chemie AG in Bitterfeld, die als größte ostdeutsche Giftküche traurigen Ruhm erlangte, drohte laut McKinsey sogar der totale Exitus: «Die Zukunft von Bitterfeld als Chemiestandort hängt davon ab, ob es gelingt, in nächster Zukunft zwei oder drei Kernbereiche zu privatisieren und so eine glaubhafte Basis für weitere Ansiedlungen zu schaffen.» Derzeit, so die Berater damals, gebe es aber nur Kaufinteressenten für «kleinere Teilgeschäfte». So bestand denn selbst «größte Unsicherheit», ob wenigstens 3000 der ehemals 28000 Arbeitsplätze erhalten werden konnten. Ähnlich düster waren die Aussichten für die benachbarte Filmfabrik Wolfen AG («Orwo»), wo McKinsey zufolge lediglich 600 von einstmals 21000 Stellen zu retten waren. Und auch beim vierten im Bunde, den Leuna-Werken, gab es wenig Anlaß zu hoffnungsfrohen Blicken in die Zukunft. Dort sollten nach dem damaligen Stand der Dinge etwa 6400 von ehedem 28000 Leuten weiterbeschäftigt werden.

Insgesamt drohte somit ein verheerender Kahlschlag, selbst wenn es gelingen sollte, doch noch Investoren nach Bitterfeld, in eine der am schlimmsten verseuchten Industrieregionen Europas, zu holen. Unter dem Strich mußten die vier Exkombinate nach den Kalkulationen von McKinsey ihr Personal von früher 104000 auf 13000 Beschäftigte abbauen. Und in diese Rechnung waren eine Reihe weiterer Chemiebetriebe im Großraum Halle/Leipzig noch gar nicht einbezogen. Sie beschäftigten vor der Wende weitere rund 50000 Menschen und müssen ebenfalls drastisch reduzieren. Knapp die Hälfte der ostdeutschen Chemieproduktion stammte früher aus der Region. Unter den Bedingungen der Marktwirtschaft wurde diese einseitige Industriestruktur zum Fluch.

Die US-Unternehmensberatungsgesellschaft Arthur D. Little,

ebenso wie McKinsey von der Treuhandanstalt mit der Durchleuchtung der ostdeutschen Chemieindustrie beauftragt, hat sich die Mühe gemacht, die Folgen im schlimmsten aller Fälle («die radikale Schließung der Betriebe aus ökologischen Gründen») abzuschätzen. Ihr Krisenszenario beschwört «dramatische ökonomische und soziale» Auswirkungen: «Die Freisetzung von über 150000 Beschäftigten, ein drastisches Sinken der Kaufkraft und damit ein Dominoeffekt weit in den Tertiärsektor hinein, soziale Unruhen und die Verarmung eines großen Teils der neuen Bundesländer wären nicht zu vermeiden», hieß es in einem Ende 1990 veröffentlichten Gutachten.

Ganz so furchtbar, soviel schien bereits im Mai 1991 sicher, wird es wohl nicht kommen. Allzuweit entfernt von Littles «worst-case-Szenario» lag McKinsey mit seinem Unternehmenskonzept für die ostdeutsche Großchemie indessen nicht. In der Chefetage der Treuhandanstalt wurde denn auch alles getan, den Ernst der Lage herunterzuspielen. Das Papier sei nicht das «letzte Wort Gottes», sondern lediglich eine «Zwischenuntersuchung», beteuerte Vorstandsmitglied Klaus Schucht wenige Tage, nachdem das Gutachten an die Öffentlichkeit gelangt war. Konkrete Ergebnisse, so Schucht, könne der von der Treuhand eingesetzte «Lenkungsausschuß Chemie» erst Anfang Juli präsentieren, und die hätten dann immer noch «vorläufigen Charakter». Im übrigen könnten auch nach dem vorläufigen McKinsey-Konzept keinesfalls nur 13000, sondern bis zu 33000 Stellen an den vier großen Chemiestandorten gerettet werden.

Das war allerdings auch nicht die ganze Wahrheit. Zwar sichert die Treuhand in Schkopau, Bitterfeld, Wolfen und Leuna Stellen, indem sie Baubrigaden, Bäckereien, Großküchen oder andere Abteilungen, die nichts mit der Chemie zu tun haben, aus den Unternehmen ausgliedert und privatisiert. Das gleiche gilt für bestimmte «Einzelgeschäfte», die sich relativ problemlos an den Privatmann bringen lassen. In die Rechnung von McKinsey, auf die Klaus Schucht sich berief, gingen aber auch Arbeitsplätze ein, die mittelfristig garantiert wieder weggefallen wären. So hätten sich zum Beispiel die rund 4500 Beschäftigten, die vorübergehend in einer Sanierungsgesellschaft unterkommen sollten, schon nach einem oder zwei Jahren wieder nach einem neuen Job umsehen müssen. Summa summarum wären somit laut McKinsey-Arithmetik nicht 33000, sondern allenfalls 24000 Arbeitsplätze an den vier Chemiestandorten übriggeblieben.

Wie wenig solche Zahlenspiele mit menschlichen Schicksalen wert sind, zeigte sich endgültig, als Klaus Schucht am 4. Juli 1991 den von McKinsey und Arthur D. Little erarbeiteten Abschlußbericht in Auszügen präsentierte. Das Gutachten, das den Autoren dieses Buches in seiner Langfassung vorliegt, knüpft nahtlos an die Argumentation und vorläufigen Ergebnisse der Studie an, die im Mai durch eine Indiskretion bekannt wurde. Erneut kommen die renommierten Berater zu dem Schluß, daß mehr als 30000 Arbeitsplätze an den vier großen Chemiestandorten zu retten sind. Erneut machen sie ihre Voraussagen vom Eintreffen ganz bestimmter Voraussetzungen abhängig. Vor allem fällen sie aber ein geradezu vernichtendes Urteil über den Zustand der vier Unternehmen: «Ausgehend von der heutigen Situation ist unter rein betriebswirtschaftlichen Gesichtspunkten die Wettbewerbsfähigkeit der Großchemie auf nahezu keinem Gebiet zu erreichen. Eine Perspektive zur Erhaltung der Industriestandorte Leuna, Buna, Bitterfeld und Wolfen ist nur unter Zugrundelegung volkswirtschaftlicher Gesichtspunkte zu entwickeln. Auch bei dieser Betrachtung ist die Privatisierung und damit die Unterstützung durch private Investoren und erfahrene Manager eine unabdingbare Voraussetzung, um – zu volkswirtschaftlich vertretbaren Kosten – Wettbewerbsfähigkeit zu erreichen und nachhaltig abzusichern», heißt es gleich im ersten Absatz.

Im folgenden rechnen die Berater im Detail vor, warum sie die Unternehmen aus volkswirtschaftlicher Sicht als erhaltenswert einstufen. Diese Rechnung ist deswegen höchst interessant und aufschlußreich, weil sie die Treuhandanstalt nicht nur für die Chemieindustrie anstellen muß. Bei zahlreichen anderen Unternehmen oder Branchen der ostdeutschen Krisengesellschaft steht die Behörde vor dem gleichen Dilemma. Um ihre Verluste zu minimieren, müßte sie viele der ehemals volkseigenen Betriebe und Kombinate längst dichtgemacht haben. Kein Privatkonzern wie Daimler-Benz oder Siemens kann es gegenüber seinen Aktionären verantworten, notleidende Tochtergesellschaften zu alimentieren, wenn eine sofortige Stillegung mit Sicherheit billiger käme. Doch die Treuhand ist kein Privatkonzern, sondern eine Anstalt öffentlichen Rechts, die auch volkswirtschaftliche – zum Beispiel arbeitsmarktpolitische – Aspekte in ihr Kalkül einbeziehen muß. Argumentationshilfe liefern ihr McKinsey und Arthur D. Little. Die Berater machen für jedes der vier Unternehmen zwei Kostenrechnungen auf. Einmal schätzen sie den Aufwand, der entstünde, wenn die Firmen stillgelegt würden, zum anderen kalkulieren sie, wie teuer es wird, wenn die Treuhand die Unternehmen – freilich kräftig abgespeckt – fortführt. Das Ergebnis: In jedem Fall liegen die «Stillegungskosten» deutlich höher als die «Fortführungskosten». Der Trick der Berater: Sie beziehen in ihre Stillegungsrechnung auch die Kosten der Arbeitslosigkeit ein. Zum Beispiel bei den Leuna-Werken. Dort gehen McKinsey und Arthur D. Little davon aus, daß sich im chemischen Kerngeschäft langfristig 6600 Stellen retten lassen. Sollte die Treuhand das ehemalige Kombinat ganz stillegen, würden also zusätzlich 6600 Menschen in die Dauerarbeitslosigkeit entlassen. Den Aufwand hierfür veranschlagen die Consultants auf 300000 Mark pro Beschäftigten. Im Falle von Leuna ergäben sich somit «Kosten der Dauerarbeitslosigkeit» von summa summarum fast zwei Milliarden Mark, die auf den Staat bzw. Steuerzahler zukämen. Nur bei Berücksichtigung dieser sogenannten «volkswirtschaftlichen Opportunitätskosten» kommt die Rettung des Unternehmens in seinem industriellen Kern den Steuerzahler billiger als die Liquidation. Genauso sieht es bei der Buna AG, der Chemie AG in Bitterfeld und der Wolfener Filmfabrik aus.

Laut McKinsey und Arthur D. Little können so in den vier Unternehmen dauerhaft rund 18000 Chemiearbeitsplätze erhalten werden, und damit deutlich mehr, als noch im Mai 1991 angenommen (maximal 13000 Stellen). Hinzu kommen fast 10000 Stellen, die sich durch Ausgliederungen sichern lassen; bis Anfang Mai ist dies bereits mit 2400 Arbeitsplätzen geschehen. Der Haken an der Sache: Bis jetzt ist alles mehr oder weniger Theorie, die von den Realitäten schnell eingeholt werden kann. Vor allem eine Annahme der US-Berater könnte sich als unhaltbar erweisen und damit das schöne Konzept zu Makulatur machen. Bei all ihren Berechnungen gehen die Consultants nämlich davon aus, daß «eine schnelle Privatisierung gelingt»: «Eine Weiterführung der Geschäfte im Rahmen einer Staatsholding verbietet sich aus ordnungspolitischen Gründen. Darüber hinaus würde sich bei einer solchen Lösung aufgrund der höheren und dauerhaften Verluste ein wesentlich höherer Mittelbedarf ergeben. Eine derartige Dauersubvention ist zu vermeiden. Sanierung ist somit als vorbereitender Schritt zur Privatisierung zu verstehen.»

Bisher zeigt sich aber kaum ein westlicher Investor an einem der vier Standorte ernsthaft interessiert. Sie machen einen Bogen um den Großraum Halle/Leipzig und engagieren sich woanders: BASF übernimmt das Synthesewerk Schwarzheide im Land Brandenburg, ein Konsortium von Veba und DEA steigt beim petrochemischen Kombinat in Schwedt ein, Henkel bringt das Waschmittelwerk Genthin auf Vordermann. Nur an die vier großen Komplexe in Sachsen-Anhalt wagt sich keiner ran, was angesichts der Misere der ostdeutschen Großchemie nicht verwundern kann. Ob Leuna, Buna oder Chemie AG in Bitterfeld – sie alle stellten bislang vorwiegend rohstoffnahe Massenprodukte her, zumeist aus Braunkohle. Die Karbochemie verpestet aber nicht nur die Luft, sie ist auch der internationalen Konkurrenz, die durchweg mit Erdöl als Grundstoff produziert, hoffnungslos unterlegen. Schon die Kosten für die Erzeugung des Zwischenprodukts Carbid liegen über den möglichen Erlösen für die meisten Endprodukte. Selbst bei optimalen Kostenstrukturen läßt sich heute mit Massenware, wie zum Beispiel Polyvinylchlorid (PVC), kaum Geld verdienen. Zudem sind die meisten Produktionsanlagen, die zum Teil noch aus der Zeit um die Jahrhundertwende stammen, überaltert und total verschlissen. Als Folge erreichte die Produktivität, also der Ausstoß pro Mitarbeiter, bisher nur etwa 30 Prozent des westdeutschen Niveaus.

Alle Dimensionen sprengte die Umweltvergiftung, die die DDR-Chemie anrichtete. Zwar sind die schlimmsten Dreckschleudern inzwischen abgeschaltet, zurückgeblieben sind aber gigantische ökologische Schäden. In Leuna müssen mehrere Millionen Quadratmeter Boden, verunreinigt durch Mineralöl und Phenole, abgetragen werden. In Bitterfeld gefährden drei Deponien und riesige Berge kontaminierten Bauschutts weiter akut Umwelt und Gesundheit der Menschen. In Buna warten eine Million Tonnen hochgradig mit Quecksilber verseuchten Sandes darauf, abtransportiert zu werden. Und in Wolfen brodelt der berühmt-berüchtigte «Silbersee» still vor sich hin. Für die Beseitigung dieser ökologischen Altlasten haben die vier Unternehmen Rückstellungen von 1,2 Milliarden gebildet. Daß der Betrag nicht annähernd ausreicht, ist schon heute klar. Laut McKinsey und Arthur D. Little könnten sich die Kosten leicht «vervielfachen».

Ähnliche Dimensionen erreichen die finanziellen Altlasten der vier Chemiefirmen. In ihren Eröffnungsbilanzen stehen die Altkredite mit 3,4 Milliarden Mark zu Buche. Würden sie nicht gestrichen, könnten die Unternehmen ihren Laden gleich dichtmachen. Mit der Beseitigung der finanziellen und ökologischen Altlasten allein ist es aber längst nicht getan. Damit das Quartett wirtschaftlich und ökologisch Anschluß an die internationale Konkurrenz findet, muß massiv investiert werden. Darüber hinaus sind die weiter kräftig sprudelnden Verluste zu decken und Sozialpläne für die überflüssigen Arbeitskräfte zu finanzieren. Das ergibt den US-Consultants zufolge bis 1985 einen zusätzlichen Mittelbedarf von fünf bis sechs Milliarden Mark. Einschließlich Altlasten und Altschulden kommen damit auf die Treuhandanstalt Sanierungskosten von mindestens zehn Milliarden Mark zu.

Anstaltschefin Birgit Breuel hat bereits die US-Investmentbank Goldman Sachs beauftragt, sich nach interessierten Kapitalgebern umzuschauen. Sollten die amerikanischen Akquisiteure nicht fündig werden, droht die ostdeutsche Großindustrie endgültig zu einem Milliardenfaß ohne Boden zu werden. McKinsey und Arthur D. Little sind zwar der Meinung, daß dies aus «ordnungspolitischen Gründen» nicht hingenommen werden darf. Letztlich entscheiden aber nicht sie über das Schicksal von Buna, Leuna, Bitterfeld und Wolfen. Aber auch das Mitspracherecht von Birgit Breuel und ihren Vorstandskollegen dürfte in diesem Fall begrenzt bleiben. Bundeskanzler Helmut Kohl hat die Ost-Chemie längst zur Chefsache erklärt. Anfang Mai 1991 nahm er anläßlich eines Besuches in Schkopau den Mund wieder einmal reichlich voll und versprach, daß die vier Standorte auf jeden Fall erhalten blieben. Die ostdeutschen Chemiewerker werden ihn an sein Versprechen erinnern, sollte es zum Schwur kommen.

Das Ende des Duroplastbombers
Automobilstandort Ostdeutschland

Nach dem Fall der Mauer avancierte er unversehens zum Wendesymbol. In guter Erinnerung sind noch die Fernsehbilder aus jenen Novembertagen, als begeisterte Wessis den ersten Trabi, der die Grenze passierte, überschwenglich mit Sekt begossen. Für sie war das exotisch anmutende Gefährt ein Kuriosum aus einer unbekannten Welt. Für die Deutschen jenseits der Grenze war der Trabant dagegen viel mehr, für sie war er ein gutes Stück DDR-Identität – nicht unbedingt geliebt, aber doch vertraut. Allzugroß kann die emotionale Verbundenheit mit dem spöttisch «Duroplastbomber», «Rennpappe» oder «Buschpanzer» titulierten Wagen indes nicht gewesen sein. Als die DDR-Bürger wählen konnten, entschieden sie sich eindeutig für die gängigen Konkurrenzmodelle aus dem Westen.

Dieter Voigt, Chef des Ifa-Kombinats Personenwagen, war Anfang März 1990 am Rande der Verzweiflung: «Vor vier Wochen noch lieferten wir Fahrzeuge aus, die Mitte der siebziger Jahre bestellt wurden. Anfang der Woche waren wir schon beim Bestelljahr 1982. Jetzt ist der Trabant für jedermann zu haben, jedenfalls der Zweitakter. Die Absatzzahlen verschlimmern sich stündlich. Beim Wartburg sieht es ähnlich aus. Die Menschen in unserem Land sind verunsichert. Sie warten ab, was mit ihrem Geld passiert, ob es eine schnelle Währungsunion gibt», klagte der Generaldirektor in einem Interview. Damals lief die Trabi-Produktion in Zwickau, wo das «traurig-rührende Symbol der DDR-Industrie» («Der Spiegel») hergestellt wurde, noch auf vollen Touren. In drei Schichten montierten die Ifa-Werker täglich 540 Exemplare des vorzugsweise mausgrau, gletscherblau, froschgrün oder erdnußbraun lackierten Vehikels. Voigt hatte die Hoffnung trotz Absatzflaute noch nicht aufgegeben. Von den Regierungen der beiden deutschen Staaten erwartete er «verantwortungsvolles Handeln»: «Man könnte entweder unsere Autos subventionieren oder einen Schutzzoll einführen, mit dem Importautos belegt würden. Natürlich nur, bis wir mit der Produktion neuer Autos wie dem Polo begonnen haben», schlug der Ifa-General, Herrscher über 29 Betriebe mit 65000 Beschäftigten, vor. Eine Karenzfrist von drei Jahren, so Voigts Berechnungen, würde wohl ausreichen. Bis dahin seien Volkswagen in Zwickau und Opel in Eisenach soweit, daß sie mit voller Kapazität produzieren könnten.

Voigt machte die Rechnung ohne Bundesregierung und Treuhandanstalt, die sich damals gerade konstituierte. Vor allem enttäuschten ihn aber die DDR-Bürger, die früher – gezwungenermaßen – zwölf bis vierzehn Jahre lange Wartezeiten in Kauf nahmen, um in den Besitz eines Autos zu gelangen. Nach der Wende wollten sie von Trabi und Wartburg nichts mehr wissen. Wer etwas auf sich hielt und das nötige Westgeld hatte, kaufte sich schon vor der Währungsunion ein West-Auto. Nicht nur fabrikneue Ifa-Fahrzeuge ließen sich kaum noch losschlagen, auch der Markt für gebrauchte Ost-Autos brach total zusammen. Selbst die Beschäftigten des Pkw-Kombinats hielten «ihren» Wagen nicht mehr die Treue: «Wenn ich persönlich eins zu eins tauschen könnte, würde ich mir doch einen gebrauchten Golf für 10 000 D-Mark kaufen und nicht einen neuen Trabant für 8000 Mark. Und so wie ich sehen das die meisten Leute hier», gab zum Beispiel Werner Reinhold, Leiter des Voigtschen Vorstandsbüros in Chemnitz, in jenen bewegten Märztagen unumwunden zu. Das Aus der beiden DDR-Fabrikate war so nur eine Frage der Zeit. Gut ein Jahr später, am 30. April 1991, rollte in Zwickau der letzte Trabant vom Band, in Eisenach waren die Wartburg-Anlagen schon drei Wochen zuvor eingemottet worden.

Heute kann man kilometerweit auf der ostdeutschen Autobahn fahren, ohne einem Trabi zu begegnen. Das Straßenbild prägen jetzt VW, Audi, Mazda, Toyota, Opel, Ford, Mercedes oder BMW. Der Trabi taugt allenfalls noch als günstiger Zweitwagen für die Familienmutter oder den Filius, und es läßt sich bereits absehen, wann auch das vorbei ist. Die Ingenieure, die den Wagen Anfang der fünfziger Jahre in Zwickau entwickelten, dürften sein unrühmliches Ende kaum vorausgesehen haben. Seit September 1952 arbeitete ein Kollektiv an dem Prototyp eines sogenannten Preßstoffautos. Den Autobauern fehlte es an Tiefziehblechen für Karosserien und Kotflügel, wofür die Zwickauer Betriebschronik die Adenauer-Regierung in Bonn verantwortlich macht. Sie habe die westdeutschen Lieferanten zum Boykott der DDR-Industrie gezwungen. Im Juni 1955 war es soweit: Mit dem heute legendären Modell P 70 erblickte das erste Auto mit Kunststoffkarosse – zusammengepreßte Baumwolle mit Phenolharzen – das Licht der Welt. Die Chronisten überschlugen sich in ihrem sozialistischen Stolz: «Schöpfertum, gepaart mit Kühnheit und dem revolutionären Willen einer von Ausbeutung befreiten Arbeiterklasse, der Zwang, den Machenschaften des Gegners zu begegnen, und das fachliche Können der Fachleute haben dies unscheinbare und dennoch aufsehenerregende Auto entstehen lassen», jubelten sie. Bereits im Jahr 1964 stellen die Zwickauer den Trabant 601 mit der bis heute verbreiteten Karosse vor. Zwar schufen die Ingenieure immer neue Prototypen, um Anschluß an die westliche Konkurrenz zu finden. Doch wurde ihre Kreativität von Staats- und Parteiführung nicht belohnt. Sie lenkte die knappen Investitionsmittel regelmäßig in Projekte, die Deviseneinnahmen versprachen. Nicht ganz so stiefmütterlich wurden die Wartburg-Werke in Eisenach behandelt. Zum Aufbau einer hochmodernen Automobilindustrie mit Modellen, die sich auch im Westen sehen lassen konnten, reichte das Geld aber nicht aus. Reißenden Absatz fanden Trabant und Wartburg nur in den sozialistischen Bruderstaaten.

Die Entscheidung der Treuhandanstalt, die Autoproduktion in Zwickau und Eisenach schnell stillzulegen, war trotz der Absatzmisere lange Zeit umstritten. Noch am 13. Dezember 1990 machte Detlev Rohwedder Wartburg-Geschäftsführer Wolfram Liedtke gewisse Hoffnungen: «Diese Veranstaltung hätte wohl kaum einen Sinn, wenn wir die Absicht hätten, vorzeitig einen Deckel auf das Automobilwerk Eisenach (AWE) zu machen», erklärte der Treuhand-Chef auf einer gemeinsamen Pressekonferenz mit dem AWE-Manager in Berlin. Liedtke hatte schon damals erhebliche Zweifel, ob Rohwedder seiner Forderung, den letzten Wartburg erst Ende 1991 vom Band laufen zu lassen, nachgeben würde. Fünf Wochen später, am 22. Januar, wurde er erneut nach Berlin zitiert, um die erwartet schlechte Nachricht in Empfang zu nehmen. Bereits Ende Januar, so hatte die Treuhand nunmehr entschieden, sollten in Eisenach alle Räder stillstehen.

Daß seine Chancen äußerst schlecht standen, war dem AWE-Chef bereits klar, bevor er sich am Morgen des 22. Januar auf die Reise nach Berlin machte. Denn wenige Tage zuvor war bekannt geworden, daß auch den Sachsenring Automobilwerken Zwickau ein schnelles Aus drohte. Sie sollten schon im Februar und nicht, wie ebenfalls ursprünglich geplant, Mitte des Jahres die Trabi-Produktion einstellen. Damit fehlte Liedtke aber ein entscheidendes Argument gegenüber der Treuhand. Detlev Rohwedder konnte hingegen aufatmen. Die Fortführung der «absolut unwirtschaftlichen» (Treuhandvorstand Klaus-Peter Wild) Herstellung von Trabant und Wartburg wäre seine Behörde teuer zu stehen gekommen. Für den Wartburg ließ sich in den chronisch devisenarmen Staaten Osteuropas nur etwa die Hälfte der Produktionskosten (14 400 Mark) erzielen. Um den Absatz dennoch bis Mitte des Jahres sicherzustellen, hätte die Treuhandanstalt den Differenzbetrag zuschießen müssen. Bei 15 000 verkauften Autos hätte sich der Subventionsbedarf auf mehr als 100 Millionen Mark summiert. Wäre die Produktion erst Ende des Jahres ausgelaufen, hätten die Treuhänder sogar fast 200 Millionen zuzahlen müssen. Ähnlich sah es beim Trabant aus. Hier wäre eine «Stütze» von 5000 bis 7000 Mark je Wagen nötig gewesen.

Wolfram Liedtke konnte zwar noch zahlungswillige Abnehmer vorweisen. Das aber nützte ihm angesichts der Hiobsbotschaft aus Zwickau und der Entschlossenheit der Treuhänder nichts mehr. Mit seinen Argumenten biß er bei Rohwedder und Wild auf Granit. Dabei konnte er eine durchaus plausible Rechnung aufmachen: Arbeitslosen- und Kurzarbeitergeld, Abfindungen und entgangene Steuereinnahmen würden sich zumindest auf einen Betrag summieren, der so doppelt so hoch wäre wie die nötigen Exportsubventionen für den Wartburg. Für Treuhand-Sprecher Schöde war diese Rechnung damals «schlicht falsch». Für die Berliner Mammutbehörde waren nicht in erster Linie die volkswirtschaftlichen Kosten ausschlaggebend, sondern das Geld, das sie tatsächlich zu zahlen hatte. Und durch die Stillegung der betriebswirtschaftlich völlig unrentablen Autoproduktion sparte sie in jedem Fall Geld, auch wenn das endgültige Aus für Trabi und Wartburg dann doch einige Wochen später als im Januar geplant kam.

Wie das Beispiel der ostdeutschen Großchemie zeigt, bezieht die Treuhandanstalt die «volkswirtschaftlichen Opportunitätskosten» einer Stillegung mittlerweile sehr wohl in ihr Kalkül ein. Dennoch ist zweifelhaft, ob die Entscheidung im Falle von Wartburg und Trabant aus heutiger Sicht anders ausgefallen wäre. Denn Detlev Rohwedder konnte schon damals darauf verweisen, daß der Automobilstandort Ostdeutschland in jedem Fall erhalten bleiben würde. Volkswagen investiert in großem Stil in Zwickau, Opel in Eisenach und Daimler-Benz in Ludwigsfelde bei Berlin, wo Anfang Februar der erste Mercedes-Lastwagen montiert wurde.

Als vorbildlich gilt das Engagement von Volkswagen in Zwickau, das Konzernchef Carl Hahn seit der Wende zielstrebig betrieb. Hahn hat zu dem Land Sachsen eine ganz besondere Beziehung. Er wurde 1926 in der Industriemetropole Chemnitz geboren. Sein Vater war damals Vorstandsmitglied der Zschopauer Motorenwerke J. S. Rasmussen, die 1932 mit den Autoherstellern Audi Werke AG, Horch-Werke AG sowie Wanderer Werke zur Auto Union AG mit Sitz in Chemnitz fusionierten. Diese Auto Union heißt heute Audi AG und ist eine Tochter des VW-Konzerns. Mit der automobilen Rückkehr in die Heimat erfüllte sich Hahn so einen Herzenswunsch. Als er im Dezember 1989 nach Chemnitz reiste und Ifa-Chef Dieter Voigt eine weitgehende Zusammenarbeit der beiden Autohersteller vorschlug, stimmte dieser sofort zu. Aus der zunächst geplanten gemeinsamen Entwicklung eines Trabant-Nachfolgers wurde aber nichts. Absatzprobleme beim Trabi und die atemberaubende Entwicklung in Richtung deutsche Einheit verlangten nach anderen Lösungen.

Im Oktober 1990 unterzeichnete Carl Hahn eine Grundsatzvereinbarung mit Treuhand und Ifa AG über den «Aufbau des bislang größten Industrieobjektes in der ehemaligen DDR». Insgesamt rund fünf Milliarden Mark will VW östlich der Elbe investieren. In Mosel bei Zwickau entsteht eine völlig neue Autofabrik, in der von Anfang 1994 an VW Golf vom Band laufen sollen. Kostenpunkt: allein rund 3,6 Milliarden Mark. Die Jahreskapazität soll schrittweise auf 250000 Fahrzeuge hochgefahren werden. Um die Übergangszeit zu überbrücken, montieren Ifa-Beschäftigte bereits heute in Mosel täglich 200 Volkswagen vom Typ Polo. In Chemnitz will VW zudem ein Motorenwerk, das der Konzern noch kurz vor der Wende dem Ifa-Kombinat verkaufte, mit einem Kostenaufwand von rund einer halben Milliarde Mark modernisieren. Und in Eisenach soll ein Hersteller von Zylinderköpfen, der bisher als Zulieferer für die Chemnitzer Motorenproduktion arbeitete, übernommen werden.

Carl Hahn schätzt, daß VW direkt und indirekt rund 35000 Arbeitsplätze in den neuen Bundesländern sichert oder schafft. Im Werk Mosel wird der Konzern dereinst knapp 7000 Autowerker beschäftigen. Hinzu kommen 1500 Mitarbeiter in der Motoren- und Zylinderkopffertigung sowie 7000 bis 8000 Vertriebsleute. Die übrigen Arbeitsplätze, etwa 19000 an der Zahl, entstehen nach Hahns Rechnung in den Zulieferbetrieben von VW oder in Dienstleistungsfirmen, zum Beispiel in Speditionen, die im Auftrag des Konzerns fahren. Viele der Zulieferer sind schon da. Die Firma Naue-JCA, ein deutsch-amerikanisches Gemeinschaftsunternehmen, beliefert die Polo-Montage in Mosel bereits mit Sitzgarnituren und will insgesamt 230 Arbeitsplätze schaffen. Die Siemens Automobiltechnik GmbH hat sich in dem alten Trabi-Werk in Zwickau eingemietet und beginnt Ende des Jahres mit der Produktion von Bordnetzen, die 300 Mitarbeitern Lohn und Brot geben wird. Der britische GKN-Konzern hat alle 1335 Beschäftigten des Gelenkwellenwerkes in Mosel übernommen und erwartet schon in diesem Jahr einen Umsatz von 90 Millionen Mark. «Das Engagement von VW hat eine ernorme Signalwirkung», schwärmt Wolfgang Bertram, eines von zwei Vorstandsmitgliedern der alten Ifa Pkw AG. Bertram kümmert sich um eine Reihe von Zulieferbetrieben, die zu dem Exkombinat zählen und noch keinen Käufer gefunden haben. Um die Zukunft der Firmen ist ihm nicht bange: «Ich gehe davon aus, daß bis Ende 1992 alles privatisiert sein wird.» Das ungewöhnlich rege Interesse westlicher Investoren verwundert nicht. Sie alle hoffen darauf, später Volkswagen, aber auch Opel und Mercedes beliefern zu können.

Wie in keiner anderen Region der ehemaligen DDR deuten in Zwickau/Mosel alle Zeichen auf einen kräftigen Aufschwung hin. Ähnlich günstig sieht es im thüringischen Eisenach aus, wo Opel mit einem Kostenaufwand von einer Milliarde Mark ebenfalls ein völlig neues Autowerk hochzieht. In der Produktion schafft die Tochter des amerikanischen GM-Konzerns jedoch nur 2600 Arbeitsplätze, während es bei VW immerhin 7000 Stellen sind. Auch die Sogwirkung auf die Zulieferer dürfte nicht ganz so stark sein wie bei Volkswagen in Zwickau. Opel-Chef Louis Hughes rechnet mit einem mittelfristigen Beschäftigungseffekt von zusätzlich 5000 Arbeitsplätzen. Zum Vergleich: Früher waren allein bei Wartburg in Eisenach fast 10000 Mitarbeiter beschäftigt, und an diesen Stellen hingen noch einmal geschätzte 25000 Arbeitsplätze bei den über ganz Nordthüringen verstreuten Zulieferbetrieben. Optimistischer als Hughes ist der Düsseldorfer Rechtsanwalt Friedrich-Wilhelm Metzeler, der von der Treuhandanstalt mit der Liquidation der Automobilwerke Eisenach beauftragt wurde. Er kann sich offenbar vor Anfragen interessierter Investoren kaum retten. Sie wollen sich entweder auf dem alten AWE-Gelände einmieten oder eines der ehemaligen Wartburg-Werke übernehmen. «Eisenach bleibt als Autostadt erhalten. Die Arbeitslosigkeit wird Ende 1992 weitgehend beseitigt sein», gibt Metzeler eine gewagte Prognose. Unausgewogener dürfte die Stellenbilanz in Ludwigsfelde ausfallen, wo Mercedes-Benz von 1995 an mit 4000 Beschäftigten jährlich 40000 leichte und mittelschwere Lastwagen produzieren will. Früher hatte das Ifa-Kombinat Nutzkraftwagen in 26 Betrieben insgesamt etwa 50000 Beschäftigte. Im Juni 1990 wurden diese Firmen, überwiegend Zulieferer für den Stammbetrieb in Ludwigsfelde, in 41 GmbHs umgewandelt. Jetzt sind auch sie auf der Suche nach Westinvestoren, ohne die sie am Markt kaum eine Chance haben. «Wir stellen an unsere Zulieferer», so Mercedes-Chef Werner Niefer, «in qualitativer, terminlicher und preislicher Hinsicht hohe Anforderungen.» Und die können die alten Betriebe des Lkw-Kombinats kaum erfüllen. Dennoch gibt es eine

Reihe von Kaufinteressenten, und die Treuhandanstalt hat auch schon «einige» der Firmen privatisiert. So ging das Ifa-Getriebe-werk Brandenburg samt 600 von ehemals 2000 Mitarbeitern an die Zahnradfabrik Friedrichshafen.

So wird es auch in Zukunft eine ostdeutsche Autoindustrie mit entsprechenden Zulieferstrukturen geben. Der Verband der Automobilindustrie rechnet sogar damit, daß die Zahl der produzierten Fahrzeuge bereits Mitte der neunziger Jahre doppelt so hoch sein wird wie in der ehemaligen DDR (jährlich etwa 280000 Pkw, Lkw und Transporter). Der Haken an der Sache: Trotz Verdoppelung der Produktion werden die Hersteller und ihre Zulieferer vermutlich nicht einmal die Hälfte der ehemals fast 130000 Mitarbeiter beschäftigen.

Das Renommierobjekt der DDR-Wirtschaft
Carl Zeiss Jena

Die Telefondrähte zwischen Erfurt und Berlin liefen am Morgen des 12. Juni 1991 heiß. Lothar Späth, damals «persönlicher Zeiss-Berater» von Thüringens Ministerpräsident Josef Duchac, und Klaus-Peter Wild, bei der Treuhandanstalt für das einstige Vorzeigekombinat Carl Zeiss Jena zuständig, rangen um letzte Formulierungen. Schließlich signalisierte Späth seine Zustimmung, was dem Schwaben nicht besonders schwer fiel. Der verhandlungserfahrene Ex-Regierungschef von Baden-Württemberg hatte sich auf der ganzen Linie durchgesetzt. Wild sagte ihm als Treuhandbeitrag zur Zeiss-Sanierung 2,74 Milliarden Mark zu. Sollte das Geld nicht ausreichen, sei seine Behörde bereit, 300 Millionen Mark nachzuschießen – vorausgesetzt, das Land Thüringen beteilige sich daran mit einem Viertel.

Genau wegen dieses Betrages war in der Nacht um 3.15 Uhr ein mehr als zwölfstündiger Verhandlungsmarathon in der Treuhandanstalt «ergebnislos» abgebrochen worden. So jedenfalls formulierte es Lothar Späth hinterher vor Journalisten in Erfurt, um seiner Forderung noch einmal Nachdruck zu verleihen. Praktisch stand bereits bei Morgengrauen fest, daß das monatelange Tauziehen um Zeiss endlich ein Ende hatte. Klaus-Peter Wild empfahl auf einer für 12.30 Uhr einberufenen «außerordentlichen Sitzung» des Treuhandvorstandes, dem Drängen des einst als «Cleverle» gelobten Späth nachzugeben. Der konnte sich die Hände reiben. Ursprünglich hatte der ermordete Treuhandchef Detlev Rohwedder «lediglich» 1,4 Milliarden Mark angeboten.

Der vorläufige Schlußakt in dem Zeiss-Drama gab dem über seine allzu engen Verbindungen zur baden-württembergischen Wirtschaft gestürzten Ministerpräsidenten a. D. nicht nur die Gewißheit, daß er nichts verlernt hatte. Sein Verhandlungsgeschick bescherte ihm auch einen neuen Job. Späth avancierte vom Zeiss-Berater zum Vorstandschef der Jenoptik Carl Zeiss Jena GmbH. Dieses Nachfolgeunternehmen des ehemaligen VEB Carl Zeiss Jena beschäftigte im Juni noch etwa 25000 Mitarbeiter, die lange Zeit den totalen Exitus ihrer Firma befürchten mußten. Späth soll jetzt mit den Milliarden von Treuhand und thüringischer Landesregierung zumindest 7000 Stellen retten. Weitere 2800 Beschäftigte übernimmt eine Gesellschaft, an der sich mehrheitlich die Firma Carl Zeiss mit Sitz im schwäbischen Oberkochen beteiligt. Damit konnte endlich wieder zusammenwachsen, was nach dem Zweiten Weltkrieg getrennt wurde.

Begonnen hat die bewegte Unternehmensgeschichte viel früher. Im Jahr 1846 kam der Mechaniker Carl Zeiss von Weimar nach Jena, um dort in der Neugasse Nr. 7 eine optische Werkstätte zu gründen. Im Jahr 1866 gewann er den Jenaer Universitätsprofessor Ernst Abbé zur Mitarbeit. Zusammen mit Abbé und dem Glaschemiker Otto Schott schuf Carl Zeiss eine feinmechanische und optische Industrie, die die Wirtschaftsstruktur der 100000-Einwohner-Stadt noch heute prägt. Vor allem hochleistungsfähige Mikroskope, von Abbé maßgeblich entwickelt, machten den Namen Zeiss weltberühmt. Ernst Abbé war es auch, der seinem

Freund Zeiss nach dessen Tod im Jahr 1888 ein Denkmal setzte. Er rief die Carl-Zeiss-Stiftung mit den beiden Stiftungsunternehmen Carl Zeiss und Jenaer Glaswerk Schott & Gen. ins Leben. Dabei war der Sozialreformer seiner Zeit weit voraus: beschränkte Kündbarkeit, bezahlter Urlaub, Pensionskasse und Achtstundentag – all das waren Errungenschaften, von denen die Beschäftigten in anderen deutschen Unternehmen nur träumen konnten.

Nach dem Zweiten Weltkrieg kamen zuerst die Amerikaner nach Jena. Sie überließen dann jedoch den Sowjets das Feld, und die demontierten alles, was nicht niet- und nagelfest war. Bevor die Amerikaner allerdings Jena räumten, transportierten sie noch 126 führende Mitarbeiter von Zeiss und Schott nach Heidenheim an der Brenz in Württemberg. Nicht weit entfernt, in Oberkochen, nahm Zeiss bereits 1946 die Produktion optischer Erzeugnisse wieder auf. Das Jenaer Glaswerk siedelte sich in Mainz an, Heidenheim wurde durch Verfügung der damaligen Landesregierung vom 23. Februar 1949 zum neuen Sitz der Zeiss-Stiftung. Damit war die Zweiteilung endgültig besiegelt. Denn auch im thüringischen Jena machten sich die Menschen an den Wiederaufbau. Die ostdeutschen Behörden enteigneten die Stiftungsbetriebe entschädigungslos. Im Handelsregister liefen sie fortan als «Eigentum des Volkes». Die Jenaer Zeiss-Stiftung existierte zwar weiter, sie war aber nicht mehr Eigentümer der beiden Unternehmen.

Dennoch blühte und gedieh der neu gegründete VEB Carl Zeiss Jena. Die SED-Wirtschaftslenker in Ost-Berlin putzten das Kombinat systematisch zu einem ihrer Renommierstücke heraus. Dominierten anfangs noch optische Geräte, Mikroskope und Meßtechnik das Sortiment, so wurden schnell die Zeichen der Zeit erkannt und auch hochentwickelte Militär- und Weltraumtechnik, Chips oder Leiterplatten ins Programm aufgenommen. Die Gigantomanie kannte kaum Grenzen. Der bei seinen Mitarbeitern gefürchtete Kombinatsdirektor Wolfgang Biermann, der beste Verbindungen zu Günter Mittag hatte, gliederte immer neue Betriebe – zum Beispiel den Kamerahersteller Pentacon – in sein

Reich ein. Zum Schluß arbeiteten unter dem Dach des Zeiss-Kombinates mehr als 70000 Beschäftigte. Vor allem in den sozialistischen Bruderstaaten waren die Produkte aus der Jenaer High-Tech-Schmiede gefragt. Im Wendejahr 1989 machte Zeiss mehr als zwei Drittel seines Umsatzes von schätzungsweise 5,2 Milliarden Ost-Mark in den Ländern der östlichen Wirtschaftsgemeinschaft RGW.

Das Verhältnis zum Schwesterunternehmen im schwäbischen Oberkochen war in all diesen Jahren mehr als gestört. Nach kurzer Zusammenarbeit kam es 1953 zum Bruch, weil leitende Mitarbeiter des VEB wegen der nicht erwünschten Kooperation verhaftet und später zu teils längeren Freiheitsstrafen verurteilt wurden. Fortan stritten sich Zeiss-West und Zeiss-Ost vor Gerichten überall auf der Welt, welches das wahre Zeiss-Unternehmen sei und damit das wertvolle Markenzeichen «Carl Zeiss» führen dürfe. Im Windschatten der Entspannungspolitik teilten die Kontrahenten 1971 in London die Welt untereinander auf: In den meisten westlichen Ländern traten die Oberkochener als «Zeiss-Germany» auf, die Ossis durften dort ihre Produkte unter dem Namen «Jenoptik» vermarkten; in Osteuropa hatte «Carl Zeiss Jena» die Nase vorn, Oberkochen mußte sich dort mit dem Namen «Opton» zufriedengeben; in einigen Ländern galt ein «geregeltes Nebeneinander» beider Warenzeichen.

Dann kam jedoch die deutsche Einheit, die die Zeiss-Leute in Ost und West völlig unvorbereitet traf. Angesichts der sich abzeichnenden Vereinigung erschien es kaum vorstellbar, daß weiterhin zwei konkurrierende Zeiss-Unternehmen mit gleicher Frühgeschichte, gleichem Namen und fast identischer Produktpalette existieren sollten. Die Sprachlosigkeit hielt denn auch nicht lange an. Bereits am 29. Mai 1990 versprachen sich die Vorstände der vier Zeiss-Firmen (Carl Zeiss Oberkochen, Schott Glaswerke Mainz, VEB Carl Zeiss Jena und VEB Jenaer Glaswerk) grundsätzlich die Firmenehe. Nach einer «Übergangszeit» wollten sie sich unter einem Dach einer gemeinsamen Carl-Zeiss-Stiftung zusammenschließen. Bis dahin wollten die «Unternehmen in Ost und West», wie es hieß, «freundschaftlich zusammenarbeiten, gegenseitig ihre rechtliche Selbständigkeit achten und alle zumutbaren Möglichkeiten ausschöpfen, die dem beiderseitigen Nutzen dienen». Eine schnelle Vereinigung wie auf der Ebene der beiden deutschen Staaten schien damals ausgeschlossen – vor allem wegen der wirtschaftlichen Probleme der beiden Ost-Firmen. Erst wenn die bewältigt seien, sei an ein Zusammengehen zu denken, erklärte der Vorstandschef von Oberkochen, Horst Skoludek, am 22. November 1990 auf einer Pressekonferenz in Jena. Schon damals mahnte Skoludek entsprechende Hilfen der Treuhandanstalt an: «Wir setzen auf die Treuhand», erklärte er. Zeiss-West selbst wolle sich finanziell nicht an der Sanierung der Jenaer Unternehmen beteiligen. Man werde Wissen und Experten zur Verfügung stellen. Geld, so Skoludek, gebe es aber nicht. Tatsächlich wären die beiden westlichen Zeiss-Firmen kaum in der Lage gewesen, aus eigener Kraft ihren östlichen Schwestern wieder auf die Beine zu helfen.

Bereits im März 1990 schwante Klaus-Dieter Gattnar, der kurz nach der Wende den entmachteten Biermann als Chef von Carl Zeiss Jena abgelöst hatte, Schlimmes. Eine sofortige Währungsunion zum Umtauschkurs von eins zu eins hätte, so warnte Gattnar damals, für sein Unternehmen «brutale Konsequenzen». Und: «Ich kann mir nicht vorstellen, daß eine Partei so verantwortungslos handelt.» Die politische Realität sollte den Zeiss-Manager widerlegen. Seine düsteren Visionen für den unvorstellbaren Eventualfall trafen dagegen voll ein. Konnte sich Carl Zeiss Jena in den Monaten nach der Währungsunion mit Aufträgen aus Osteuropa, die Bonn stützte, noch einigermaßen über Wasser halten, so stand bald eine radikale Schrumpfkur zur Debatte, und die Perspektiven wurden von Monat zu Monat schlechter. Nach der Wende wurden zwar zahlreiche Betriebe – zum Beispiel Pentacon – aus dem Kombinat ausgegliedert, so daß die Gesamtbelegschaft auf etwa 30000 Menschen schrumpfte. Das waren aber immer noch viel zu viele Mitarbeiter. Ging Gattnar noch im November 1990 davon aus, etwa ein Drittel dieser Arbeitsplätze retten zu können, so meinten die Experten wenige Monate später, daß selbst eine Zahl von 5000 Stellen viel zu hoch gegriffen sei. Bei den sehr viel kleineren Jenaer Glaswerken sah die Lage nicht viel besser aus. Dort sollte das Personal ursprünglich auf 1800 Mitarbeiter halbiert werden – eine Einschätzung, die sich ebenfalls als zu optimistisch erwies.

Die Ursachen der Misere waren klar: Der Zeiss-Absatz auf den wichtigen Ost-Märkten brach Anfang 1991 völlig zusammen. Daran konnten auch die großzügigen Kreditbürgschaften, die Bonn dem Hauptkunden UdSSR einräumt, nichts ändern. Die Sowjets nahmen das Angebot zunächst überhaupt nicht und danach nur sehr widerwillig an. Das Auftragsvolumen der Vorjahre konnte so nicht annähernd erreicht werden, zumal auch die westlichen Absatzmärkte – zumindest kurz- und mittelfristig – keine Alternative waren. Die hatte nämlich der Wettbewerber aus Oberkochen fest im Griff. Zudem produzierte Carl Zeiss Jena mit viel zu hohen Kosten und war damit der Westkonkurrenz von vornherein hoffnungslos unterlegen. Unter normalen Bedingungen hätte das Unternehmen schon Anfang 1991 Konkurs anmelden müssen, zumal die Bereitschaft der westlichen Zeiss-Schwestern, sich in Jena zu engagieren, nicht gerade groß war.

Mitte Februar 1991 schien die Wiedervereinigung der Firmen dennoch früher als geplant über die Bühne zu gehen. Die beiden westlichen Zeiss-Unternehmen waren grundsätzlich bereit, ihre jeweiligen Ost-Schwestern mehrheitlich von der Treuhandanstalt zu übernehmen. Treuhandchef Detlev Rohwedder erklärte sich seinerseits bereit, einen Großteil der Altschulden (schätzungsweise 1,3 Milliarden Mark) sowie Sozialplankosten zu tragen und außerdem bei der Schaffung eines Pensionsfonds zu helfen. Bevor die Verhandlungen jedoch in die entscheidende Phase traten, machten die Schwaben einen Rückzieher, und auch Thüringens Ministerpräsident Josef Duchac erschien auf der Bühne. Er wurde vom massiven Protest der Zeiss-Mitarbeiter, die zu tausenden auf die Straße gingen, wachgerüttelt. Sie hatten davon Wind bekommen, daß der Einstieg von Zeiss West mit einem sehr viel drastischeren Personalabbau verbunden sein sollte als bisher angenommen. Duchac machte den Fall zur Chefsache und forderte Detlev Rohwedder auf, der Jenaer Zeiss-Stiftung alle Kapitalanteile an den beiden Ost-Unternehmen zu übertragen. Das Motto des Ministerpräsidenten: «Jena darf nicht zur verlängerten Werkbank von Oberkochen werden.»

Was kaum einer erwartet hatte, trat ein. Rohwedder gab Duchac widerstandslos nach. Zum 1. April, so versprach der Treuhandpräsident Anfang März anläßlich eines Besuches in Erfurt, werde er die beiden Jenaer Firmen – entschuldet zudem – an die Ost-Stiftung zurückgeben. In Oberkochen schlug diese Nachricht wie eine Bombe ein: «Das ist ein Affront», erklärte Unternehmenssprecher Manfred Berger. Nach Meinung der Schwaben war nämlich die Zeiss-Stiftung in Heidenheim die einzig legitimierte. Die Thüringer sahen das etwas anders. Ihr Argument: In der von Ernst Abbé entworfenen Satzung sei eindeutig Jena als Sitz der Stiftung bestimmt. Der vermeintliche Sieg über Treuhand und Carl Zeiss Oberkochen ließ Josef Duchac unterdessen jubilieren. Als Verwalter der Stiftung sei seine Landesregierung jetzt für Zeiss zuständig und könne sehr viel mehr Arbeitsplätze retten, als dies mit den Oberkochenern möglich gewesen wäre, frohlockte der Ministerpräsident. Wie er das mangels Aufträgen machen wollte, blieb allerdings sein Geheimnis. «Der wahre Sieger ist die Treuhand. Sie hat jetzt einen Klotz weniger am Bein», meinte denn auch ein Insider. Und auch Duchac dämmerte bald, daß er einen Fehler begangen hatte. Er sah plötzlich auf sein finanzschwaches Land erhebliche Lasten zukommen, die umso größer sein würden, je mehr Arbeitsplätze erhalten werden sollten. Innerhalb der Landesregierung regte sich daher bereits Kritik am Kurs des Ministerpräsidenten. Wenn schon unpopuläre Entscheidungen unumgänglich seien, dann solle sie doch die Treuhand treffen, hieß es.

Tatsächlich übertrug die Treuhandanstalt ihre Anteile an der Jenoptik Carl Zeiss Jena GmbH und der Jenaer Glaswerk GmbH, wie die beiden Unternehmen inzwischen hießen, weder am 1. April noch danach auf die Jenaer Zeiss-Stiftung. Josef Duchac zögerte die Transaktion immer wieder hinaus und engagierte in der Zwischenzeit Lothar Späth als seinen «persönlichen Zeiss-Berater». Das war wahrscheinlich das beste, was er machen konnte. Mit dem Cleverle hatten die Treuhänder endlich einen ernstzunehmenden Verhandlungspartner, der nach kurzer Einarbeitung in die Aktenlage seine Forderungen hinausposaunte. Allein mit der Übernahme der Altschulden sei es nicht getan, um das Schlimmste zu verhindern, sei ein Finanzpolster von mehreren Millionen Mark zu schaffen, steckte der Schwabe seine Position früh ab. Mit Erfolg. Treuhandpräsidentin Birgit Breuel sah sich mit Späths Drängen zu einem «einmaligen Kraftakt» veranlaßt, der die Anstalt knapp drei Milliarden Mark kosten wird. Zusammen mit dem Beitrag der thüringischen Landesregierung stehen somit 3,9 Milliarden Mark zur Sanierung der östlichen Zeiss-Unternehmen zur Verfügung.

Das Modell, das Späth und Treuhand-Vorstand Klaus-Peter Wild austüftelten, ist relativ kompliziert. Es sei daher hier stark vereinfacht dargestellt. Danach wird die bisherige «Jenoptik Carl Zeiss Jena GmbH» in zwei Unternehmen aufgespalten: In die «Jenoptik GmbH» und in die «Carl Zeiss Jena GmbH». In letzterer haben die Oberkochener das Sagen, weil sie mit einem Kapitalanteil von 51 Prozent der Mehrheitsgesellschafter sind. Die Gesellschaft übernimmt von «Zeiss-Alt» gut 2800 Mitarbeiter und alle Sortimente, die Erfolg versprechen und sich dem Oberkochener Produktionsprogramm ergänzen: Mikroskope, Teleskope, medizinisch-optische Gerätetechnik sowie Geräte zur Erdvermessung. Von dem Geld, das Lothar Späth der Treuhand abgehandelt hat, erhält das Unternehmen 600 Millionen Mark als Startkapital.

Mit dem Problemfall, der «Jenoptik GmbH», darf sich Späth als Vorstandschef herumschlagen. Alleiniger Eigentümer dieser Gesellschaft wird das Land Thüringen. Späth übernimmt damit die Verantwortung für rund 22 000 Zeissianer. Die wenigsten von ihnen dürfen darauf hoffen, in absehbarer Zeit einen Dauerarbeitsplatz zu finden. Zwar hat sich der Schwabe verpflichtet, rund 7000 Stellen zu sichern. Doch bereits nach der Einigung mit der Treuhand im Juni baute das Cleverle vor: «So viele Menschen können nur beschäftigt werden, wenn im Sturmschritt Investoren gewonnen werden, die Produkte mitbringen.» Tatsächlich kommt selbst die Rettung von einem Drittel der Arbeitsplätze aus der Zeiss-Konkursmasse einer Herkulesaufgabe gleich: «Nach betriebswirtschaftlichen Gesichtspunkten und an der Wettbewerbsfähigkeit der vorhandenen Produkte gemessen, ist die Jenoptik kaputt», lautet Späths bittere Erkenntnis. Trotzdem sieht er, der den «risikoreichsten Chefposten meines Lebens» übernommen hat, keineswegs total schwarz: «Es gibt wohl kaum eine Stadt in Deutschland, die mit einem derart hohen Anteil an akademischer Ingenieurqualität aufwarten kann. Deswegen sage ich: Das ist ein chancenreicher Platz. Aus der Technologieregion Jena – verbunden mit der Kulturstadt Weimar – läßt sich wirklich viel machen. Hinzu kommt die Nähe des Standortes zu den alten Bundesländern. Das ist eine ideale Kombination.»

Mit seiner Meinung steht Späth nicht allein da. Auch die US-Beratungsfirma SRI International, ein Ableger des renommierten Stanford Research Institute in Kalifornien, bescheinigt Jena hervorragende Standortqualitäten: «Jena ist ohne jede Frage der erste Investitions-Standort in der ehemaligen DDR. Die Fähigkeiten in der Präzisionstechnik, über die die Leute hier verfügen, sind einmalig», schwärmt SRI-Mitarbeiter Peter Weisshuhn und wird geradezu euphorisch: «Ich kann mir durchaus eine Art Silicon-Valley im Jena-Valley vorstellen.» Aber auch die Zeissianer selbst litten nicht gerade unter mangelndem Selbstvertrauen: «Wir können den Sprung an die Weltspitze schaffen. Man muß uns nur lassen», erklärte noch im Dezember 1990 Winfried Klemmer, Chef der Zeiss-Abteilung, in der sogenannte «Stepper» produziert wurden. Das sind fotografische Geräte zur Belichtung von Silicium-scheiben, also zur Herstellung von Chips. Klemmer räumte zwar ein, daß die japanische und niederländische Konkurrenz Zeiss Jena um einiges voraus war. Das Unternehmen verfüge aber über die Substanz, um den Entwicklungsvorsprung aufzuholen.

Solche Träume sind mittlerweile ausgeträumt. «Wir haben nicht die Zeit, über vier oder fünf Jahre neue Produkte zu entwickeln», läßt Lothar Späth keine Zweifel an seinen Absichten. Der Schwabe sieht sich nicht primär als ein Unternehmer, der unrentable Geschäftsfelder mühsam aus der Verlustzone herausführt. Seine Aufgabe sei es in erster Linie, westliche Investoren anzulocken, «die schon einen Markt mitbringen». Für diesen Job ist Späth der geradezu ideale Mann. In seinem Heimatland Baden-Württemberg hat er sich bereits erfolgreich als Ansiedler betätigt, und auch in Jena durfte er nach kurzer Amtszeit erste Erfolge vermelden. Zwei Zeiss-Werke in Eisfeld und Saalfeld, die bisher Analysemeßtechnik, Ferngläser, Zielfernrohre und Elektronik fertigten, fanden in der Docter Optik Wetzlar GmbH einen neuen Eigentümer. Die insgesamt 860 Arbeitsplätze will der Investor zumindest für drei Jahre sichern und zudem 50 Millionen Mark in die Modernisierung der Werke stecken. Genauso soll es nach den Vorstellungen von Lothar Späth auch mit anderen Betrieben oder Betriebsteilen von Zeiss laufen. In Tokio verhandelte er Anfang August mit vier japanischen Konzernen – darunter die bekannten Kamerahersteller Canon und Nikon – über ein Gemeinschaftsunternehmen mit der Jenoptik. Bei seinen Gesprächen, so Späth hinterher, sei er auf reges Interesse gestoßen.

Gar nichts hält der Ex-Ministerpräsident davon, mit der Subventionsgießkanne durch die neuen Bundesländer zu ziehen und «alles ein bißchen zu fördern». Seine Vision: «Wir müssen sechs oder sieben Zentren – es können auch acht oder neun sein – schaffen, die gewissermaßen als Leuchttürme in die Landschaft hineinstrahlen.» Jena zählt er natürlich dazu, aber auch den «Automobilbau in Sachsen» oder den «Maschinenbau in Chemnitz». Selbst der Chemieindustrie in Sachsen-Anhalt räumt er Chancen ein, eine Vorreiterrolle zu übernehmen: «Da können Schwerpunkte entstehen, die eine Wirtschafts- und Innovationskraft wie der Mittlere Neckarraum, der Rhein-Main-Raum oder das Ruhrgebiet gewinnen.» Ohne massive staatliche Hilfe wird es kaum so weit kommen. Späth fordert denn auch eine gezielte Industrie-, Forschungs- und Infrastrukturpolitik. Wer die Planwirtschaft beseitige und dann hoffe, daß der Markt alles richte, mache einen «prinzipiellen Fehler».

Prinzipielle Fehler wird der erklärte Industriepolitiker Späth in Jena kaum begehen. Zu seiner Strategie, vorrangig auf ansiedlungswillige Investoren zu setzen, gibt es angesichts der betriebswirtschaftlichen Misere der Jenoptik ohnehin keine Alternative. Doch selbst wenn es dem Schwaben gelingt, 7000 Arbeitsplätze dauerhaft zu erhalten, steht vielen Menschen in Jena und Umgebung eine erhebliche Durststrecke bevor. Rund 15000 Zeissianern droht Ende des Jahres der Gang in die Arbeitslosigkeit. Ihnen bleibt vor allem die Hoffnung, daß der Späthsche Leuchtturm möglichst bald in vollem Lichte erstrahlt und möglichst vielen Westinvestoren den Weg ins «Jena-Valley» weist. Außerdem können sie sich mit einer vergleichsweise großzügigen Abfindung von etwa 22000 Mark trösten. Entlassene Mitarbeiter von anderen Treuhandunternehmen erhalten gemäß einer Vereinbarung, die die Berliner Behörde mit dem Deutschen Gewerkschaftsbund geschlossen hat, nur maximal 5000 Mark. Selbst in der Arbeitslosigkeit sind Zeissianer eben noch eine besondere Spezies Mensch. Der Geist des Sozialreformers Ernst Abbé schwebt offenbar noch immer über Jena.

Mansfeld ist überall

Notstandsgebiet Mansfelder Land

Die Strukturkrise im deutschen Osten beschränkt sich nicht auf einzelne Betriebe und Branchen, sie erfaßt ganze Regionen und gewinnt dadurch ungewöhnliche Dimensionen. Ein typisches Beispiel ist das Mansfelder Land. Seit die Bergknappen Nappian und Neuke 1199 nahe der heutigen Kleinstadt Hettstedt Kupferschiefer entdeckten, prägte der Bergbau die Region. Luthers Vater fuhr hier unter Tage und brachte es schließlich zum Hüttenmeister mit eigenen Schmelzöfen. Die Grafen von Mansfeld dominierten im 15. Jahrhundert den damals bedeutenden Metallmarkt von Venedig, denn nirgends in Europa wurde auch nur annähernd soviel Kupfer gewonnen wie im Mansfelder Land.

Friedrich der Große sorgte dafür, daß 1783 auf dem nach ihm benannten Schacht die erste deutsche Dampfmaschine arbeitete und das Grubenwasser ans Tageslicht förderte. Vom Kupferbergbau und der aus ihm entstandenen Industrie lebte die Region Jahrhunderte.

Jetzt droht dem Mansfelder Land der Absturz zum wirtschaftlichen und sozialen Notstandsgebiet. Das Unheil, das sich anbahnt, ist schlimmer als alle Strukturkrisen, unter denen die alte Bundesrepublik je gelitten hat. Der Niedergang des Ruhrgebiets, wie er sich in den sechziger Jahren abzeichnete, die gleichzeitig einsetzende Krise an der Saar, das Werftensterben an der Küste, all dies wird in kleinerem Maßstab übertroffen von dem, was im Mansfelder Land begonnen hat. Und die drei Landkreise Eisleben, Hettstedt und Sangerhausen, die das Herzstück der Mansfelder Region bilden, sind beileibe kein Einzelfall. Mansfeld ist überall in der ehemaligen DDR.

Es geht nicht um das Siechtum eines oder zweier Industriezweige, wie an Ruhr und Saar, wo Strukturprobleme im Bergbau und in der Stahlindustrie die Krise auslösten. Es geht um einen Flächenbrand, der die Großindustrie ebenso erfaßt wie den Mittelstand, der längst auf die Landwirtschaft übergegriffen hat und der auch das Handwerk nicht verschont. Er bedroht Menschen, die jahrzehntelang eingesponnen waren in einen dichten Kokon aus Bevormundung und Gängelung, der beengte, der aber bei aller Kargheit auch ein hohes Maß an Sicherheit und Berechenbarkeit bot. Die Deutschen im Osten haben keine Erfahrung mit Firmenpleiten, mit Entlassungen und Kurzarbeit. Sie besaßen ein Recht auf Arbeit, das zwar viele Schattenseiten hatte, das aber keineswegs nur auf dem Papier stand.

Die Arbeiter an Ruhr und Saar, die Beschäftigten der Werften, haben zwar auch zu Zehntausenden ihren Arbeitsplatz verloren, aber das Umfeld, in dem sie lebten, wurde nicht auf den Kopf gestellt. Auch dies ist im Mansfelder Land wie in der ganzen ehemaligen DDR anders. Es gibt fast keinen Lebensbereich – von der Wirtschaft über das Gesundheitswesen, das Rechtssystem, die öffentliche Verwaltung, die Sozialversicherung bis zu den Schulen –, in dem nicht das Unterste zuoberst gekehrt wird. Und die neuen Besen sind aus Eisen.

Den Pulsschlag der Wirtschaft im Mansfelder Land bestimmt seit Jahrzehnten ein Großunternehmen, das den Namen der Region trägt: die Mansfeld AG. Schon vor dem Krieg gab es sie, die Einheitssozialisten tauften sie um in «VEB Mansfeld Kombinat Wilhelm Pieck», und die Kombinatsdirektoren waren mächtiger als jeder Bürgermeister in der Gegend.

Weil die kleinkarierte SED zum Gigantismus neigte und die Kombinate zum «Träger der Wirtschaft» (Günter Mittag) auserkoren hatte, wuchs auch das Mansfelder Kombinat ins Riesenhafte. Zum sozialistischen Konzern gehörten unter anderem Bergwerke, Hütten, ein Walzwerk, diverse Metallverarbeitungsbetriebe, Maschinen- und Anlagebaufirmen, Handelsgesellschaften, Ingenieurfirmen, Transport- und Baubetriebe und natürlich auch der in jedem größeren Betrieb obligatorische Kultur-, Versorgungs- und Feriendienst. Die Betriebe waren über die ganze DDR verstreut, aber das Zentrum bildete das Mansfelder Land;

dort, in Eisleben, residierte auch die Zentrale, in Sichtweite das Luther-Denkmal. Zu Spitzenzeiten beschäftigte das Kombinat 48 000 Menschen.

Daß dieser Gigant auf tönernen Füßen stand, war auch dem Politbüro der SED nicht entgangen. Jede Tonne Kupfer, die in den kombinatseigenen Hütten aus dem Kupferschiefer erschmolzen wurde, den die Bergleute des Kombinats in der Umgebung der Kreisstadt Sangerhausen aus der Erde holten, kostete 47 000 DDR-Mark. Auf dem Weltmarkt schwankt der Preis des Metalls zwischen 3500 und 4000 D-Mark. Also wurde entschieden, die Schächte im Mansfelder Land bis 1996 zu schließen. Bis dahin sollten dort neue Betriebe angesiedelt werden und den Bergleuten Arbeit geben. Doch alles kam ganz anders. Ende Juni 1990, die Marktwirtschaft stand vor der Tür, beschloß die letzte DDR-Regierung die hoffnungslos unwirtschaftlichen Gruben stillzulegen. Die 4500 betroffenen Bergleute erfuhren aus der Zeitung, daß sie ihre Jobs verlieren würden.

Von den neuen Betrieben mit den Ersatzarbeitsplätzen war allerdings nichts zu sehen. Im Gegenteil: Das Kombinat, das sich inzwischen zur Aktiengesellschaft gewandelt hatte, schloß auch die überflüssig gewordene Rohhütte in Helbra, wo Anfang 1990 noch 1450 Leute arbeiteten, das Walzwerk in Hettstedt reduzierte die Belegschaft von 8000 auf 6500 bis Ende 1990, und am Jahresende 1991 sollten nur noch 3500 im Werk sein. Die Kupfer-Silber-Hütte baute seit Anfang 1990 über 500 Arbeitsplätze ab.

Durch diese Einschnitte in den wichtigsten Betrieben des Konzerns geriet das engmaschige Geflecht wechselseitiger Lieferbeziehungen zwischen den einzelnen Unternehmen durcheinander. Den Anlagenbauern, der Ingenieurfirma, der Transport GmbH und vielen anderen Gesellschaften des Konzerns fehlten plötzlich die Aufträge der Schwestergesellschaften.

Vorstand und Aufsichtsrat der Mansfeld AG arbeiteten fieberhaft mit Beratern aus dem Westen an der Sanierung des Konzerns. Am 2. August 1990 legten sie der Treuhandanstalt in Berlin ein

Sanierungskonzept vor. Die beiden angesehenen Wirtschaftsprüfungsfirmen Arthur Andersen und Treuarbeit, der Aufsichtsrat und ein Bankenkonsortium, das bereit war, 153 Millionen Mark Kredit zu geben, standen hinter diesem Plan. Er sah vor, einen großen Teil der zahlreichen Tochtergesellschaften aus dem Konzern herauszulösen und zu privatisieren, also an Investoren zu verkaufen, und den Kern des Unternehmens zu modernisieren und damit zu retten. Insgesamt, so die Kalkulation, wären dafür Investitionen von 550 Millionen Mark nötig gewesen. «Wenn das Konzept nicht bestätigt wird, sehe ich schwarz für die Region», meinte der damals noch amtierende Mansfeld-Chef Henning Rost im November 1990. Die Treuhand lehnte das Konzept ab.

Seither hängt die Mansfeld AG in der Luft. Zwar hat die Treuhandanstalt im April 1991 eine Kreditbürgschaft von 355 Millionen Mark bewilligt, mit denen dringend nötige Investitionen bezahlt werden können, aber die Privatisierung kommt nicht voran. Ein westdeutsches Firmenkonsortium unter Führung der Metallgesellschaft verhandelte monatelang mit der Treuhand, im Juli wurden die Gespräche ergebnislos bis zum 31. Oktober 1991 vertagt. Gelungen ist bisher nur die Privatisierung der Stahlrohrmöbelproduktion, die ein westdeutscher Fabrikant übernommen hat. Von ehemals 200 Arbeitsplätzen blieben nur siebzig übrig. Wenn die anderen vom Konzern abgetrennten Betriebe bis Ende 1991 keinen Käufer finden, bleibt wohl nur die Stillegung. Besiegelt ist schon das Schicksal des Kultur- und Sozialbereichs, der bis Ende 1991 abgewickelt sein soll. Mit ihm verschwinden 700 Arbeitsplätze bei der Mansfeld AG. Am 31. Juli 1991 arbeiteten noch 16000 Leute bei dem ehemaligen Kombinat. Anfang 1992 bietet die Mansfeld AG nach Abspaltung etlicher früher zum Konzern gehörenden Betriebe nur noch 7000 bis 8000 Arbeitsplätze. Ob die eine sichere Zukunft haben, ist ungewiß.

Wichtigstes Investitionshindernis sind die ökologischen Altlasten, die im Boden und auf den Halden der Hüttenwerke lauern. Unternehmen aus dem Westen scheuen sich, unkalkulierbare Risiken für die Sanierung von Werkgeländen einzugehen. Der TÜV Bayern, der im Auftrag des Bundesumweltministeriums die ökologische Situation im Mansfelder Werk untersucht, kommt in einem Zwischenbericht zu einigen alarmierenden Befunden. So schreibt er über die Rohhütte in Helbra: «...insbesondere nach 1945 [wurden] zu keiner Zeit umweltverträgliche Bedingungen eingehalten, da im Interesse einer hohen Produktionsleistung beträchtliche Emissionen... toleriert wurden.» Auf dem Gelände der Hütte lagern 110000 Tonnen Theisenschlämme, die unter anderem so giftige Stoffe wie Blei, Cadmium, Arsen und Quecksilber enthalten. Sie drohen, vom Regenwasser ausgewaschen, im Boden zu versickern.

Seit die Hütte 1880 in Betrieb ging, hat sie eine Schlackenhalde von zwanzig Millionen Tonnen aufgehäuft, die sich fast anderthalb Kilometer in die Landschaft schiebt. Diese Schlacke war einmal ein begehrtes Baumaterial, mit dem die Mansfelder ihre Straßen pflasterten und Häuser bauten. Heute wird der kleine Ort Hergisdorf von der Halde fast erdrückt. Gleich an den Hintereingängen der bescheidenen Einfamilienhäuser ragt die dunkelgraue Schlacke wie ein Berghang steil in den Himmel. Den Sportplatz des Dorfes, den dem Schild nach ein Verein namens MK Kreisfeld nutzt, finden nur Eingeweihte. Er ist in die Halde hineinplaniert worden.

Die Tristesse dieses Ortes muß sich aufs Gemüt legen. Hier können nur starke Naturen leben, denen es auch nichts ausmacht, daß Radium 226 die Halde radioaktiv strahlen läßt. Das Bundesumweltministerium hat das Mansfelder Land zu einem Pilotprojekt für Umweltsanierung erklärt. Es wird viele Jahre dauern, die größten Schäden zu beseitigen. Bis dahin ist dies keine Gegend, in die westdeutsche Manager frohgemut mit ihren komfortverwöhnten Familien ziehen, um beim Wiederaufbau anzupacken. Doch ohne Kapital, Technologie und Know-how aus dem Westen wird das Mansfelder Land nicht auf die Beine kommen. Fast jeder Betrieb ist ein Sanierungsfall. Selbst tüchtige einheimische Manager stoßen bei ihren Anstrengungen bald an Grenzen, die sie aus eigener Kraft nicht überwinden können.

Dem Niedergang von Industrie und Landwirtschaft steht die öffentliche Verwaltung beinahe hilflos gegenüber. Hans-Peter Sommer, Landrat des Kreises Hettstedt, hat sich in die Aufsichtsräte der drei wichtigsten Tochtergesellschaften des Mansfeld-Konzerns wählen lassen, um über die Entscheidungen in den Betrieben informiert zu sein. Er knüpft Kontakte zu potentiellen Investoren im Westen, weil er sich, wie er sagt, «nicht auf die Geschäftsführer verlassen will». Er fährt zur Treuhandanstalt nach Berlin, um Klarheit über das Schicksal der Kupfer-Silber-Hütte zu bekommen. Er veranstaltet eine Sondersitzung des Kreistages zur wirtschaftlichen Lage im Kreis.

Seine Aktivitäten gehen also weit über das übliche Maß hinaus. Aber über die Betriebe im Landkreis entscheidet letztlich die Treuhandanstalt in Berlin oder deren Niederlassung in Halle, und da ist Sommers Einfluß sehr begrenzt. Er muß einen Teil der politischen Folgen von Entscheidungen tragen, die ohne ihn getroffen werden.

Aus eigener Kraft können die Kreise und Kommunen wenig an der Wirtschaftsmisere ihrer Region ändern. Bürgermeister und Landräte müssen sich dem Diktat der leeren Kassen beugen. Ihnen fehlt einfach das Geld, um mit großen Aufträgen an die lokale Wirtschaft die wachsende Arbeitslosigkeit zu stoppen.

Die Einnahmen der Kreise und Gemeinden im Mansfelder Land reichen nicht mal aus, um die laufenden Verwaltungsaufgaben zu finanzieren. Die Kommunen und Kreise sehen sich plötzlich von neuen Aufgaben überrascht, die sämtliche Kalkulationen über den Haufen werfen. Die Gemeinde Vatterode, ein Ort mit etwa 600 Einwohnern, muß plötzlich die Kosten für die Schule, die unter dem alten Regime die Kreisverwaltung getragen hat, selbst aufbringen. Der gesamte Etat geht für die Schule drauf, die auch Kinder aus umliegenden Ortschaften besuchen. Aber zwischen den Gemeinden gibt es keine Vereinbarungen über Kostenteilung. Die Bürgermeister, in kommunaler Selbstverwaltung völlig unerfahren, warten also auf eine schriftliche Anweisung der Landesregierung, die es aber nicht geben wird.

In Eisleben stapeln sich etwa 800 Anträge auf Rückübertragung von enteignetem Eigentum. Um die oft fehlerhaften Anträge, in denen Straßennamen nicht stimmen oder falsche Hausnummern angegeben sind, bearbeiten zu können, müßten die Grundbücher von 1933 eingesehen werden. Die sind allerdings unauffindbar. «Wir helfen uns mit den Adreßbüchern von 1924 und 1938», sagt Jörg Lutzmann, stellvertretender Bürgermeister. «Manchmal erinnern sich auch ältere Einwohner, wer der Eigentümer eines Hauses war.» Gerichtsfest scheint dieses Verfahren nicht zu sein.

So kurios es klingt, einerseits leiden die Kreise und Gemeinden darunter, daß es noch zuwenig öffentliche Planung gibt, andererseits fürchten sie schon jetzt das in vierzig Jahren gewachsene und perfektionierte bundesdeutsche Verwaltungsrecht. So sind vielerorts im Mansfelder Land Einkaufszentren und provisorische Supermärkte aus dem Boden gesprossen. Die Gemeinde Walbeck, die unmittelbar an Hettstedt grenzt, will ein Gewerbegebiet einrichten, das diversen Einzelhändlern eine Verkaufsfläche von insgesamt 25 000 Quadratmetern bieten soll. Dieses Projekt stört die Pläne des Hettstedter Bürgermeisters Richard Lotzwig, der um die Geschäfte in seiner Innenstadt bangt. Einen Raumordnungsplan der Landesregierung, der Ordnung ins Chaos bringt und Investitionsruinen verhindert, gibt es noch nicht.

Nichts braucht die Region dringender als neue, sichere Arbeitsplätze. Jens Bullerjahn, der im Magdeburger Landtag den Kreis Eisleben vertritt, rechnet «bei vorsichtiger Schätzung» mit einer Arbeitslosenquote von dreißig bis vierzig Prozent. Rolf Mathias, Geschäftsführer der Mitteldeutschen Fahrradwerke in Sangerhausen und mit der Gegend bestens vertraut, erwartet, daß bis zu fünfzig Prozent aller Arbeitnehmer bald ohne Job dastehen werden.

Die Gemeinden, Kreise und auch etliche Betriebe versuchen,

mit Arbeitsbeschaffungsmaßnahmen, Umschulungen und Weiterbildungsangeboten die Arbeitslosen von der Straße zu holen und so Zeit zu gewinnen, bis endlich öffentliche Aufträge und private Investoren die Wirtschaft beleben.

«Ich sehe keinen Hoffnungsschimmer, daß endlich mal eine Firma kommt, die auf einen Schlag 300 oder 500 Leute einstellt», meint Bernd Göthling von der IG Bergbau und Energie. «Wenn ich früher Freunde auf der Straße getroffen habe, dann haben wir zuerst über das Wetter geredet», sagt der Bergmann Hartmut Brandt. «Heute ist die erste Frage: Hast du noch Arbeit? Hat deine Frau noch Arbeit?»

Seit dem 30. April 1991 beantwortet Brandt die Frage nach seinem Arbeitsplatz mit nein, denn an dem Tag hat er die letzte Schicht auf dem Bernhard-Koenen-Schacht in Niederröblingen geleistet, wo er vor 24 Jahren zum erstenmal einfuhr. Dabei hat Brandt gleich mehrfach Glück gehabt. Von der ersten Entlassungswelle Ende September 1990, bei der 2500 Bergleute ihren Arbeitsplatz verloren haben, ist er verschont geblieben. Der 38jährige half, unter Tage Dämme gegen das Sickerwasser zu bauen, demontierte Schienen und barg Schrott. Diese Arbeit war nach acht Monaten erledigt, und Brandt mußte mit 731 anderen Kumpels gehen.

Er hat Glück gehabt, weil Bergleute weicher in die Arbeitslosigkeit fallen als andere Arbeiter. Er hat 16000 Mark Abfindung bekommen, was allerdings seine Chancen beim Arbeitsamt verschlechtert. Dort bekam er schon zu hören: «Du kannst erst mal zwei Jahre von deiner Abfindung leben.» Er hat Glück gehabt, weil seine Frau als Sekretärin beim Gericht arbeitet, also eine sichere Anstellung hat, denn «die Spitzbuben werden nicht weniger», meint Brandt.

Mit wachsender Verbitterung beobachten die Mansfelder, wie ihnen vertraute Institutionen zerschlagen werden, wie ihre Fähigkeiten, auf die sie Jahrzehnte vertrauen konnten, plötzlich nicht mehr gefragt sind. Die Polikliniken verschwinden ebenso wie die

Kinderkrippen und Ferieneinrichtungen der Betriebe, das Schulsystem ist völlig umgebaut, die Volkssolidarität durch die Arbeiterwohlfahrt ersetzt, ein völlig neues Steuer- und Abgabensystem eingeführt. Und bei all dem haben die Menschen das Gefühl, nicht beteiligt zu sein, einfach überrollt zu werden und sich irgendwann nicht mehr zurechtzufinden. Die Schriftstellerin Helga Königsdorf faßte diese umstürzenden Veränderungen in den Satz: «Ohne den Ort zu verändern, gehen wir in die Fremde.»

Ingenieure und Handwerker, wegen ihres Improvisationstalents von den Kollegen im Westen vor der Vereinigung der beiden Staaten hoch gelobt, landen jetzt in der Arbeitslosigkeit. «Wir haben aus Scheiße Bonbons gemacht», sagt der Gewerkschafter und gelernte Elektriker Bernd Göthling, «und jetzt werden wir nicht mehr gebraucht.» Klaus Haldensleben, dessen Tage auf dem Schacht in Niederröblingen gezählt sind, macht sich über seine Zukunft keine Illusionen: «Ich fliege jetzt mit 52 auf die Straße. Wenn ich Glück habe, kann ich in irgendeinem Supermarkt nachts die Regale auffüllen.» Die Chancen der neuen Wirtschaftsordnung nutzen vor allem die Wessis. Die neuen Geschäfte, die rings um den Markt in Eisleben entstanden sind, gehören nahezu ausnahmslos westdeutschen Unternehmen. Den Einheimischen fehlt das Geld, um mit den kapitalkräftigen Westdeutschen mithalten zu können. Sie werden Zaungäste im eigenen Land. «Wir haben vierzig Jahre DDR-Einkommen in DDR-Mark verdient», sagt der Musikalienhändler Detjen. «Wie sollen wir da konkurrieren können, wenn Läden verkauft werden?»

Dieses Gefühl der Zweitklassigkeit nagt an den Menschen. «Uns wird der Stolz geraubt, der persönliche Stolz», meint Manfred Nebelung, der vor Monaten seinen Job verloren hat. «Aber wir sind zum Stillhalten erzogen worden. Es muß wohl noch schlimmer kommen, bis wir auf die Straße gehen.»

Das Ende der Ostaufträge
Sorgen der ostdeutschen Exportindustrie

Als sich die Nachrichten vom Staatsstreich in Moskau überschlugen, jagten sich nicht nur auf diplomatischem Parkett die Krisensitzungen. Auch in den Vorstandsetagen der ostdeutschen Exportbetriebe wurden die Entwicklungen in der UdSSR mit großer Sorge verfolgt. Zwar versicherte der oberste Putschist, Vizepräsident Gennadi Janajew, schleunigst, die ergriffenen Maßnahmen bedeuteten keineswegs die Aufgabe des Reformkurses. Bei Sighelm Thede, Sowjetunion-Experte des Ost-Berliner IAW-Instituts, stießen derartige Beteuerungen aber auf erhebliche Skepsis: «Die Putschisten sind allesamt stramme Kommunisten, die wollen zum alten Kommandosystem zurück.» Den deutsch-sowjetischen Handel, so Thede, könne der Umsturz nur weiter zurückwerfen. Die gleichen Befürchtungen gab es in den Unternehmen der Ex-DDR. Günter Krug, Sprecher der Deutschen Waggonbau AG in Berlin, sah bereits alle Felle davonschwimmen: «Unsere Sanierungsstrategie ist auf weitere Ostaufträge begründet», unkte er. Ohne die Order der Russen wäre der weltgrößte Waggonhersteller in der Tat schnell am Ende. Im Jahr 1991 bauen die Berliner für die sowjetischen Staatsbahnen 2500 Wagen mit einem Auftragswert von 1,4 Milliarden Mark. Damit ist die Waggonbau AG fast völlig von der UdSSR abhängig. Fast ebenso einseitig ist die Kundenstruktur der Deutschen Maschinen- und Schiffbau AG (DMS) in Rostock. Als die Moskauer Außenhandelsbank gerade die Finanzierung für 16 Fischereischiffe festklopfen wollte, platzte der Putsch dazwischen: «Was die Sowjets jetzt machen, ist völlig ungewiß», sorgte sich DMS-Vorstand Rudolf Scheid. Insgesamt, so rechnete ein Experte der Treuhandanstalt vor, seien in der ehemaligen DDR 200000 Arbeitsplätze in Gefahr, sollte in der Sowjetunion das politische und wirtschaftliche Chaos ausbrechen.

Der Staatsstreich scheiterte zum Glück. Dennoch sind die Sorgen der ostdeutschen Exportindustrie nicht unbedingt sehr viel kleiner geworden. Einmal kann der Zerfall des Sowjetreiches in ökonomisch eigenständige Republiken das UdSSR-Geschäft nur erschweren, zumal weiter das wirtschaftliche Chaos droht. Zum anderen ist der Außenhandel der Ex-DDR mit der Sowjetunion und mit anderen Staaten des ehemaligen RGW ohnehin auf dem absteigenden Ast. Anfang 1991 drohte er sogar total zusammenzubrechen, was die Bonner Einheitsstrategen wieder einmal überraschte. Noch im Dezember 1990 ging Dieter von Würzen, Staatssekretär im Bundeswirtschaftsministerium, davon aus, daß der Export in die RGW-Länder 1991 «zumindest das diesjährige Volumen erreicht». Seine optimistische Prognose war völlig unverständlich, da schon damals fast alle Experten einen baldigen Niedergang des Ost-Handels voraussagten. Die Realität sollte von Würzen denn auch wenig später widerlegen.

Die Entwicklung, die Anfang 1991 einsetzte, war aus vielerlei Gründen vorhersehbar. Bis Ende 1990 herrschte im RGW eine Art Tauschhandel auf Basis einer künstlichen Währungseinheit, des sogenannten «transferablen Rubels». Wer was in welchem Land produzierte, war festgelegt (siehe auch Kapitel 1). Die DDR versorgte die sozialistischen Bruderstaaten vor allem mit Maschinen, Anlagen, Schiffen und Eisenbahnwaggons. Die Sowjetunion, der mit Abstand wichtigste Handelspartner, lieferte im Gegenzug Rohstoffe, in erster Linie Erdgas und Rohöl. Aus Bulgarien kamen Weintrauben und Tomaten, aus Ungarn Wein und aus der Tschechoslowakei Straßenbahnen. Die Polen verkauften Bauleistungen und Kohle. Daß es mit diesem nicht besonders effizienten System der Arbeitsteilung so nicht weitergehen würde, war bereits Anfang 1990 klar. Im Januar beschloß der RGW, den Handel von 1991 an auch innerhalb der Wirtschaftsgemeinschaft in harter Währung abzuwickeln. Die DDR kam den Partnern lediglich zuvor, als sie sich am 1. Juli 1990 in die Währungsunion mit der Bundesrepublik flüchtete. Für den Export nach Osteuropa hatte die deutsch-deutsche Liaison zwar Folgen, die zunächst aber begrenzt blieben. Bundeskanzler Helmut Kohl gewährte den östlichen

Nachbarn großzügig «Vertrauensschutz». Im Klartext: Er gab eine Garantie für Lieferungen der DDR in die RGW-Staaten. Bis Ende 1990 durften Sowjets, Polen, Ungarn oder Bulgaren ihre Rechnungen weiter in Transferrubel begleichen. Die ostdeutschen Unternehmen, die mit dieser Kunstwährung nichts anfangen konnten, erhielten für einen Rubel 2,34 D-Mark. Zuvor gab es zwar das Doppelte in Ost-Mark, mit dem neuen Kurs kamen die Exportbetriebe dennoch ganz gut klar. Wer dennoch in Schwierigkeiten geriet, konnte zusätzliche Exportsubventionen beantragen. Bonn machte mehrere Milliarden locker.

So großzügig die Bundesregierung den vereinbarten Vertrauensschutz auch auslegte, so wenig konnte sie daran ändern, daß es mit dem Osthandel nach der Währungsunion rapide bergab ging. Vor allem die ostdeutschen Einfuhren aus dem Gebiet des RGW schrumpften zum Teil dramatisch. Kaum ein DDR-Betrieb wollte sich unter den Bedingungen der Marktwirtschaft noch mit unverkäuflichen Produkten aus dem Osten eindecken. Fast alle versuchten, sich aus gültigen Verträgen herauszuwinden. Ganze Waggonladungen mit Arzneimitteln aus der ČSFR wurden an den Absender zurückgeschickt. Ebensowenig Glück hatte die Tschechoslowakei mit Waschmaschinen, die eigens nach DDR-Normen gefertigt waren. Selbst die früher so begehrten Nahrungsmittelimporte, Obst, Gemüse oder Wein aus Bulgarien und Ungarn, hatten in der DDR plötzlich keine Chance mehr. Allein Erdgas und Rohöl aus der Sowjetunion waren weiter gefragt. Ansonsten gingen die RGW-Exporte in die damalige DDR im Juli und August 1990 gegenüber den Vorjahresmonaten drastisch zurück. Der Import aus Bulgarien kam fast völlig zum Erliegen. Gleichzeitig nahmen zwar auch die DDR-Ausführen nach Osteuropa ab, aber längst nicht in dem Ausmaß wie die Einfuhren. Die Folge: Die früher fast ausgeglichenen Handelsbilanzen zwischen der DDR und den Ländern des RGW gerieten immer mehr ins Ungleichgewicht. Schon bis Ende August 1990 kletterte der DDR-Aktivsaldo im Warenaustausch mit den einstigen sozialistischen Bruderstaaten auf umgerechnet mehr als sechs Milliarden Mark. Für die im westlichen Ausland durchweg hoch verschuldeten Länder war das fatal. Denn irgendwann mußten sie ja ihre auf Transferrubel lautenden Verbindlichkeiten in harter D-Mark zurückzahlen. Alle RGW-Länder schränkten daher ihre Einfuhren aus Ostdeutschland in den Folgemonaten deutlich ein. Nur die Sowjets orderten eifrig weiter. Im Gesamtjahr 1990 steigerte die UdSSR ihre Einfuhren aus Ostdeutschland sogar leicht gegenüber 1989.

Das böse Erwachen kam, wie nicht anders zu erwarten, mit Beginn des Jahres 1991. Der fällige Kassensturz jagte den Sowjets einen gehörigen Schrecken ein. Nach deutscher Rechnung summierten sich die Forderungen der Bundesrepublik aus dem Transferrubel-Handel mit der UdSSR auf umgerechnet 15 Milliarden Mark. Die Russen waren so schockiert, daß sie plötzlich überhaupt nichts mehr in der ehemaligen DDR bestellten, und auch die übrigen Staaten des mittlerweile aufgelösten RGW hielten sich weiter zurück. Insgesamt eine Million Arbeitsplätze, die laut Berliner IAW am Ost-Handel hingen, schienen in Gefahr. Zwar lockte die Bundesregierung mit äußerst günstigen Konditionen der staatlichen Hermes-Kreditversicherung: Auf An- und Zwischenzahlungen der sowjetischen Kunden wird verzichtet, die Kredite können bis zu zehn Jahre laufen und sind in den ersten drei Jahren tilgungsfrei. Doch die Moskauer Außenhandelsbank weigerte sich, die Hermes-Bürgschaften gegenzuzeichnen. Ohne derartige Garantieerklärungen der sowjetischen Seite wollte Bonn aber nicht ins Obligo gehen.

Der stockende Auftragsfluß ließ Bundeswirtschaftsminister Jürgen Möllemann in Aktion treten. Er brachte von einer Moskau-Reise im Februar 1991 die Zusage des sowjetischen Ministerpräsidenten Walentin Pawlow mit, unverzüglich Investitionsgüter im Wert von neun Milliarden Mark in der Ex-DDR zu bestellen. Die Außenwirtschaftsbank in Moskau werde, so versicherte der spätere Putschist Pawlow dem Bonner Abgesandten, innerhalb von 14 Tagen die Hermes-Bürgschaften gegenzeichnen. Sah es nach der Möllemann-Visite anfangs so aus, als sollte der ostdeutsche Export in die Sowjetunion trotzdem nicht in Fahrt kommen, so hat die Moskauer Außenhandelsbank inoffiziellen Schätzungen zufolge inzwischen Aufträge im Wert von rund acht Milliarden Mark bestätigt. Das ist zwar weniger als die Hälfte des Vorjahresvolumens, doch für die krisengeschüttelte ostdeutsche Exportindustrie ist das immerhin ein kleiner Lichtblick.

Viele Unternehmen warten händeringend auf weitere Aufträge. Sie haben zum Teil auf Vorrat produziert und werden jetzt auf ihren Lägern sitzenbleiben. Unsicherheit herrscht aber vor allem über die mittelfristige Entwicklung. Die Sanierungskonzepte zahlreicher Unternehmen sind nämlich ohne die fest einkalkulierten Ostaufträge nicht das Papier wert, auf dem sie stehen. Zwar werden die Firmen auf Dauer nicht darum herumkommen, sich nach neuen Absatzmärkten umzutun. In der Übergangszeit gibt es aber kaum eine Alternative zum Export in die Sowjetunion. Sollte der im kommenden Jahr infolge der politischen und wirtschaftlichen Turbulenzen weiter kräftig abbröckeln, könnte das zu einer Kettenreaktion in der gesamten ostdeutschen Wirtschaft führen. Denn die Treuhandanstalt als Eigentümer der meisten Betriebe wird kaum willens oder in der Lage sein, über einen längeren Zeitraum Kapazitäten zur Belieferung eines völlig unzuverlässigen Kunden aufrechtzuerhalten.

Völlig unsicher ist auch, ob die Bundesregierung jemals zu dem Geld kommt, das ihr die Sowjetunion noch aus dem Transferrubel-Handel schuldet. Moskau akzeptiert die 15-Milliarden-Forderung nicht und verlangt wie die anderen ehemaligen Länder des RGW eine «politische Regelung», was auf einen weitgehenden Schuldenverzicht hinausläuft. Das Dilemma: Bleibt Bonn hart, müßten die Sowjets ihre Importe weiter einschränken mit entsprechenden Rückwirkungen auf die Exportbetriebe in Ost- wie Westdeutschland.

Krieg auf dem Land
Die Agrarkrise

Edwin Zimmermann, Agrarminister von Brandenburg, ist ein pflichtbewußter Mann. Eigentlich wollte er sich im vergangenen August 14 Tage Urlaub in Südtirol gönnen. Doch daraus wurde nichts. Der SPD-Politiker zog die märkische Heide den Alpen vor. Begründung: Die Lage in der heimischen Landwirtschaft werde immer katastrophaler. «Ganze Dorfgemeinschaften», so Zimmermann, «entzweien sich, die Bauern sind drauf und dran, sich die Köpfe einzuschlagen.»

Tatsächlich spitzt sich die Agrarkrise in den neuen Bundesländern zu. Eine Geheimstudie der Zimmermann-Behörde kommt zu dem beängstigenden Ergebnis, daß drei Viertel aller brandenburgischen Betriebe vor dem Bankrott stehen. Ursachen seien der Preisverfall und die hohen Schulden der Landwirtschaftlichen Produktionsgenossenschaften (LPG). Der Minister weiß aber noch einen Grund für die Misere: «Wir haben nicht ein Dorf gefunden, in dem die Bauern mit der Umstrukturierung zufrieden waren.» Fast überall torpedierten LPG-Vorsitzende, die durchweg schon vor der Wende die Landwirte kujoniert hätten, mit «dubiosen Geschäften» den Einstieg in die Marktwirtschaft: «Da fließen Gelder in dunkle Kanäle. Wenn sich die Hinweise bewahrheiten, wird der Staatsanwalt eine Menge Arbeit bekommen», sagt Zimmermann. Er hat bereits Amtshilfe aus Nordrhein-Westfalen angefordert, um verstärkt gegen «Unregelmäßigkeiten und Rechtsverstöße» vorzugehen.

Einer der ungeliebten LPG-Chefs, denen Zimmermann so mißtraut, ist Jürgen Krebs (55). Der macht aus seiner Abneigung gegen den Minister denn auch keinen Hehl, bestätigt den Sozialdemokraten aber zumindest in einem Punkt: «Hier ist Krieg.» Krebs leitet die LPG Fresdorf, wenige Kilometer südlich von Berlin. Seine Tage als Vorsitzender der Genossenschaft, Zweig Tierproduktion, sind gezählt: Der Betrieb, in dessen Ställen einst 2000

Mastrinder und Milchkühe sowie 5500 Schweine standen, wird derzeit abgewickelt. Bereits im Oktober 1990 hatte eine Vollversammlung der LPG-Mitglieder die Liquidation beschlossen. Der gesamte Tierbestand ist inzwischen verkauft. Eine große Milchviehanlage am Rande von Fresdorf, die noch kurz vor der Wende mit einem Kostenaufwand von acht Millionen Mark hochgezogen wurde, hat Krebs an zwei westdeutsche Investoren, die Brüder Hartmut und Wilfried Seibel aus Hameln in Niedersachsen, auf zwölf Jahre verpachtet. An der Liquidation, so sieht es jedenfalls Jürgen Krebs, ging kein Weg vorbei: «Wir haben alles versucht, doch mit sechs Millionen Mark Altschulden war das aussichtslos.» Rita von Feilitzsch (32), die bis Oktober 1990 als Schweinemeisterin in Fresdorf arbeitete, sieht das etwas anders. Sie hat wie die meisten Beschäftigten und Mitglieder der LPG früher «große Stücke» auf Krebs gehalten: «Er war zwar ein strammer Kommunist, hat aber immer andere Meinungen gelten lassen, und das habe ich ihm hoch angerechnet.» Auch von den fachlichen Qualitäten ihres Vorsitzenden war sie überzeugt. Um so größer war ihre Enttäuschung nach der Wende: «Wir hatten eigentlich gedacht, daß wir jetzt so richtig loslegen konnten. Doch da kam nichts von Herrn Krebs. Da war nur eine totale Leere», sagt die junge Frau. Statt loslegen zu können, mußte sie mit ansehen, wie «bei Nacht und Nebel» westdeutsche Händler «mit einem Koffer voll Geld» kamen und das Vieh abtransportierten: «Da sind rasch mal 40 Milchkühe verhökert worden, um die nächsten Löhne zahlen zu können. Dabei hätte im Berliner Umland doch gerade die Milchviehhaltung Zukunft gehabt.»

Genauso sieht es Peter Stelzig (54), Vorsitzender der Nachbar-Genossenschaft in Saarmund, die den Fresdorfer Betrieb früher mit Viehfutter beliefert hat. Die beiden LPG-Chefs waren zwar «nie Freunde» (Stelzig), doch «gut verstanden» (Krebs) haben sie sich zu DDR-Zeiten schon. Das hat sich nach der marktwirtschaftlichen Wende von grundauf geändert: «Wir sprechen nicht mehr miteinander. Wir verkehren nur noch über Rechtsanwalt», sagt

Jürgen Krebs. Das ist noch eine freundliche Umschreibung. Aus dem Streit ist ein regelrechter «Bauernkrieg» geworden, in den inzwischen auch die Kriminalpolizei eingeschaltet ist.

Natürlich geht es ums Geld. Genauer gesagt um eine Summe von fast 800 000 Mark, die die Saarmunder Pflanzen-LPG von der Fresdorfer Tier-LPG fordert. Peter Stelzig verweist nicht nur auf unbezahlte Rechnungen für tatsächlich geliefertes Futter. Er will von Krebs auch Geld für vertraglich vereinbarte Lieferungen haben, die die Fresdorfer LPG nie abgenommen hat: «Vertrag ist Vertrag. Wir sind auf mehreren tausend Tonnen Mais- und Grassilage sitzengeblieben. Auf das Geld kann ich doch nicht verzichten. Wie soll ich das gegenüber meinen Mitgliedern vertreten», sagt er.

Jürgen Krebs ist nicht bereit, Stelzigs Forderung in voller Höhe anzuerkennen: «Nicht abgenommene Ware kann man uns nicht anrechnen. Uns war doch die wirtschaftliche Grundlage entzogen, weil wir unser Vieh verkaufen mußten.» Aber auch die Rechnungen für das gelieferte Futter akzeptiert Krebs nicht: «Die sind mit den alten, hohen DDR-Preisen nur ganz wenig runtergegangen und haben uns damit den Rest gegeben», behauptet er. Peter Stelzig sagt genau das Gegenteil und legt die entsprechenden Belege auf den Tisch: «Nach der Währungsunion haben wir die Preise mehr als halbiert.»

Dies alles wäre ein ganz normaler Fall für den Zivilrichter und nicht für den Staatsanwalt, wenn da nicht auch noch angebliche Schmiergelder eine Rolle spielten. Erwin Bader, Buchhalter in der LPG Fresdorf und jetzt einer von drei Liquidatoren, soll dem Saarmunder Genossenschaftschef 30 000 Mark in bar geboten haben, wenn dieser im Gegenzug auf Forderungen in Höhe von rund 260 000 Mark verzichtet. Er sei zum Schein auf das Angebot eingegangen und habe die 30 000 Mark angenommen, sagt Stelzig, der auch einen Zeugen für den Vorfall benennt. Dieter-Martin Hartwig, ein West-Berliner Unternehmer, der die LPG Saarmund von Zeit zu Zeit «bei Beratungen über die wirtschaftliche Zukunft unterstützt», hat nach eigener Aussage die Geldübergabe vom Nebenzimmer aus verfolgt. «In der Glasscheibe der Trenntür fehlte ein großes Stück, so daß jedes Wort deutlich zu hören war. Herr Bader hat einen Briefumschlag mit dem Schmiergeld auf den Tisch gelegt.»

Tatsache ist, daß Peter Stelzig der Kripo einen Briefumschlag mit 30000 Mark übergeben hat und daß jetzt ein staatsanwaltschaftliches Ermittlungsverfahren gegen Erwin Bader läuft. Auch daß Bader die 30000 Mark in bar und ohne Quittung an Stelzig gezahlt hat, ist unstrittig. Das jedenfalls räumt der Rechtsanwalt Detlef Kretschmer, der die LPG Tresdorf bei der Abwicklung unterstützt, in einem Rundschreiben an «alle ehemaligen Mitglieder und Arbeitnehmer» der Genossenschaft ein. Dafür, daß diese Barzahlung aus «Schwarzgeldern» stamme, gebe es aber, so Kretschmer, «keine ernsthaften Anhaltspunkte».

Der von dem Anwalt verschickte Brief hat die Diskussion in Tresdorf erst so richtig angeheizt und den Ort in zwei Lager gespalten. Die einen halten nach wie vor zu Jürgen Krebs und Erwin Bader. Die anderen wollen schon immer gewußt haben, daß es bei der Abwicklung der LPG nicht mit rechten Dingen zugeht. Vor allem die Bedingungen, zu denen der CDU-Bundestagsabgeordnete und Verleger Wilfried Seibel (46) und seiner jüngerer Bruder Hartmut (40) die Milchviehanlage der Genossenschaft übernehmen durften, können viele nicht verstehen. Da die LPG abgewickelt wird, müßten die Liquidatoren Krebs und Bader eigentlich bestrebt sein, das gesamte Vermögen der Genossenschaft so schnell wie möglich zu veräußern. Nicht zuletzt, um die bestehenden Verbindlichkeiten abzulösen, aber auch, um die ehemaligen Mitglieder abzufinden, sollte nach Bedienung der Gläubiger unter dem Strich noch etwas übrigbleiben. Um so unverständlicher ist es, daß Krebs die Stallungen auf zwölf Jahre an die beiden Seibels verpachtet hat.

Dennoch macht der Deal aus seiner Sicht Sinn. Denn an der «Rindviehzucht und Milchproduktion in Fresdorf GmbH»

(RZMF), die die Seibels gegründet haben und mehrheitlich besitzen, ist auch Krebs junior, 24 Jahre alt und wie der Vater Landwirt, beteiligt. Die Zusammenhänge sind klar: Angesichts der hohen Schulden, die auf der LPG Fresdorf lasten, ist ein Anschlußkonkurs nicht unwahrscheinlich. Geht die Genossenschaft aber in die Zwangsvollstreckung, dann muß der Konkursverwalter die Ställe verkaufen beziehungsweise versteigern. Das dürfte aber kein einfaches Unterfangen sein. Schließlich sind die Anlagen langfristig verpachtet. Die Folge: Als einziger Bieter dürfte die Seibel-Gesellschaft RZMF, an der auch Krebs junior beteiligt ist, übrigbleiben. Sie kann sich dann die Ställe mangels Konkurrenten billig unter den Nagel reißen.

Für Hartmut Seibel, der bisher in der Nähe von Hameln einen 70 Hektar-Hof mit 45 Milchkühen bewirtschaftete, ist der Geschäftserfolg schon heute ausgemachte Sache. Er hat von den Bodeneigentümern der Region 400 Hektar gepachtet und wollte im September 1991 mit der Milchproduktion beginnen. Rund 500 Kühe sollen einmal in den RZMF-Ställen stehen: «Hier haben wir die Möglichkeit, in ganz andere Größenordnungen hineinzuwachsen. Das sind amerikanische Verhältnisse», schwärmt er. Seibel ist im Gegensatz zu so manchem westdeutschen Bauernfunktionär fest davon überzeugt, daß derartigen Großbetrieben die Zukunft gehört. Ähnlich sieht es Noch-LPG-Chef Jürgen Krebs: «Herr Seibel hat meine volle Unterstützung», beteuert er.

Gleich wie der Bauernkrieg in der märkischen Heide ausgeht, für die Fresdorfer LPG gibt es keinen Weg zurück. Damit teilt sie das Schicksal vieler der ostdeutschen Agrarfabriken. Bis Anfang August 1991 hatten sich bereits etwa 400 der ehemals 4000 Produktivgenossenschaften ohne Rechtsnachfolge aufgelöst; weitere gut hundert Betriebe befanden sich in der Gesamtvollstreckung. Das Ende der Fahnenstange war damit noch nicht erreicht. Von den restlichen Betrieben, so schätzen die Agrarministerien der neuen Bundesländer, sind etwa 40 Prozent konkursgefährdet. Vielen von ihnen wäre nicht einmal mit einer Totalentschuldung gedient.

Laut Treuhandanstalt stünden dennoch etwa ein Drittel der Genossenschaften vor dem Aus. Und in der Mehrzahl der Fälle sind nicht dunkle Machenschaften des LPG-Managements an der Misere schuld, sondern die Bonner Agrarpolitik: «Es gibt keine echte Chancengleichheit. Es gibt eine Vielzahl von Beispielen, wie Großbetriebe benachteiligt werden», sagt etwa der Hauptgeschäftsführer des ostdeutschen Bauernverbandes, Siegfried Döhler, der allerdings dem Erbe sozialistischer Großmannssucht in seiner bisherigen Form «keine Überlebenschance» einräumt. Tatsächlich läuft nach dem Stand der Dinge aber alles darauf hinaus, daß den landwirtschaftlichen Mammutunternehmen der Garaus gemacht wird, bevor sie sich zu wettbewerbsfähigen Einheiten umstrukturieren können.

Bundeslandwirtschaftsminister Ignaz Kiechle wie der westdeutsche Bauernpräsident Constantin Freiherr Heereman hatten gehofft, daß sich nach dem Wegfall der Zwangskollektivierung auch in der ehemaligen DDR massenhaft kleinbäuerliche Familienbetriebe gründen würden – ganz so wie in der alten Bundesrepublik. Die Hoffnung trog. Zwar lagen bis Anfang August 1991 immerhin etwa 8000 Anträge auf Gründung eines Familienbetriebes vor, doch spielen viele dieser sogenannten «Wiedereinrichter» schon mit dem Gedanken, wieder aufzugeben, bevor sie überhaupt richtig losgelegt haben. Ihnen fehlt vor allem das Eigenkapital. Daran kann auch der Staat, der den Sprung in die Selbständigkeit recht großzügig unterstützt, nicht viel ändern. Für private Unternehmensgründer stehen Starthilfen von 23500 Mark, öffentliche Darlehen von maximal 250000 Mark sowie günstige Kredite von bis zu 300000 Mark bereit. Das Risiko, das eine derart hohe Verschuldung mit sich bringt, will aber kaum ein Ost-Bauer eingehen. Angesichts der desolaten Einkommenslage, die auch in der westdeutschen Landwirtschaft herrscht, ist das mehr als verständlich: «In den ostdeutschen Ländern soll installiert werden, was in den westdeutschen Ländern nicht mehr funktioniert. Das sehen die Leute hier doch auch», sagt ein Agrarexperte. Diejenigen, die sich dennoch selbständig machen wollen, legen meist völlig unrealistische Betriebsentwicklungspläne vor, wie Brandenburgs Landwirtschaftsminister, Edwin Zimmermann, zu berichten weiß. Er hat über die Hälfte der Pläne, die in seinem Haus bis Mitte Juni 1991 eingereicht wurden, nicht genehmigt, weil sie «nicht seriös» waren. Auch dies verwundert kaum, sind doch die Ost-Bauern in aller Regel spezialisierte Landarbeiter, die in Markt- und Managementfragen völlig unerfahren sind.

Während also auf der einen Seite das Interesse an der Gründung kleinbäuerlicher Familienbetriebe nach wie vor gering ist, geht es andererseits den Genossenschaften an den Kragen. Viele der noch existierenden Betriebe haben sich nicht einmal – wie im Landwirtschaftsanpassungsgesetz (LAG) vorgeschrieben – in eine eingetragene Genossenschaft, Kapital- oder Personengesellschaft umgewandelt: «Die Probleme, vor denen wir alle stehen, sind noch gravierender, als zunächst angenommen. Die sozialistische Vergangenheit wirft leider noch für einige Zeit sehr, sehr lange Schatten», hat selbst Ignaz Kiechle, der Bonner Agrarminister, mittlerweile erkannt. Dabei ist es keineswegs immer der böse Wille allzusehr in der Vergangenheit verhafteter Betriebsleiter, wenn die Umstrukturierung stockt. Die Geschäftsführer und Vorsitzenden der Mammutbetriebe, die nicht selten 6000 Hektar beackerten oder mehrere tausend Rinder versorgten, kämpfen mit einer Vielzahl von existentiellen Problemen, die die geforderte Umwandlung erschweren.

So weiß praktisch kein Betriebsleiter, über welche Flächen er künftig verfügen kann. Denn die Böden, die früher bewirtschaftet wurden, waren in aller Regel nicht Eigentum der LPG. Ein Viertel der gesamten landwirtschaftlichen Nutzfläche – 1,7 von 6,1 Millionen Hektar – stammt aus dem staatlichen Bodenfonds und ist größtenteils aus der von der Sowjetunion zwischen 1945 und 1949 verordneten Bodenreform hervorgegangen. Jetzt wird dieses Land von der Treuhandanstalt verwaltet, die bisher nur kurzfristige Pachtverträge vergibt. Für die Böden, die nach 1949 enteignet wurden, haben die alten Eigentümer insgesamt 1,2 Millionen Anträge auf Rückübertragung gestellt. Und schließlich können seit Mitte 1990 die privaten Landeigentümer über ihre zwangsweise in die Genossenschaften eingebrachten Flächen wieder frei verfügen, sie mithin verkaufen, verpachten oder wieder selbst bewirtschaften. Kein Wunder, daß dieses Eigentums-Wirrwarr die Großbetriebe lähmt.

Ebenso fatal wirkt sich eine Regelung des LAG aus, wonach die Genossenschaften ihre Mitglieder auf Wunsch für einst erbrachte Inventarbeiträge entschädigen müssen. Paradoxerweise gefährdet diese Gesetzesvorschrift gerade Betriebe, die eigentlich finanziell nicht schlecht dastehen, massiv in ihrer Existenz. Der Hintergrund: Je größer das Vermögen einer LPG, desto höhere Abfindungen dürfen die Gesellschafter erwarten. In den meisten Betrieben sind zudem die Ruheständler die wichtigsten Kapitalgeber. Und daß die es sich auf ihre alten Tage noch einmal so richtig gut gehen lassen wollen, ist mehr als verständlich. Für die Genossenschaften und ihre aktiven Mitglieder hat das erhebliche Folgen. Sie müssen tatenlos zusehen, wie ihre Kapitalbasis schmilzt. Ist ein Betrieb dann auch noch bei den Banken hoch verschuldet, führt in aller Regel kein Weg am Konkurs mehr vorbei. Welches Kreditinstitut findet sich schon bereit, immer größere Summen in ein völlig unsicheres Unternehmen zu stecken, das zudem nicht einmal Flächen zur Kreditsicherung übereignen kann.

In dieses Vakuum von chancenloser neuer Klein- und alter Großlandwirtschaft stoßen in zunehmendem Maße geschäftstüchtige West-Bauern. Sie pachten – vorzugsweise in Grenznähe – von den privaten Landeigentümern Riesenschläge, machen ihre heimischen Kleinbetriebe gegen staatliche Stillegungsprämien dicht und gründen Agrarfarmen in einer Größenordnung, die auch auf lange Sicht Konkurrenzfähigkeit verspricht. Darunter sind nicht nur Westdeutsche wie die Gebrüder Seibel aus Hameln. Vor allem viele niederländische Landwirte tun es ihren Vorfahren gleich und begeben sich auf den großen Burentreck. «Ihr gelobtes Land liegt heute allerdings nicht in Südafrika, zwischen Rostock und Dresden wollen sie ihr Glück suchen», schreibt Helmut Hetzel in der «Welt». Gerald Thalheim, Sprecher der Bonner SPD-Fraktion für Ost-Landwirtschaft, räumt den Wessis gute Erfolgschancen ein: «Mit westlichen Maschinen und westlichem Know-how kriegt man das hin, was den Kommunisten nicht gelungen ist – die industrielle Landwirtschaft.»

Deutschland –
das Land der Ungleichzeitigkeiten
Die Kolonisierung

Die Wende in der Bonner Wirtschaftspolitik kam im März 1991, als die Bundesregierung das Hilfsprogramm «Gemeinschaftswerk Aufschwung Ost» beschloß. 1991 und 1992 investiert sie jeweils zwölf Milliarden Mark zum Beispiel in Straßenbau, Stadtsanierung, Wohnungserneuerung, Umweltschutz und zusätzliche Arbeitsbeschaffungsmaßnahmen. Für 1991 packte sie noch fünf Milliarden Mark zusätzlich in dieses Hilfspaket, dieses Geld konnten Gemeinden und Kreise ohne großen bürokratischen Aufwand schnell für die Reparaturen von Altenheimen, Kindergärten, Schulen und Krankenhäusern ausgeben und so dem lokalen Handwerk und kleinen Baufirmen auf die Beine helfen.

Voller Stolz blickte die Bundesregierung auf ihr mit reichlicher Verspätung geschaffenes Gemeinschaftswerk und lobte es gleich als größtes Investitions- und Hilfsprogramm in der deutschen Nachkriegsgeschichte, was zutrifft. Und nicht ohne Hintersinn folgte gleich der Hinweis, daß dieses Programm bei weitem den legendären Marshall-Plan übertreffe, mit dem die Vereinigten Staaten nach dem Zweiten Weltkrieg den deutschen Westzonen wirtschaftlich auf die Beine geholfen hätten. Die Amerikaner spendierten damals nämlich nur 1,3 Milliarden Dollar, was etwa 1,5 Prozent des Bruttosozialproduktes ausmachte.

Wieviel großzügiger sind da doch die Westdeutschen mit ihrer Hilfe für den Osten: Allein 1991 summieren sich die finanziellen

Zuwendungen für den wirtschaftlichen Aufbau und die soziale Sicherung im Osten nach Berechnung des Instituts der deutschen Wirtschaft auf 153 Milliarden Mark. Etwa siebzig Prozent des Bruttosozialprodukts im deutschen Osten entstehen durch Transfers von West nach Ost. Oder, anders gewendet: Die Ostdeutschen erwirtschaften selbst nur dreißig Prozent des Geldes, das in den fünf neuen Ländern 1991 ausgegeben wird.

Dieser finanzielle Transfer ist für die Westdeutschen durchaus zu spüren. Er erreicht 1991 immerhin sechs Prozent des westdeutschen Bruttosozialprodukts, übertrifft damit deutlich das reale Wirtschaftswachstum und geht folglich an die Substanz. Die West- und Ostdeutschen haben dies am ersten Jahrestag der Wirtschafts- und Währungsunion gespürt, als sie plötzlich 7,5 Prozent mehr Lohn- und Einkommensteuer zahlen mußten, als die Preise für Benzin um rund 25 Pfennige stiegen und einige andere Steuern angehoben wurden. Zumindest im Westen blieb von den Lohn- und Gehaltserhöhungen nichts übrig. Im Osten stiegen die Einkommen weit stärker, worauf hinzuweisen die Westdeutschen nicht müde wurden.

Tatsächlich ist die frühere DDR das einzige Land im ehemaligen Ostblock, in dem durch den Umbau der Kommando- zur Marktwirtschaft die Realeinkommen nicht gesunken, sondern sogar gestiegen sind. Polen, Tschechen, Slowaken und Ungarn mußten den wirtschaftlichen Systemwechsel mit drastisch sinkenden Einkommen und wachsender Armut bezahlen. Dieses Los ist den Ostdeutschen erspart geblieben, weil die Transferzahlungen im Durchschnitt pro Einwohner in den neuen Bundesländern 9600 Mark im Jahr 1991 erreichen.

Die fremden Deutschen

Das viele Geld, das die Westdeutschen in den Osten schaufelten, konnte eines nicht verhindern: Deutsche in Ost und West sind sich seit der Vereinigung nicht nähergekommen, sondern fremder geworden. «Die Mauer, die wir sehen konnten, wird fast überall abgerissen. Die Mauer, die wir nicht sehen können, wird zunächst immer höher», schreibt Friedrich Schorlemmer, einer der Mitbegründer der DDR-Bürgerbewegung. In jenen Novembertagen, die das Gemüt so bewegten, sah das wohl keiner voraus: «Die Menschen weinten und lachten, taumelten sich in die Arme, alle deutsche Scheu, Vorsicht, Distanz, Zwanghaftigkeit und Kontrollsucht in einem Rausch der schmerzlichen Freude wegschwemmend», erinnert sich Psychotherapeut Hans-Joachim Maaz. Übriggeblieben ist nicht nur natürliche Ernüchterung, sondern die Gewißheit, daß wir noch längst nicht «ein Volk» sind, wie dies die Montagsdemonstranten in Dresden und Leipzig herausschrien. Im Gegenteil. Die unsichtbare Grenze, die die Deutschen trennt, ist sogar höher als die sichtbare zwischen Alt-Bundesrepublik und westlichen Partnerländern. Franzosen, Amerikanern oder Österreichern bringen die Westdeutschen mittlerweile deutlich mehr Sympathie entgegen als ihren Brüdern und Schwestern im Osten des «Deutschland einig Vaterland». Selbst die Russen, so ermittelte Mitte 1991 das Bielefelder Emnid-Institut im Auftrag des «Spiegel», stehen bei den Deutschen West noch höher im Kurs. Im Herbst 1990, als Emnid die gleichen Fragen stellte, sah das noch ganz anders aus. Damals waren die Ostdeutschen bei ihren westlichen Landsleuten noch genauso beliebt wie die beliebtesten Ausländer, die Franzosen.

Die wachsende Entfremdung läßt sich nicht nur von den Antworten der Westbürger ablesen. Wie die Emnid-Umfrage belegt, haben auch die ehemaligen DDR-Bürger immer weniger für ihre neuen Landsleute übrig. So meinen zum Beispiel zwei Drittel der Ostdeutschen, die Westdeutschen hätten ihre Heimat «im Kolonialstil erobert», und nur eine Minderheit (35 Prozent) glaubt, man könne «den meisten Menschen in Westdeutschland trauen». Statt Dankbarkeit macht sich zunehmender Frust über die als «arrogante Besatzer» erlebten Wessis breit. Die halten sich, wie Emnid herausfand, in der Tat für die besseren Deutschen. Die Bielefelder Meinungsforscher legten alten und neuen Bundesbürgern eine Liste mit 16 Eigenschaftsgegensätzen (zum Beispiel «fleißig–faul» oder «diszipliniert–disziplinlos») vor. Zuerst sollten sich die Ost- und Westdeutschen selbst, dann die jeweils anderen Bundesbürger beurteilen. Das Ergebnis: Die Wessis halten sich in beinahe jeder Hinsicht für überlegen. Laut Selbsteinschätzung sind sie zuverlässiger, selbstbewußter, fleißiger, gründlicher, disziplinierter, selbständiger, entschlußkräftiger und geschäftstüchtiger als die Ossis. Nur bei drei von 16 möglichen Antworten stuften sie ihre neuen Landsleute höher ein als sich selbst. Doch bezeichnenderweise handelt es sich hierbei um Eigenschaften, die in der Ellenbogengesellschaft nicht sehr viel gelten: Die früheren DDR-Bürger seien bescheidener, rücksichtsvoller und kinderfreundlicher. Im übrigen sind die Ostdeutschen im Ansehen ihrer neuen Landsleute noch einmal deutlich gesunken. Jetzt gelten sie als noch unselbständiger, ideenärmer und entschlußschwächer.

Aber auch die Ostdeutschen sehen ihre neuen Landsleute mittlerweile kritischer: Die Wessis seien vor allem noch überheblicher und rücksichtsloser geworden. Indessen ist das Bild, das die Ex-DDR-Bürger von sich selbst haben, durchweg sehr viel positiver als jenes, das die Westdeutschen von ihnen malen. Nur in einem Punkt stimmen die Meinungen fast völlig überein. Die Ostdeutschen halten sich auch selbst für ausgesprochen unsicher. Angesichts dieser selbstkritischen Einschätzung verwundert ein weiteres Umfrageergebnis nicht: Der Anteil der Ostdeutschen, die sich als Bundesbürger zweiter Klasse empfinden, ist seit Herbst 1990 von 75 auf 84 Prozent gestiegen. Gemeint ist damit in erster Linie die wirtschaftliche Zweitklassigkeit. Für 72 Prozent der Ostdeutschen ist es denn auch «besonders wichtig, die Gleichheit der Lebensverhältnisse in Ost- und Westdeutschland herzustellen». Der gleichen Meinung ist nur eine Minderheit (41 Prozent) der Westdeutschen. Die wachsenden deutsch-deutschen Dissonanzen sind offenbar nicht zuletzt die Folge einer als Verteilungskampf erlebten Vereinigung. So meinen die ehemaligen DDR-Bürger mehrheitlich (64 Prozent), die Deutschen im Westen hätten «trotz ihres Wohlstandes nicht gelernt zu teilen».

Diese Erfahrung haben auch Ines (27) und Dirk Fromm (28) gemacht. Das Ehepaar, das in der Ost-Berliner Trabantenstadt Hellersdorf lebt und arbeitet, hatte früher recht gute Kontakte zur West-Verwandtschaft, die regelmäßig zu Besuch kam. Nach dem Fall der Mauer packten die Fromms ihre beiden Töchter ins Auto und starteten kurzentschlossen zu einem ersten Gegenbesuch. Allzu herzlich war der Empfang im Westen nicht: «Die Tante hat wohl gedacht, daß wir jetzt ständig kommen und ihr auf der Tasche liegen», sagt Ines, die als Sekretärin an einer Hellersdorfer Oberschule beschäftigt ist. «Mit Grauen» erinnert sich die junge Frau an leidige Diskussionen, die vor der Währungsunion um den Umtauschsatz geführt wurden: «Irgendwie haben die uns das nicht gegönnt. Dabei wollen wir doch nichts geschenkt haben oder bedauert werden. Schließlich machen wir unsere Arbeit wie die Leute im Westen.» Inzwischen ist der Kontakt schlechter als vor der Wende. Ehemann Dirk, Hausmeister an einer anderen Hellersdorfer Schule, weiß warum: «Früher waren sie die großen Wessis, die immer etwas mitgebracht haben, und in dieser Rolle haben sie sich wohl gefühlt.» Tatsächlich hat so mancher Westdeutsche Probleme zu akzeptieren, daß er sich nicht mehr als Glücksbote aus einem unerreichbaren Schlaraffenland präsentieren kann. Erst recht muß es sauer aufstoßen, wenn es der armen Verwandtschaft im Osten mit Häuschen im Grünen und fabrikneuem Mercedes vor der Tür eigentlich viel besser geht.

Die neue Situation entzweit nicht nur Familien, die Konflikte brechen vor allem auch dort auf, wo West- und Ostdeutsche direkt zusammenarbeiten sollen. Bonn versucht, mit hohen Prämien

210

massenweise West-Beamte für den Aufbau im Osten zu ködern. Ob sie jedoch am dortigen Verwaltungschaos etwas ändern können, ist eine ganz andere Frage. Alfred Gomolka, der Ministerpräsident von Mecklenburg-Vorpommern, ist etwa der Meinung, daß so mancher mit Sachkenntnis ausgestattete Berater «ungewollt auch viel Schaden anrichtet». Zahlreiche West-Beamte seien nämlich «Oberbedenkenträger», die genau wissen, wie es nicht gehe. Im Osten würden jedoch Experten gebraucht, «die uns sagen, wie es eben doch geht – notfalls am Rande der Gesetze», meint Gomolka. Genau wie der CDU-Ministerpräsident sieht es Wulf-Jürgen Wedig, SPD-Bürgermeister der 8000-Einwohner-Stadt Altentreptow bei Neubrandenburg. Er kommt nach «gewissen Erfahrungen» ganz ohne Leihbeamte aus dem Westen aus: «Wir haben da unsere Berührungsängste», sagt er und wird konkret: «Ich habe zu viele Vertreter der Gattung Mensch kennengelernt, die reinkommen und sagen, jetzt zeigen wir euch erst mal, wie richtig gearbeitet wird. Dabei kennen die unsere Situation überhaupt nicht. Die Schwierigkeiten, mit denen wir zu kämpfen haben, sind denen völlig unbekannt.» Und: «Wir hatten auch viele Spekulanten hier, die uns nur reinlegen wollten.»

In der Tat ist der deutsche Osten nach der Wende schnell zu einem Tummelplatz für zwielichtige Geschäftemacher aus dem Westen geworden. Sie versuchen, sich die Unerfahrenheit der neuen Bundesbürger zunutze zu machen. In der Vergangenheit offenbar mit gewissem Erfolg. Laut Emnid-Umfrage ist es 52 Prozent der Ostdeutschen schon einmal passiert, daß «sie von Westdeutschen oder im Auftrag von Westdeutschen übers Ohr gehauen wurden oder werden sollten». Vor allem die Treuhandanstalt hat Mühe, Betrügern das Handwerk zu legen, und das insbesondere dann, wenn die Westdeutschen mit führenden Mitarbeitern der Ost-Unternehmen gemeinsame Sache machen. Doch selbst bei diesen unseligen Seilschaften von alten und neuen Kumpanen sind häufig die Wessis die eigentlichen Missetäter:

«Die hohe kriminelle Energie geht meist von den Verführern des Westens aus», sagt Hans Richter, ein zur Treuhand abkommandierter Wirtschaftsstaatsanwalt aus Baden-Württemberg. Laut Richter funktionieren die Seilschaften fast immer nach dem gleichen Strickmuster. Die «bösen Wessis» treten als Berater oder Käufer der Treuhand-Unternehmen auf, knüpfen nach und nach enge Kontakte zu den ostdeutschen Geschäftsführern und ziehen diese immer mehr in ein «Graufeld». Ist die Zeit dann reif, dann heißt es mehr oder minder unverhohlen: «Jetzt haben wir euch in der Hand, jetzt müßt ihr machen, was wir wollen.»

Auf diesem Hintergrund verwundert die schlechte Meinung, die die Ostdeutschen über ihre neuen Landsleute haben, nicht. Die Enttäuschung ist um so größer, als in breiten Kreisen der DDR-Bevölkerung bis zur Wende ein idealistisches Bild von der westdeutschen Gesellschaft vorherrschte, das mit der Realität nicht viel zu tun hatte. Der zwangsläufige Kulturschock prägt jetzt das Meinungsbild: «Den Ostdeutschen scheint es, als hätten die SED-Propagandisten doch nicht so unrecht gehabt, denn die Westdeutschen seien tatsächlich vom Kapitalismus menschlich ruiniert», schreibt der Berliner Publizist Peter Bender. Genauso empfindet es der Friedensbewegte Friedrich Schorlemmer: «Die alte Angst ist weg, aber neue Ängste sind gekommen. Die alten Herren sind weg, aber die neuen sind nicht weniger herzlos.» Und: «Wir begegnen jetzt einer Erfolgsgesellschaft, die ihre eigenen Deformationen angesichts des Scheiterns des anderen Systems vernachlässigen zu können meint. Die Botschaft an uns lautet: Lernt! Paßt euch an! Arbeitet! Seid dankbar!» In der Tat wird von den Ostdeutschen erwartet, daß sie sich unverzüglich auf die Anforderungen des neuen Wirtschaftssystems einstellen. Solcherlei Erwartungen sind aber ebenso völlig unrealistisch wie das Bild, das viele DDR-Bürger von der Bundesrepublik hatten. Latent vorhandene Vorurteile der Westdeutschen werden so zwangsläufig genährt: Die Ostdeutschen seien eben vom Kommunismus verdorben und könnten gar nicht mehr aus ihrer Haut. Richtig daran ist, daß die Ostdeutschen in einem völlig anderen Wirtschafts- und Gesellschaftssystem groß geworden sind als die Westdeutschen. Die sogenannte Wende, die im Zeitraffer ablief und in eine völlige Übernahme der bundesdeutschen Strukturen und Werte mündete, traf die Menschen daher völlig unvorbereitet. Der Hallesche Psychotherapeut Hans-Joachim Maaz liefert in seinem Buch «Der Gefühlsstau» eine Analyse der ostdeutschen Vorwendegesellschaft, die einen Eindruck davon vermittelt, wie groß der Kulturschock für die DDR-Bürger sein mußte, und zugleich erklärt, warum es zu einem schnellen Anschluß an die Bundesrepublik kam: «Machen wir uns nichts vor, das gedemütigte und genötigte Volk der DDR hatte sich im wesentlichen arrangiert und etabliert und in der Lebensweise Möglichkeiten im größeren Stil gefunden, sich anzupassen und dabei gar nicht schlecht zu leben. Trotz der unterdrückenden Verhältnisse und so mancher Entbehrungen aß und trank man gut, hatte sein Auskommen, lebte relativ gesichert und pflegte die Nischen und kleinen Freuden. Man fand sich zurecht im Land, wußte um die Schlupfwinkel und respektierte im großen und ganzen die gesetzten Grenzen. In dieser Anpassungsleistung lag auch eine Stärke, mit einer lästigen Macht umzugehen und irgendwie fertig zu werden. Dies geschah zwar nicht im Schwejkschen Humor, aber man expandierte doch fleißig mit jenem eigenwilligen deutschen Ehrgeiz in den Freiraum, den die Macht zuließ. Im ‹kleinen› Wohlstandsgerangel wurde die Zeit gut strukturiert, und da nie alles zu haben war, blieben immer noch erreichbare Wünsche offen, für deren Erfüllung die D-Mark zunehmend Fetisch-Charakter bekam. Wir lebten mehr recht als schlecht, und die selbstschädigenden, einengenden und umweltzerstörenden Folgen wurden nicht mehr zur Kenntnis genommen. Daß in allem der ‹real existierende Sozialismus› allmählich ausgehöhlt wurde, blieb kein Geheimnis und wurde mit zynischer Genugtuung zur Kenntnis genommen. Kräfte und Energien für die Entwicklung oder gar Erneuerung der Gesellschaft waren nicht erkennbar... Die Angst hatte das Volk gelähmt und die kleinbürgerliche Idylle den Veränderungswillen geschwächt.»

In der Schlußphase der DDR forcierten die Bürger zwar den Exitus ihres Staates, indem sie zu Tausenden flüchteten oder gegen das verhaßte Regime demonstrierten. Es gab aber, wie der mit seinen Thesen nicht unumstrittene Maaz feststellt, keine eigentliche Revolution in dem Sinne, daß das Volk die Fesseln abschüttelte und nach einem eigenständigen politischen Weg suchte. Die DDR-Bürger gerieten, vom ewigen Mangel und der alltäglichen Repression zermürbt, in ein Vakuum, in das die «Allianz für Deutschland» stieß. Das von Bundeskanzler Helmut Kohl unterstützte konservative Bündnis von Block-CDU, DSU und «Demokratischem Aufbruch» (DA) feierte bei den ersten freien Volkskammerwahlen einen rauschenden Sieg. Kohl zeigte der autoritätsfixierten Bevölkerung den Ausweg aus ihrer Misere auf und traf mit seinem unerschütterlichen Optimismus genau die Stimmungslage der verunsicherten Bürger. Logische Folge des Wahlsieges war die schnelle Vereinigung. Sie kam ebenso zwangsläufig wie die psychologischen Folgeerscheinungen. Zwar hatte sich das Volk eindeutig für die soziale Marktwirtschaft nach bundesdeutschem Zuschnitt entschieden. Kaum einer machte sich aber eine Vorstellung davon, welche spezifischen «Anpassungsleistungen» das neue System erforderte. Das Dilemma beschreibt Hans-Joachim Maaz: «Äußere Freizügigkeit ist jetzt nicht nur erlaubt, sondern wir sind dazu aufgefordert. Vierzig Jahre galt unter der Diktatur der Bann: ‹Sei angepaßt, ordne dich unter und du wirst versorgt!› Und jetzt heißt die Nötigung: ‹Kümmere dich selbst um deine Belange, sonst mußt du sehen, wo du bleibst!›» Etwas drastischer bringt es ein anderer Ossi, Friedrich Schorlemmer, auf den Punkt: «Die Ostdeutschen sind nach dem Kraftakt des Umbruchs physisch, psychisch, sozial, geistig überfordert.»

Haben als doch jene «Besserwessis» recht, die da behaupten, die meisten Ostdeutschen seien vom Sozialismus für die Marktwirtschaft verdorben? Die Fragestellung ist schon im Ansatz falsch: «Uns geht es im vereinigten Deutschland noch nicht ums Verstehen, es geht uns noch immer ums Rechthaben, um billige und unbillige Forderungen, um übertriebene und berechtigte Verletztheit», schreibt Friedrich Schorlemmer und trifft damit den Nagel auf den Kopf. Soll die Vereinigung gelingen, helfen in der Tat nicht pauschale Schuldzuweisungen, sondern allein Verständnis für die jeweils anderen Bundesbürger weiter. Es ist aber auch eine tüchtige Portion Selbstkritik vonnöten. Die Westdeutschen müssen erkennen, daß ihre neuen Landsleute von einem System geprägt sind, in dem Effizienz und Erfolg nicht alles bedeuteten. Was vorschnell von so manchem Wessi als Arbeitsverweigerung verurteilt wird, ist nicht selten jahrzehntelang eingeübtes und früher staatlich sanktioniertes Sozialverhalten. Die gemeinsame Kultur und Sprache dürfen nicht darüber hinwegtäuschen, daß die Unterschiede häufig noch größer sind als die Gemeinsamkeiten. Die Ostdeutschen haben zumindest ebensoviel Nachsicht verdient wie andere, auch nach außen fremdartige Völker, denen die Westdeutschen in aller Regel mit sehr viel Toleranz begegnen. Peter Bender empfiehlt den Alt-Bundesbürgern, sich einmal vorzustellen, was wohl passiert wäre, wenn die Vereinigung unter umgekehrten Vorzeichen verlaufen wäre und entwickelt ein interessantes Szenario: «Die Westdeutschen müßten sich auf Verhältnisse einstellen, die noch vor drei Jahren in der DDR herrschten. Sie müßten mit der Mangelwirtschaft zurechtkommen, Schlange stehen und Beziehungen pflegen, vom Fleischer über die Autowerkstatt bis zur Buchhändlerin. Sie müßten in einer Diktatur überleben: sich zwischen Charakter und Karriere entscheiden oder eine Balance zwischen beidem versuchen, die nie ganz gelingt. Sie müßten Rücksicht nehmen, um die Ausbildung ihrer Kinder zu sichern, und Vorsicht lernen, weil die Stasi überall dabei sein kann. Die meisten Alt-Bundesbürger stünden ebenso rat- und hilflos vor der Ostwelt, wie die meisten Ex-DDR-Bürger jetzt vor der komplizierten Westwelt stehen.»

Das gleiche Gedankenspiel verlangt Bender den Ost-Bürgern ab: «Auch die Ostdeutschen sollten sich vorstellen, alles wäre umgekehrt verlaufen. Wie opferwillig wären sie, wenn sie die Reichen wären und die armen Bundesbürger aus wirtschaftlicher Not erretten müßten? Und wer nach treuem Dienst für die SED jetzt ‹abgewickelt› wird, sollte – auch wenn ihm Unrecht geschieht – wenigstens einmal bedenken, wie seine Partei heute in Westdeutschland verfahren würde, wenn sie der Sieger wäre.» Die ehemaligen DDR-Bürger müßten, so Bender, aber auch begreifen, daß sie sich für ein Wirtschaftssystem entschieden hätten, in dem «sie nicht beides haben können, den Lebensstandard des Westens und die Gemütlichkeit des Ostens». Dies alles ist ein Lernprozeß, der vermutlich noch einige Zeit dauern wird.

Die neuen Herren

Der Eindruck der Ostdeutschen, ihre Heimat werde «im Kolonialstil» von den Westdeutschen erobert, ist keinesfalls nur ein subjektives Zerrbild der Realität. Auch objektiv gesehen läuft beinahe alles auf eine Kolonialisierung der Wirtschaft und Gesellschaft der ehemaligen DDR hinaus. Schon die an die neuen Bundesbürger herangetragene Erwartung, die westlichen Werte, Lebens- und Arbeitsstile schleunigst zu verinnerlichen, entspringt kolonialer Denkweise. Die Europäer, die in früheren Jahrhunderten Afrika, Asien, Amerika und Australien eroberten, hielten sich selbst für die Heilsbringer und die vorgefundenen Gesellschaften für primitiv und rückständig. Ihr Missionierungseifer kannte demzufolge kaum Grenzen. Die Errungenschaften der eigenen Zivilisation galten als Nonplusultra, die Kultur und das Sozialverhalten der kolonialisierten Völker wurden nicht verstanden und daher abgelehnt. Selbst bewährte Strukturen, die nicht in das Denkschema der neuen Herren paßten, wurden so bedenkenlos zerstört. Und immer ging der Prozeß der Kolonialisierung mit wirtschaftlicher Ausbeutung und der Verelendung breiter Bevölkerungsschichten einher.

Die Art und Weise, wie der wirtschaftliche und gesellschaftliche Wandel in der Ex-DDR abläuft, erinnert fatal an dieses unrühmliche Kapitel europäischer Geschichte. Die neuen Kolonialherren treten mit der gleichen überlegenen Arroganz auf wie die alten. Sie lassen kein gutes Haar an dem, was sie in der ostdeutschen Gesellschaft vorfinden. Schließlich können sie mit Fug und Recht behaupten, daß der real existierende Sozialismus total abgewirtschaftet hat. Unter diesen Umständen scheint es kaum Sinn zu machen, darüber nachzudenken, was aus der Konkursmasse, die eine korrupte und moralisch in jeder Hinsicht diskreditierte Staats- und Parteiführung hinterlassen hat, erhaltenswert erscheint. Und geradezu ketzerisch muß die Frage anmuten, ob die westdeutsche Erfolgsgesellschaft nicht zumindest in einigen Punkten von dem untergegangenen Staat lernen kann.

Tatsächlich ist die Vereinigungspolitik, die in erster Linie in Bonn gemacht wird, zuvörderst darauf angelegt, auch das letzte Stück DDR-Identität auszulöschen. Wenn schon der grüne Pfeil, der Rechtsabbiegern bei roter Ampel freie Fahrt gewährt, wahrscheinlich die Wende nicht übersteht, was soll dann überhaupt noch von der DDR übrigbleiben? Den Polikliniken, die selbst nach Meinung westlicher Experten wirtschaftliche Vorteile gegenüber den in der Alt-Bundesrepublik üblichen Einzelarztpraxen haben, räumte der Einigungsvertrag eine Bestandsgarantie von mehreren Jahren ein. Tatsächlich stehen die meisten der ambulanten Krankenhäuser schon heute vor dem Aus. Ähnlich sieht es in der Landwirtschaft aus. Den alten Großbetrieben, die unter marktwirtschaftlichen Bedingungen sehr wohl Chancen hätten zu überleben, wird von der westdeutschen Agrarlobby gezielt der Garaus gemacht. Gleichzeitig wachsen nicht genug kleinbäuerliche Familienbetriebe nach. In die entstehende Lücke stoßen clevere West-Landwirte, die auf en gros gepachteten Flächen zu Großfarmern amerikanischen Zuschnitts reüssieren. Für die ostdeutschen LPG-Bauern bleiben nur Handlanger-Jobs. Den staatlichen Rundfunk der Ex-DDR darf der CSU-nahe Rudolf Mühlfenzl, der unter mehr als dubiosen Umständen von Bonn in diese Schlüsselposition gehievt wurde, zerschlagen. Eigentlich ist der Rundfunk allein Sache der neuen Bundesländer. Westdeutsche Handelskonzerne reißen sich bereits vor der Währungsunion die Filetstücke der staatlichen Handelsorganisation (HO) unter den Nagel. Anschließend sanktioniert die Treuhandanstalt diese Landnahme anstandslos. Die Ostdeutschen, die sich mit einem Handelsgeschäft selbständig machen wollen, müssen sich mit den unrentablen «Tante-Emma-Läden» zufrieden geben. Die drei großen westdeutschen Stromkonzerne RWE, Bayernwerk und PreussenElektra lassen nichts unversucht, ihre Monopolstellung auf den Osten auszudehnen und werden dabei von Bundesregierung und Treuhandanstalt massiv unterstützt. Nur dem couragierten Kampf der ostdeutschen Kommunen, die ihren Anteil an dem Stromgeschäft einfordern, wäre es zu verdanken, wenn das Monopol in letzter Minute platzen sollte.

Ohnehin läuft die Privatisierungspolitik der Treuhandanstalt darauf hinaus, daß das ehemals volkseigene Produktivvermögen überwiegend an westliche Investoren ausverkauft wird. Angesichts des Mangels an ostdeutschen Unternehmerpersönlichkeiten mit ausreichender Kapitaldecke und entsprechendem Know-how mag diese Form der Kolonialisierung zwar unausweichlich sein, kommt es in der Krisenökonomie östlich der Elbe doch auf jeden Arbeitsplatz an. Aber langfristig schafft diese Entwicklung Strukturen, die nicht ohne Gefahren sind. Zudem begegnen die Ostdeutschen den zu Wendezeiten als Heilsbringer gefeierten Kapitalgebern aus dem Western mit wachsendem Mißtrauen. Zu viele Geschäftemacher wollten nur die schnelle Mark machen. Seriöse West-Investoren und –Manager haben jetzt die Folgen zu tragen. Sie treffen nicht selten auf Mitarbeiter und Belegschaften, die nur widerwillig zur Zusammenarbeit bereit sind und hinter jeder Entlassung gleich eine Verschwörung wittern. Andererseits halten die

Werktätigen auch nicht gerade große Stücke auf ihre ehemaligen Führungskader, die sich nur allzu oft ihrer alten, immer noch funktionierenden Seilschaften bedienen konnten und heute wieder in den Chefsesseln sitzen. Die vermeintliche Wahl zwischen neuen Kolonisatoren und alten Genossen läßt so manchen Ostdeutschen resignieren.

Die «Dienstanweisung Ost» und der Rundfunkbeauftragte (West)

Manfred Stolpe hat es ausgesprochen, doch niemand wollte die Botschaft hören: Wo Sensibilität gerade im Umgang mit dem Rundfunk fehle, drohe «eine grundlegende Beschädigung der Demokratie» in den neuen Bundesländern. Eine «Vereinigung von Partei- und Staatsaufgaben wäre für die Bürger der früheren DDR besonders traurig», sie würde «schlimmste Erinnerungen» wekken und die schon jetzt verbreitete Meinung stützen: «So groß sind die Unterschiede gar nicht.»

Wer sich heute die Neugestaltung der östlichen Rundfunklandschaft ansieht, der könnte meinen, die Parteien hätten Stolpes böse Ahnung als Handlungsanweisung mißverstanden. In so übler Weise haben die großen westdeutschen Parteien das alte System abgewickelt und dem neuen ihren Proporzstempel aufgedrückt. Ja, sie haben es sogar geschafft, eine zusätzliche Proporz-Ebene einzuziehen: Nicht mehr nur Wahlergebnisse spiegeln sich in den Machtstrukturen der neuen Rundfunkanstalten wider, sondern gleichsam rassistische Klassifizierungen – die Wessis sitzen auch im Osten oben, die Ossis in der Regel bestenfalls in der zweiten Reihe.

Die ostdeutsche Rundfunk-Landschaft, ein westdeutsches Mandatsgebiet, beschützt überwiegend von einer ausgewiesen konservativen Gruppe.

Dafür, daß diese Kolonisierung, die der grundgesetzlich gebotenen Staatsferne geradezu Hohn spricht, rechtlich einigermaßen sauber daherkommt, sorgt natürlich ein Paragraph. Es ist der Artikel 36 des Einigungsvertrages. Darin steht, daß das alte zentralistische Rundfunksystem der DDR, jahrzehntelang als Propaganda-Instrument mißbraucht und entsprechend angesehen, zu zerschlagen sei und an seine Stelle das westliche Muster zu treten habe: dezentrale Rundfunkanstalten in der Hand der Länder (nicht: der Parteien).

Ein Rundfunkbeauftragter solle diesen Job übernehmen. Und es würde ihm gerade ein gutes Jahr gegeben, damit fertig zu werden. Das alte zentrale System, nun liebevoll «Einrichtung» genannt, bekam eine Gnadenfrist bis zum 31.12.1991.

Schon die Wahl dieses Rundfunkbeauftragten ließ Böses ahnen – sie war, wie sich nach und nach herausstellte, schlicht und einfach manipuliert. Der Reihe nach: Noch die alte Volkskammer der DDR hätte den Mann (natürlich) wählen können. Doch der damalige Regierungschef Lothar de Maizière bekam und verstand einen Wink aus dem Bonner Kanzleramt und brachte die Sache nicht aufs Tapet.

Als es dann die Volkskammer nicht mehr gab und die neuen Länderparlamente noch nicht handlungsfähig waren, drängte das Problem plötzlich sehr. Denn dies war die einzige Phase, in der die Drahtzieher sicher sein konnten, ihren Kandidaten aus dem Westen durchzubringen.

Auch für diesen offenbar vorhergesehenen Fall bot der Einigungsvertrag eine schöne, rechtlich saubere Lösung: sogenannte Landessprecher würden zur Tat schreiten. Landessprecher, das waren jene eingesetzten, also nicht: demokratisch gewählten Staatskommissare, die die Interessen der neu gebildeten Länder solange vertraten, bis deren Regierungen ihr Amt angetreten hatten. Anders ausgedrückt: Der Rundfunkbeauftragte sollte genau in dem kurzen Augenblick gewählt werden, in dem es keine demokratisch legitimierten Gremien gab.

Und es kam noch toller. Obwohl Rundfunk Ländersache ist, lud der Bundesminister und ehemalige DDR-Unterhändler Günter Krause zur Wahl, in die Räume der Berliner Außenstelle des Bundeskanzleramts. Die Macht gab sich nicht die geringste Mühe, ihren Anspruch auch nur zu verbergen. Und es interessierte auch offenbar niemanden zu erfahren, wer dieser Einladung schließlich folgte. Die Landessprecher waren es jedenfalls nicht, sondern irgendwelche Verwaltungsbeamte aus den Ländern, die einander nicht kannten und nicht die Kandidaten, wohl aber ihren Auftrag. Und der hatte einen Namen: Rudolf Mühlfenzl, der später von sich sagen sollte: «Die Einrichtung, das bin ich.»

Aber auch bevor er zur Einrichtung wurde, war Mühlfenzl schon ein sehr bekannter Mann. Der damals Siebzigjährige war lange Jahre Chefredakteur des Bayerischen Fernsehens gewesen, um danach in München das private Fernsehen auf die Bahn zu bringen. Mühlfenzl war mit Franz Josef Strauß befreundet und hat nie einen Hehl daraus gemacht, daß er der CSU anhing. Es ging ihm der Ruf voraus, trotz dieser konservativen Grundeinstellung pragmatisch zu handeln und dabei auch für liberale Überraschungen gut zu sein.

Für diese Charaktereigenschaft finden sich freilich in der hier zu erzählenden Geschichte keine Belege. Im Gegenteil. Er umgab sich mit, natürlich, ausschließlich westlichen Beratern und formulierte erst einmal seine «Dienstanweisung Ost». Darin wies er «aus gegebenem Anlaß» darauf hin, «daß öffentliche Erklärungen für die Einrichtung, insbesondere über zukünftige Programmentscheidungen, Inhalte, personal-, medien- und geschäftsspezifische Entscheidungen ... mit dem Rundfunkbeauftragten oder seinem Stellvertreter abzustimmen sind.» Müßig zu erwähnen, daß auch die Stellvertreter aus dem Westen kommen.

Diese «Dienstanweisung Ost» richtete sich vor allem gegen jene Männer, die schon vor der Wende in Widerstandskreisen gearbeitet und darum noch in DDR-Zeiten zu Intendanten von DFF (Fernsehen) und Berliner Rundfunk (Hörfunk) bestellt worden waren. Verbittert sagt der mittlerweile zur brandenburgischen

Landesrundfunkanstalt gewechselte Fernseh-Intendant Michael Albrecht heute: Diese Anweisung habe versucht zu erreichen, «was der Stasi nicht geschafft hat», nämlich diese Leute mundtot zu machen.

Damals aber waren er und sein Hörfunk-Kollege Christoph Singelnstein nicht nur bereit zu kooperieren, sie suchten die Zusammenarbeit mit Mühlfenzl geradezu mit aller Macht. Denn sie wußten genau: Nur so konnten sie ihren vorübergehenden Programmauftrag erfüllen und dafür sorgen, die quälenden Personalprobleme halbwegs menschlich zu lösen und möglichst viele Mitarbeiter für Aufgaben in den neu zu bildenden Landesrundfunkanstalten zu präparieren. Außerdem war dem in einem lange Zeit als Propaganda-Instrument geführten Sender natürlich besonders gravierenden Stasi-Komplex beizukommen. Tatsächlich haben sie Tausende von Mitarbeitern entlassen und dennoch Programme gemacht, die viel Anerkennung auch im Westen gefunden haben. Besonders stolz ist Albrecht darauf, daß «gerade die politischen Programme ankamen, die früher überhaupt nicht angenommen wurden».

All das kümmerte und interessierte Mühlfenzl nicht. Ohne Beteiligung der Intendanten wurde abgewickelt. Dabei blieb sogar Zeit, Singelnsteins Stellvertreter Jörg Hildebrandt, auch einen aus dem kirchlichen Widerstand vor der Wende, fristlos zu feuern. Er hatte einfach nicht mit dem Maulkorb herumlaufen wollen. Also wurde er nach gutdemokratischem Brauch vor die Tür gesetzt. Wo das Gute so eindeutig aus dem Westen kommt, soll kein Ossi klagen.

Auch die Programme und mit ihnen die Gebühren kamen schon früh aus dem Westen. Längst bevor noch an eigene Landesrundfunkanstalten zu denken war, sendeten ARD und ZDF auf Frequenzen, auf denen der aufzulösende DFF aus Geldmangel nicht mehr ausstrahlen konnte und wollte. Das Wohlwollen des Allerhöchsten für diesen (vernünftigen) Plan sicherte sich Mühlfenzl in Begleitung nur der CDU-Regierungschefs Ost im Dezember 1990 durch einen Besuch bei Bundeskanzler Helmut Kohl. Auch dies ein schönes Dokument für die berühmte Staatsferne des Rundfunks.

Weitere sollten folgen. Völlig ungeniert gestalteten die Parteien den Rundfunk nach ihren taktischen Interessen. Als gewohnt flexibel erwies sich die FDP, die in Brandenburg eine Mehrländeranstalt für Berlin, Brandenburg, Mecklenburg-Vorpommern propagierte, die aber in Mecklenburg-Vorpommern genau diese Lösung torpedierte. Jeweils aus koalitions-taktischem Kalkül.

Danach stellte sich in Brandenburg die nordrhein-westfälische SPD ans Ruder, um eine Mini-Anstalt aus der Taufe zu heben, die dem ARD-Finanzausgleich zur Last fallen wird (so wie der SFB, Radio Bremen und der Saarländische Rundfunk). Und im neuformierten Mitteldeutschen Rundfunk, in dem sich Sachsen, Sachsen-Anhalt und Thüringen zusammengefunden hatten, übernahm mit tatkräftiger Hilfe des Bayerischen Rundfunks die Union die Regie; Intendant und sieben der acht Direktoren kommen aus dem Westen.

Derweil freut sich der defizitäre SFB über ein um den Osten Berlins erweitertes Gebühren-Einzugsfeld. Und der NDR, in dem die drei Länder Schleswig-Holstein, Hamburg und Niedersachsen gemeinsam funken, wird dank Mecklenburg-Vorpommern zu einer Vierländer-Anstalt – mit dem entsprechend größeren Gewicht in der ARD.

Da auch RIAS und Deutschlandfunk, die nach der deutschen Vereinigung eigentlich ohne Sendeauftrag dastanden, natürlich nicht abgewickelt werden, sondern als nationale Hörfunkprogramme weiterleben, ist alles aufs feinste geregelt.

Die westlichen Sensibilitäten sind genau beachtet worden. Wenn östliche dem entgegenstanden, bewies das nur: Die sind von gestern. Abwickeln. Redet da immer noch einer von «grundlegender Beschädigung der Demokratie»?

Die Zerschlagung der Polikliniken

Wer sich im brandenburgischen Bernau nicht auskennt, hat einige Probleme, den Weg zur orthopädischen Praxis von Ellen Petzold (47) zu finden. Kein weißes Schild an der Straße weist auf die Behandlungsräume in dem einstöckigen Hinterhofgebäude hin, die die Ärztin Ende 1990 bezogen hat. Über Mangel an Patienten braucht die Medizinerin dennoch nicht zu klagen. Sie und ihre Helferinnen haben im Gegenteil alle Hände voll zu tun: «Wir müssen tüchtig rennen.» Schon zwei Wochen nach der Praxiseröffnung am 3. Januar 1991 hatte Ellen Petzold mehr als 300 Patienten empfangen. Zum Vergleich: Im nahen West-Berlin gibt es Orthopäden, die im ganzen Quartal gerade mal 600 Krankenscheine einsammeln. Die Existenzgründerin rechnet inzwischen deutlich mehr als 600 Scheine ab. Der Andrang bei der 47jährigen kann indes nicht überraschen. In der Stadt wie im Kreis Bernau ist sie die einzige Fachärztin für Orthopädie und zudem ihren Patienten bereits bestens bekannt.

Ellen Petzold praktiziert schon seit mehr als elf Jahren in dem 19000-Einwohner-Städtchen vor den Toren Berlins, bisher allerdings in der dort beheimateten Poliklinik. Diese ambulanten Einrichtungen des staatlichen Gesundheitswesens hatten in der ehemaligen DDR die Aufgaben, die in Westdeutschland die niedergelassenen Ärzte erfüllen. Sie bringen nicht zuletzt für die Patienten Vorteile, weil sie Mediziner aller Fachrichtungen unter einem Dach vereinigen. Mit der deutschen Einheit waren indes auch die Tage der Polikliniken gezählt. Zwar gab der Einigungsvertrag den Häusern für einen Zeitraum von fünf Jahren eine gewisse Bestandsgarantie. Die gebürtige Erzgebirglerin Petzold, die an der Universität in Greifswald studierte und promovierte, mochte den Beteuerungen aber nicht glauben: «Alles ist darauf angelegt, daß die Polikliniken nicht weiter existieren können», erkannte sie frühzeitig und zog als erste von 44 Ärzten, die in dem ambulanten Krankenhaus von Bernau früher beschäftigt waren,

Konsequenzen: «Für mich gab es nur die Flucht nach vorn. Ich war schon immer eine Einzelkämpferin.»

Dem Beispiel der couragierten Medizinerin folgten im Laufe der Monate immer mehr Kollegen. Jetzt steht die Poliklinik mit nur noch vier Ärzten vor dem Aus. Zu jenen, die bis zum Schluß hofften, gehört Anette Hartwich: «Ich wäre gern in der Klinik angestellt geblieben. Aber die Lobby der niedergelassenen Ärzte ist mittlerweile so stark, daß es gar keine Alternative zur Selbständigkeit mehr gibt», stellt die Fachärztin für Gynäkologie und Geburtshilfe mit Bitterkeit in der Stimme fest. Vor allem von den Politikern fühlt sich die 40jährige Mutter zweier Kinder im Stich gelassen: «Der Staat hätte zumindest verbale Unterstützung signalisieren müssen und deutlich machen müssen, daß auch Polikliniken eine Existenzberechtigung haben. Das hat er aber nicht getan, und allein halten wir dem Niederlassungsdruck nicht stand.» In diese Kerbe schlägt auch Roger Kirchner, Präsident der brandenburgischen Ärztekammer: «Von Anfang an haben Gesundheitspolitiker und Ärztelobby darauf hingearbeitet, das ostdeutsche System zu zerschlagen.»

Die Poliklinik in Bernau ist denn auch kein Einzelfall. Überall grassiert im Gesundheitswesen der ehemaligen DDR ein regelrechter Gründungsboom. Von den etwa 18500 Ärzten, die Anfang 1990 in einer Poliklinik, einem Ambulatorium oder einer staatlichen Arztpraxis arbeiteten, hatten sich bis Anfang September 1991 rund 12000 Mediziner frei niedergelassen. Tendenz: weiter zunehmend. Parallel dazu sterben die Polikliniken, früher einmal mehr als 600 an der Zahl, reihenweise weg. Wie viele der ambulanten Krankenhäuser es heute noch gibt, weiß niemand genau. Nur soviel läßt sich sagen: Viele Polikliniken verdienen ihren Namen nicht mehr, weil sie häufig nur noch eine Handvoll Mediziner beschäftigen. In so manchem Haus ist das Kollegium auf einen einzigen Arzt geschrumpft.

Und der Exitus hat in der Tat Methode. Der Berliner Senat brüstet sich zwar damit, die einzige Landesregierung zu sein, die

die Finanzierung der Kliniken bis Ende 1991 sicherstellt; und auch Brandenburgs Sozialministerin Regine Hildebrandt versucht, mit einer dreistelligen Millionensumme Schadensbegrenzung zu betreiben. An der grundsätzlichen Misere der Polikliniken können solche wohlgemeinten Aktionen aber nichts ändern. Aufgrund eines aberwitzigen Abrechnungssystems, nach dem sich die Häuser um so schlechter stellen, je intensiver sie sich um die Kranken kümmern, schreiben fast alle Kliniken rote Zahlen. Im Gegensatz zu den niedergelassenen Ärzten erhalten sie nur eine feste Fallpauschale pro Patient und Quartal, deren Höhe maßgeblich davon abhängt, wie viele Fachabteilungen das jeweilige Haus hat. Die Folge: Für einen Patienten, der sich zehnmal behandeln läßt, gibt es das gleiche Geld wie für einen Patienten, der sich nur einmal ein Rezept abholt. Auf 30 bis 90 Mark belaufen sich diese Pauschalen. Das reicht aber, wie zum Beispiel die Bernauer Poliklinik-Ärzte feststellen mußten, «bei weitem nicht aus, um die Kosten zu dekken». Laut Rechnung von Anette Hartwich und Kollegen hätten sich alle 70000 Bürger im Kreis Bernau zumindest einmal im Quartal untersuchen lassen müssen, damit die Klinik über die Runden gekommen wäre. «Röntgenfilme, EKG-Papier, das kostet doch alles Geld. Hätten wir etwa die Patienten zur Kasse bitten sollen?» fragt die Gynäkologin empört.

Bei den Kassenärztlichen Vereinigungen (KV) des Westens, die erfolgreich darum kämpfen, ihr Niederlassungssystem voll auf den Osten zu übertragen, stoßen derartige Rechnungen natürlich auf Widerspruch. Laut Hans Werner Krapf, Hauptgeschäftsführer der Berliner KV, reichen die Pauschalen «völlig» aus: «Es ist allerdings klar, daß sich damit nicht zwanzig Gärtner finanzieren lassen», sagt Krapf. Tatsächlich liegt hier ein wunder Punkt des ostdeutschen Gesundheitssystems. Viele Polikliniken schleppten lange Zeit einen enormen «Verwaltungswasserkopf» mit durch und beschäftigten auch zuviel medizinisches Personal. Dies nicht zuletzt deswegen, weil die Kliniken auch viele Dienstleistungen erledigten, die nach geltender Rechtslage von den deutschen

Krankenkassen nicht mehr finanziert werden, zum Beispiel Rauchertherapie oder die psychische Betreuung von Patienten. Selbst die AOK Berlin, die den Polikliniken durchaus wohlgesonnen ist, sieht nach wie vor «gewisse Rationalisierungspotentiale». Im großen und ganzen dürften sich die wenigen Häuser, die noch regulär arbeiten, aber mittlerweile von dem überflüssigen Personal getrennt haben. Ihre Zukunft ist wegen des diskriminierenden Abrechnungssystems dennoch völlig ungewiß.

Im Ergebnis läuft so alles darauf hinaus, daß auf die ehemalige DDR ein Gesundheitswesen übertragen wird, das «eine gigantische Vergeudung von volkswirtschaftlichen Mitteln zugunsten eines Systems darstellt, das weniger den Kranken hilft, als die Pfründe der pharmazeutischen Industrie, Diagnosegerätehersteller und dergleichen sichert». So jedenfalls beschreibt Ellis Huber, der streitbare Präsident der Berliner Ärztekammer, das westdeutsche System. Und mit dieser Meinung steht der alternative Arzt nicht allein da. Ellen Petzold etwa, die Bernauer Orthopädin, die erfolgreich den Sprung in die Selbständigkeit wagte, hält das Konzept der Polikliniken keineswegs für überholt: «Von der Ökonomie her hat das durchaus Vorteile.» Aber auch viele Wissenschaftler sehen in solchen Ärztehäusern die effizienteste Form der Gesundheitsversorgung, vor allem, weil die Gründung vieler Einzelpraxen – zum Beispiel in der Röntgenmedizin oder Chirurgie – kaum mehr finanzierbar ist. Ellen Petzold legt indes auf eine Nuance wert: «Das müssen Gruppenpraxen sein, in denen jeder Arzt seine Patienten getrennt abrechnet.» Durch feste Anstellungen werde nur das «Drückebergertum» gefördert: «Sonst verdienen die Faulen mit.» Immerhin gibt es eine Reihe von Fällen, in denen sich Ärzte in den Räumen ihrer Poliklinik zu derartigen Gemeinschaftsunternehmen zusammengefunden haben. Laut Auskunft der Bundesärztekammer machen sich die Ost-Ärzte in der Mehrzahl der Fälle jedoch als Einzelkämpfer selbständig. Das ist schließlich auch politisch so gewollt.

Zwar nicht politisch gewollt, aber ebenfalls eine Folge der Bonner Politik ist der personelle Aderlaß im ostdeutschen Gesundheitswesen. Im grenznahen Gebiet kündigen in den stationären Krankenhäusern täglich vier bis fünf Pflegekräfte, um sich in einer westdeutschen Klinik zu verdingen. Angesichts eines Defizits von 70 000 bis 80 000 Schwestern und Pflegern in der Alt-Bundesrepublik werden sie mit offenen Armen empfangen. Der Personaltransfer beschränkt sich indes keinesfalls auf die Grenzregionen. In der «Leipziger Volkszeitung» warb die Partnerstadt Hannover kürzlich in einem halbseitigen Inserat um Pflegepersonal aus den Krankenhäusern der sächsischen Metropole. Da werde mit Leistungen und Versprechungen gelockt, «von denen jeder wissen muß, daß sie unwiderstehlich sind», erregt sich darauf Ministerpräsident Kurt Biedenkopf. Und für Karsten Vilmar, Präsident der Bundesärztekammer, sind solche Abwerbemethoden «unanständig und schwer erträglich». Der Pflegenotstand wird vom Westen in den Osten exportiert, und dem Ost-Personal ist es nicht zu verdenken, wenn es dem Lockruf des Geldes folgt.

Im Tarifvertrag ist festgelegt, daß die Beschäftigten des ostdeutschen Gesundheitswesens lediglich 60 Prozent der Westgehälter verdienen dürfen. Ihr tatsächliches Einkommen lag aber bisher weit darunter. Da die DDR-Dienstzeiten nicht anerkannt wurden, kamen unter dem Strich nicht einmal 50 Prozent heraus. Die Behandlung der langjährigen Mitarbeiter als Berufseinsteiger sei eine «unerträgliche Diskriminierung und Degradierung», wetterte Roger Kirchner, Präsident der brandenburgischen Ärztekammer. Ihm sekundierte Frank Ulrich Montgomery, Vorsitzender des Marburger Bundes, der die angestellten und beamteten Ärzte vertritt. «Würde und Selbstgefühl» der Ärzte und des Pflegepersonals im Osten seien auf das empfindlichste verletzt. Es könne, so Montgomery, doch wohl nicht angehen, daß eine erfahrene Oberschwester oder ein besonders kompetenter Chefarzt wie «blutige Anfänger» bezahlt würden.

Heide Simonis, die als schleswig-holsteinische SPD-Sozialministerin die öffentlichen Arbeitgeber in den Tarifverhandlungen vertritt, bringt für solche Klagen nicht gerade Verständnis auf. Sie schüttet im Gegenteil zusätzliches Öl ins Feuer. Das DDR-Gesundheitswesen sei, so erklärte die Ministerin in einem Interview, nicht so «weißgestärkt und fleckenlos», wie es glauben machen wolle. Es könne sich nicht von Verflechtungen zur Staatssicherheit freisprechen. Eine pauschale Anerkennung früherer Dienstjahre sei deshalb undenkbar. So wenig Sensibilität ist für Wessi-Arzt Frank Montgomery «wirklich der Gipfel». Er sieht das Ost-Personal, das unter schwierigsten Bedingungen seinen Dienst tut, in «eine Art Sippenhaft genommen». Und laut Roger Kirchner darf es nicht verwundern, daß angesichts einer solchen «Hexenjagd» immer mehr Ärzte und Pflegekräfte es vorziehen, ihren Dienst im Westen zu verrichten.

Im Griff der Handelskonzerne

«Der Einzelhandel stellt sich um: König Kunde erklimmt den Thron», prophezeite die «Berliner Morgenpost» am Samstag vor der Währungsunion. «Viel zu teuer», sprühte wenige Tage später ein enttäuschter Graffitikünstler auf die Eingangstür einer Kaufhalle im Ost-Berliner Stadtbezirk Prenzlauer Berg. Wie Könige wurden die Kunden der DDR-Supermärkte in den Wochen nach dem Währungsanschluß tatsächlich nicht behandelt. Im Gegenteil. Die Menschenschlangen vor den Läden waren eher noch länger als früher, und drinnen stand man nicht selten vor leeren Regalen. Was schwerer wog: Die Ostdeutschen mußten für die gleiche Ware zumeist sehr viel tiefer in die Tasche greifen als ihre ungleich besser verdienenden Landsleute im Westen. «Die Preise sind deutlich höher als in der Bundesrepublik», stellte Christina Boschek, Sprecherin des DDR-Handelsministeriums in Ost-Berlin, fest. Das hatten Mitarbeiter ihrer Behörde herausgefunden, die in der ganzen Republik ausgeschwärmt waren.

Die Erkenntnisse des Ministeriums riefen auch Lothar de Maizière auf den Plan. Nach drei Tagen Marktwirtschaft fand der Ministerpräsident in der Volkskammer ungewöhnlich harte Worte. Vor allem in ländlichen Gegenden nutzten die staatliche Handelsorganisation (HO) und der genossenschaftliche Konsum ihr Monopol «gewissenlos» aus. Mit überhöhten Preisen wolle die HO offenbar ihre «immer noch aufgeblähten Verwaltungsapparate» finanzieren, wetterte der Regierungschef, der wütend mit Konsequenzen – «von Ordnungsstrafen bis zu Schließungen» – drohte. Da mochte auch sein CDU-Parteifreund und Wirtschaftsminister Gerhard Pohl nicht zurückstehen. Auf einer Pressekonferenz am gleichen Tag stellte der Möchtegern-Enkel Ludwig Erhards dem Einzelhandel bei offensichtlichen Mißbrauchsfällen Bußgelder bis zu einer Million D-Mark in Aussicht. Einen Tag später holte schließlich die Volkskammer zum großen Schlag aus. Die Parlamentarier verabschiedeten ein mit heißer Nadel gestricktes Entflechtungsgesetz, wonach die staatlichen Handelsketten «mit sofortiger Wirkung» zum Verkauf ausgeschrieben werden sollten.

Tatsächlich überstiegen die in der DDR offenkundig gewordenen regionalen Preisunterschiede bei weitem das in der Bundesrepublik übliche Maß. Ärger gab es vor allem wegen der Butterpreise. Laut Wolfgang Vogel von der Verbraucherzentrale in Dresden verlangten Händler in ländlichen Gegenden Sachsens mitunter bis zu 3,50 D-Mark für das halbe Pfund Butter. Das Handelsministerium in Ost-Berlin gab dagegen einen Orientierungspreis von 2,15 D-Mark aus. Aber auch mit vielen anderen Lebensmitteln war nicht alles in Butter. Ob Frischmilch, Yoghurt, Cervelatwurst oder Brot – die Preisunterschiede waren erheblich, und vor allem die Verbraucher auf dem Dorf hatten das Nachsehen. Rolf Lais vom DDR-Amt für Wettbewerbsschutz kannte den Grund: «Der Konsum hat auf dem Land noch immer eine Monopolstellung.» Manche Läden versorgten drei Gemeinden und mehr. Und das nutzten die Genossenschaften, die einst gegründet wurden, um vor «Preistreiberei, Wucher und Warenfälschung» zu schützen, offenbar schamlos aus.

Nicht ganz so schlimm sah es in den Städten aus, aber auch hier machte Wettbewerbsschützer Rolf Lais «Anzeichen für bewußten Preismißbrauch» aus. Selbst die HO-Filialen in Ost-Berlin, die in direkter Konkurrenz zu Billiganbietern wie Aldi und Penny im Westteil der Stadt standen, nahm er hiervon nicht aus. Und auch Christina Boschek vom Handelsministerium stellte in der Hauptstadt der DDR ein «verdächtig einheitliches und zugleich hohes Preisniveau» fest. Verwunderlich war das nicht. Die Lebensmittelversorgung in Ost-Berlin wurde damals im wesentlichen von den 80 Verkaufsstellen der HO-Organisation sichergestellt, die im übrigen mit der Tengelmann-Tochter Kaiser's einen überaus potenten Westpartner gefunden hatte. Dem Amt für Wettbewerbsschutz war die marktbeherrschende Stellung des Gemeinschaftsunternehmens Hofka GmbH denn auch ein Dorn im Auge. Die Behörde kapitulierte jedoch. HO und Kaiser's hatten längst Fakten geschaffen, als die ostdeutsche Wettbewerbsbehörde kurz vor der Währungsunion ins Leben gerufen wurde.

Die Liaison der beiden ungleichen Partner war beileibe kein Einzelfall. Überall in Ostdeutschland hatten sich bereits vor der Währungsunion die regionalen HO-Gesellschaften mit westdeutschen Einzelhandelskonzernen zusammengetan. Und diese Verträge konnte oder wollte das DDR-Amt für Wettbewerbsschutz ebensowenig knacken wie später die Gesellschaft zur Privatisierung des Handels (GPH), die im Oktober 1990 als hundertprozentige Tochtergesellschaft der Treuhandanstalt gegründet wurde und den Verkauf des HO-Nachlasses organisieren sollte. Die vereinbarten Liefer- und Kooperationsverträge mündeten beinahe problemlos in die volle Übernahme der HO-Betriebe. Die GPH habe lediglich bessere Konditionen herausschlagen können, erklärte deren Geschäftsführer, Peter Neubert, heute. Allerdings, so gibt Neubert zu bedenken, hätten die westlichen Handelsketten nach dem Fall der Mauer nicht lange gezögert. Sie seien mit der Belieferung der Staatsläden gleich in die vollen gegangen und hätten so einiges riskiert.

Das ist nicht einmal die halbe Wahrheit. Als die Währungsunion nämlich perfekt war, konnte von Risiko keine Rede mehr
sein. Der wirtschaftliche Anschluß der DDR bescherte den westdeutschen Handelskonzernen im Gegenteil ein sicheres Zusatzge-
schäft, das sie zu den größten Wendegewinnlern machte. Und bei
ihrer Expansion in den Osten vermieden es die Multis tunlichst,
einander in die Quere zu kommen: Spar im Norden, Edeka im
Süden, Asko in Thüringen, Tengelmann in Berlin – wie in einem
straff organisierten Kartell funktionierte die Aufteilung des Ter-
rains reibungslos. Der Monopolist HO wurde nahtlos durch regionale Monopole westdeutscher Filialisten abgelöst. Als die Treu-
handtochter GPH im Oktober 1990 ihre Arbeit aufnahm, waren
die Filetstücke der staatlichen Handelsorganisationen längst vergeben. Übriggeblieben waren in erster Linie Geschäfte mit einer
Verkaufsfläche von hundert Quadratmeter oder weniger, und die
vergab die GPH vorzugsweise an Ostdeutsche, die sich selbständig
machen wollten. Die westlichen Handelsriesen verzichteten von
sich aus, großzügig wie sie sind, auf diese «Tante-Emma-Läden».
Wolfgang Kartte, der Präsident des Bundeskartellamtes, weiß
warum: «Wer einem selbständigen Einzelhändler in Ostdeutschland einen Hundert-Quadratmeter-Laden verkauft, kann ihm den
Sargnagel gleich mitverkaufen.» Indes beugt sich auch Kartte der
Macht des Faktischen. Nach seiner Auffassung waren allein die
Konzerne in der Lage, die vielen HO-Läden und Kaufhallen für
den Käuferansturm in den Tagen nach der Währungsunion auszu-
rüsten. Ein Trostpflaster ist es zudem für ihn, daß gerade genossenschaftliche Ketten zum Zuge gekommen seien. Deren Mitglieder führten durchaus ein «unternehmerisches Eigenleben». Spar
und Edeka hätten bereits damit begonnen, Geschäfte an selbständige Einzelhändler zu vergeben.

Und noch ein Vorgang ließ angesichts des unaufhaltsamen Ex-
pansionsdranges der Westmultis aufhorchen. Die Ost-Berliner
Konsumgesellschaft übernahm Mitte 1990 den West-Berliner Le-
bensmittelfilialisten Bolle, der bis dahin zum notleidenden Coop-

Konzern in Frankfurt am Main zählte und 120 Supermärkte steuerte. Damit sei, so schrieb Gunhild Freese in der «Zeit», «die bisherige Praxis in der neuen Phase der deutsch-deutschen Wirtschaftsbeziehungen glatt auf den Kopf gestellt». Erstaunlicherweise fand sich sogar eine westliche Bank, die das ungewöhnliche Geschäft finanzierte. Das dicke Ende sollte bald folgen. Ein Jahr später sah sich der Ost-Berliner Konsum gezwungen, die Hälfte von Bolle an den Saarbrückener Asko-Konzern zu verkaufen. Ebenso stiegen die Westdeutschen bei den Kaufhallen in Berlin ein. Der Hintergrund: Nicht nur der Konsum im Ostteil der Bundeshauptstadt hat erhebliche Probleme, überall in der ehemaligen DDR kämpfen die noch 57 kooperativen Gesellschaften um ihre Existenz. Nach Angaben von Frank Dahrendorf, Vorstandssprecher des Verbandes der Konsumgesellschaften (VdK), werden sich die Verluste 1991 auf rund 500 Millionen D-Mark summieren. Alle Kooperativen hätten Zahlungsprobleme, seien aber wegen ihres wertvollen Immobilienbesitzes «eigentlich kerngesund». Nicht zuletzt gravierende Managementfehler macht der VdK-Chef für die Misere verantwortlich; so hätten sich viele Genossenschaften mit unverkäuflicher Ware eingedeckt. Damit sie nicht noch mehr Lehrgeld zahlen müssen, soll künftig Asko den Einkauf für den gesamten Konsum organisieren. Dessen Marktanteil am ostdeutschen Handel ist laut Dahrendorf inzwischen von 40 auf 16 Prozent zurückgegangen. Fazit: Auch in einer der letzten Domänen der Ostdeutschen haben jetzt Westdeutsche das Sagen, es erscheint nur eine Frage der Zeit, wann sie sich auch noch die Eigentumsrechte sichern.

Die Expansionslust der westlichen Handelsmultis ist indes noch längst nicht gestillt, was allerdings zumindest seine eigene wettbewerbsfördernde Dynamik entfaltet. Die Verkaufsfläche je Einwohner ist im Osten nach wie vor um rund zwei Drittel kleiner als im Westen. Im Klartext: Die Westkonzerne werden weiter kräftig investieren und auf der grünen Wiese völlig neue Einkaufszentren hochziehen, um der Konkurrenz nicht kampflos das Feld zu überlassen. Regionale Monopole einzelner Filialisten dürften mithin bald der Vergangenheit angehören. Stünden in der Industrie westliche Investoren ebenso Schlange wie im Handelssektor, würde der wirtschaftliche Aufschwung der ehemaligen DDR vermutlich sehr viel schneller vonstatten gehen.

Kampf um die Energiewirtschaft

Noch Ende Februar 1991 war Hans-Peter Gundermann, Treuhandbevollmächtigter für die Energiewirtschaft, überzeugt, den «Durchbruch» geschafft zu haben. Immerhin war es ihm gelungen, Vertreter der ostdeutschen Kommunen und der westdeutschen Energieversorgungsunternehmen (EVU) an einen Tisch zu bringen, und auch das Verhandlungsergebnis schien auf den ersten Blick für beide Seiten akzeptabel. Die EVU hatten ihren Widerstand gegen die Gründung von Stadtwerken aufgegeben. Stromkonzerne und Gemeinden wollten sich an diesen, so sah es das Kompromißpapier vor, mit jeweils 50 Prozent beteiligen. Ein lange schwelender Streit schien ausgeräumt. Das war jedoch ein Trugschluß, wie sie bald herausstellte. Schon damals drohten einige Kommunen damit, die dank Gundermann erzielte «Grundsatzverständigung» zu boykottieren und den Klageweg zu beschreiten. Daß dies keinesfalls leere Drohungen waren, wurde spätestens Ende Juli 1991 deutlich, als 123 Städte und Gemeinden der Ex-DDR das Bundesverfassungsgericht in Karlsruhe anriefen, um den am 22. August 1990 zwischen Treuhand und West-EVU geschlossenen Stromvertrag zu stoppen. Der koloniale Eroberungsfeldzug könnte jäh enden, ein Desaster für die Konzerne ist nicht mehr auszuschließen.

Umstritten war der Stromvertrag von Anfang an. Wolfgang Kartte, der streitbare Präsident des Bundeskartellamtes, sprach nicht ohne Grund von einem «marktwirtschaftlichen Super-GAU». Tatsächlich lief alles darauf hinaus, daß sieben Konzerne –

allen voran die Marktführer Rheinisch-Westfälisches Elektrizitätswerk (RWE), Bayernwerk und PreussenElektra – im Handstreich die gesamte ostdeutsche Elektrizitätswirtschaft übernehmen sollten. Schützenhilfe erhielten sie von Bundesinnenminister Wolfgang Schäuble, der zwar ebenfalls wettbewerbspolitische Bedenken hatte, aber angesichts des enormen Investitionsbedarfs von 30 bis 40 Milliarden Mark in der östlichen Elektrizitätswirtschaft keine Alternative zu den West-EVU sah: «Im Interesse der raschen Sanierung der desolaten ostdeutschen Stromversorgung war dies eine, wie es schien, vertretbare Lösung. Die bundesdeutschen Unternehmen hätten ein finanzielles Engagement in dieser Größenordnung abgelehnt, wenn ihnen ihre künftige marktbeherrschende Position in den neuen Ländern nicht durch den Stromvertrag garantiert worden wäre. Wir von der Bundesregierung beruhigten unser marktwirtschaftliches Gewissen: Ausgerechnet in dieser Situation mehr Wettbewerb verwirklichen zu wollen, das wäre vermessen gewesen. Und woher hätten die Städte und Gemeinden der DDR das Geld für die Kommunalisierung der Energieversorgung hernehmen sollen?» schreibt Schäuble in seinem Buch «Der Vertrag». Der Minister leistete der flächendeckend Landnahme der Elektroriesen denn auch Vorschub, indem er in den Einigungsvertrag eine Ausnahmeregelung einbauen ließ. Das Prinzip, wonach den Gemeinden und Städten «volkseigenes Vermögen, das kommunalen Aufgaben und Dienstleistungen dient», kostenlos zu übertragen ist, wurde für die Energiewirtschaft zum Teil außer Kraft gesetzt.

Die Kritiker können Schäubles Argumenten überhaupt nicht folgen. Den Dänen Uglit Hansen zum Beispiel, Repräsentant des amerikanischen Energieunternehmens Bonneville Pacific Corporation, macht schon die monopolmäßig organisierte Energiewirtschaft der Alt-Bundesrepublik fassungslos: «So etwas gibt es nur in Westdeutschland. In Skandinavien staunt man über das feudale Auftreten der Stromkonzerne in Deutschland, und die Amerikaner verstehen ebenfalls etwas anderes unter Marktwirtschaft.» Im deutschen Osten wollten die EVU ihre Monopolstellung perfektionieren. Sie wollten nicht nur die Großkraftwerke samt Hochspannungsmasten voll übernehmen, sondern auch noch mehrheitlich bei den regionalen Stromversorgungsunternehmen einsteigen, die nach der Wende aus den auf Bezirksebene operierenden Kombinaten hervorgegangen waren. Die ostdeutschen Kommunen sollten sich bei diesen Regionalversorgern mit Minderheitsbeteiligungen von 49 Prozent begnügen, was sie auf die Barrikaden trieb. Sie verlangten von der Treuhandanstalt die Herausgabe der örtlichen Leitungsnetze und Kraftwerke, um in eigener Regie Stadtwerke aufziehen zu können. Dagegen liefen wiederum die Westkonzerne Sturm, die ihr bereits sicher geglaubtes Monopol schwinden sahen. Denn nach den umstrittenen Stromverträgen müssen die regionalen Energiefirmen mindestens 70 Prozent ihres Strombedarfs bei den ostdeutschen Großkraftwerken der West-EVU decken. Mit der massenweisen Gründung von gemeindeeigenen Stadtwerken wäre diese Regelung nicht mehr viel wert. Je mehr Strom nämlich die Kommunalbetriebe selbst produzieren, desto weniger Elektrizität müssen sie bei den Großkraftwerken einkaufen. Mit anderen Worten: Die Separationsbestrebungen der Städte und Gemeinden beziehungsweise die damit verbundene Zersplitterung der Regionalebene könnten die Absatzkalkulationen der Stromriesen zu Makulatur machen.

Diese Gefahr schien im Februar 1991 zunächst gebannt. In besagter «Grundsatzvereinbarung» erklärten sich die West-EVU mit der Gründung von Stadtwerken einverstanden, was ihnen allerdings nicht besonders schwerfiel. Denn einmal sicherte ihnen der vermeintliche Kompromiß eine 50-Prozent-Beteiligung an den kommunalen Energieunternehmen. Zum anderen verpflichtete das Papier die geplanten Stadtwerke dazu, 70 Prozent des kommunalen Strombedarfs auf der Verbundebene einzukaufen. Alles war wiederum im Sinne der Energiekonzerne geregelt. Sie freuten sich allerdings zu früh. Aus ihrer Sicht hatte das Übereinkommen einen entscheidenden Fehler: Es war für die Gemeinden und

Städte der Ex-DDR rechtlich nicht bindend. Die Folge: Als die ostdeutschen Kommunen erkannten, daß sie erneut über den Tisch gezogen werden sollten, zogen sie vor das Bundesverfassungsgericht. Beobachter räumen ihnen auch gute Chancen ein, mit der Klage durchzukommen. Kein Wunder, daß die Vorstandsvorsitzenden der drei großen West-EVU langsam nervös werden. Solange der Rechtsstreit nicht ausgefochten sei, werde keine müde Mark mehr in die ostdeutsche Elektrizitätswirtschaft investiert, drohte zum Beispiel RWE-Chef Friedhelm Gieske unverhohlen.

Von Drohungen der Stromriesen oder der Treuhandanstalt lassen sich die ostdeutschen Städte und Gemeinden aber nicht mehr einschüchtern. Sie sind fest entschlossen, sich einen möglichst großen Anteil an dem Milliardenmonopoly zu sichern. Und eines ist mal sicher: Die Sanierung der maroden Energiewirtschaft in der ehemaligen DDR kostet zwar viel Geld, auf lange Sicht beschert das Geschäft den Beteiligten aber sichere Gewinne. Sicher ist ebenfalls, daß die Energieerzeugung auf kommunaler Ebene nicht nur wirtschaftlich betrieben werden kann, sondern auch noch ökologische Vorteile bietet. «Kraft-Wärme-Koppelung» lautet heute die Devise. Gemeint sind damit moderne Heizkraftwerke, die zugleich Strom und Wärme erzeugen. Dadurch wird die eingesetzte Energie optimal ausgenutzt und die Umwelt entscheidend entlastet. Sinnvoll betreiben lassen sich diese Heizkraftwerke vor allem dann, wenn die Entfernung zum Abnehmer nicht allzu weit ist, wenn also die Übertragungsverluste gering bleiben. Im Klartext: Stadtwerke sind für die Kraft-Wärme-Koppelung geradezu prädestiniert.

Daß auch die Finanzierung solcher Heizwerke kein Problem sein muß, beweist das Beispiel Frankfurt/Oder. Dort baut die US-Firma Bonneville Pacific bis 1993 ein völlig neues 76-Megawatt-Kraftwerk. Die Stadt wird dann von den Amerikanern Energie zu dem außerordentlich niedrigen Preis von 10 Pfennige pro Kilowattstunde Strom und 40 Mark für eine Megawattstunde Wärme beziehen. Das ehemalige Bezirkskombinat Oder-Spree Energieversorgung verlangt für den Strom nahezu den doppelten Preis. Zudem können die Frankfurter, falls sie es wünschen, das Bonneville-Kraftwerk nach acht Jahren kaufen. Bis dahin haben die Amerikaner trotz der niedrigen Preise ihr Geschäft als Energieerzeuger gemacht.

Mit der Kraft-Wärme-Technologie wird sich die ehemalige DDR nicht annähernd flächendeckend versorgen lassen. Rentabel arbeiten können diese Heizkraftwerke nur ab einer bestimmten Einwohnerzahl. Zudem dürften auch Kommunen, die über solche Anlagen verfügen, zum Teil auf überregionale Stromlieferungen angewiesen bleiben. Dennoch träfe es die West-EVU als Betreiber der Großkraftwerke empfindlich, wenn das Beispiel Frankfurt Schule machen sollte oder sich massenweise Stadtwerke mit herkömmlicher Technologie gründeten. Nicht nur wegen des Absatzes, der den Konzernen verloren ginge, sondern auch wegen des Wettbewerbs, dem sie sich stellen müßten. Statt jedoch nach wirklichen Kompromissen mit den Kommunen zu suchen, kämpfen die verwöhnten Monopolisten immer verbissener um ihre Pfründe und entlarven sich damit endgültig als energiepolitische Kolonialisten.

Die neue Spaltung

Politisch sind die Deutschen in Ost und West seit dem 3. Oktober 1990 ein Volk. Wirtschaftlich, sozial und emotional sind sie davon weit entfernt, und es wird noch Jahre dauern, bis die im Grundgesetz postulierte Gleichheit der Lebensverhältnisse zwischen Osten und Westen annähernd hergestellt sein wird. Zu weit haben sich die beiden Gesellschaften in den vergangenen vierzig Jahren auseinanderentwickelt, als daß diese Lücke binnen kurzem geschlossen werden könnte.

Natürlich profitiert Ostdeutschland von der Vereinigung. Die

Einkommen fast aller beschäftigten Arbeitnehmer und der Rentner wachsen deutlich, auch real, also unter Berücksichtigung der steigenden Preise. Straßen und Eisenbahnlinien werden repariert und gänzlich neugebaut, das Telefonnetz völlig erneuert und erweitert, Kläranlagen errichtet, Kraftwerke modernisiert, Innenstädte und Dörfer vor weiterem Verfall bewahrt. Der Kapitalstock der Industrie wird auf ein wettbewerbsfähiges Niveau gebracht – sofern sie überhaupt erhalten bleibt.

Schon geistert die Vorstellung von einem Japan in Europa durch die Köpfe, wenn von der künftigen Modernität des deutschen Ostens die Rede ist – ein denkbar schiefer Vergleich. Zwar ist Japan sehr produktiv und innovativ, aber die öffentliche Infrastruktur hält in wichtigen Teilen keinen Vergleich mit westdeutschem Standard aus, und die Lebensverhältnisse der meisten Menschen in Japan sind weit unangenehmer als die in der alten Bundesrepublik.

Der Zuwachs an Einkommen, die allmähliche Verbesserung der Lebensbedingungen ändern allerdings nichts daran, daß die größten Gewinner der Vereinigung vor allem im Westen der neuen Bundesrepublik zu finden sind, und dort ist es zuvörderst die relativ kleine Gruppe der Eigentümer von Geld- und Produktivvermögen, die den Vereinigungsgewinn abschöpft.

Einige Beispiele: Die Öffnung der Grenzen und die Wirtschafts- und Währungsunion bescherten der westdeutschen Wirtschaft Umsatz- und Gewinnzuwächse, die sie seit Mitte der siebziger Jahre nicht mehr erlebt hatte. Die Gewinne flossen in erster Linie den Eigentümern dieser Unternehmen zu, und die wohnen ausnahmslos im Westen. Ein großer Teil der finanziellen Hilfen für den Aufbau im Osten hat die Bundesregierung durch die Ausgabe von Staatsschuldpapieren finanziert. Diese verstärkte Kreditaufnahme am Kapitalmarkt hat die Zinsen erhöht. Allein 1990 ist die sogenannte Umlaufrendite festverzinslicher Wertpapiere um 1,8 Prozentpunkte gestiegen. Schon diese Zinssteigerung hat den Eigentümern von Geldvermögen einen Zinsgewinn von rech-

nerisch 45 Milliarden Mark eingebracht. Dieter Schewe hat in der
Zeitschrift «Sozialer Fortschritt» (Heft 10, 1990) ausgerechnet,
daß die Rückgabe von Grundstücken und Firmen das Vermögen
der ursprünglichen Eigentümer im Westen um etwa 50 Milliarden
Mark mehren wird. Die Entschädigungen für endgültig enteignete
Grundstücke, die an Westdeutsche zu zahlen sind, werden ebenfalls einige Milliarden Mark ausmachen. Schewe kommt noch auf
weitere Gewinner im Westen. In vielen Kreisen entlang der ehemaligen innerdeutschen Grenze haben sich die Preise für Grundstücke und Immobilien verdoppelt. In der Summe kann dieser
Wertzuwachs einige zehn Milliarden Mark betragen. Profitiert haben auch die Immobilieneigentümer im westdeutschen Hinter-
land. Der Zustrom von etwa einer Million DDR-Bürgern hat die
Mieten und Grundstückspreise klettern lassen. Selbst westdeutsche Autobesitzer sind durch die – dank der Nachfrage aus dem
Osten – gestiegenen Preise nach Schewes Kalkulation um etwa 30
Milliarden Mark reicher geworden. Die Autohändler haben an
diesem Boom etwa drei Milliarden Mark verdient. Im Osten zählten die Autobesitzer zu den Verlierern. Wurde ein gebrauchter
Trabi vor der Wende mit 20 000 und ein Wartburg mit bis zu
70 000 DDR-Mark gehandelt, so fielen die Preise für diese Fahrzeuge, die bis zur Grenzöffnung rollende Pretiosen waren, danach
auf mindestens ein Zehntel. Natürlich gab es auch im Osten Gewinner. Praktisch alle Immobilienbesitzer haben ihr Vermögen
über Nacht vervielfacht, aber die Haus- und Grundeigentümer
sind im Osten dünner gesät als im Westen.

Die Vermögensverteilung zwischen Ost und West ist durch die
Vereinigung also ungleicher geworden. Diese Ungleichheit wird
durch die Wirtschafts- und Finanzpolitik weiter wachsen. Die
Bundesregierung fördert mit Investitionszulagen und -zuschüssen
sowie mit Sonderabschreibungen massiv Unternehmen und Unternehmer, die in den neuen Bundesländern Betriebe übernehmen oder neu gründen. Die Landesregierungen stocken diese
Hilfe aus eigenen Mitteln auf, Kreise und Gemeinden stellen

überdies noch Grundstücke und Gebäude zu günstigen Bedingungen bereit. Kein Zweifel: Diese geballte Förderung, die bis zur Hälfte der Investitionssumme klettern kann, ist wirtschaftspolitisch richtig. Aber überwiegend kommt sie eben wiederum Westdeutschen und Ausländern zugute, die ohnehin schon vermögend sind. Finanziert wird diese Investitionsförderung aber aus dem allgemeinen Steueraufkommen, zu dem vor allem Arbeitnehmer in West und Ost beitragen. Diese Subventionen fördern also die Vermögenskonzentration, polemisch formuliert: die Vermögensbildung in Arbeitgeberhand.

Bundesregierung, Treuhandanstalt, Gewerkschaften und Arbeitgeber haben noch keinerlei Versuch unternommen, diese ungleiche und ungerechte Vermögensteilung dadurch zu korrigieren, daß auch die Arbeitnehmer in Ostdeutschland Anteile des Produktivvermögens bekommen, das ihnen als Volkseigentum angeblich vierzig Jahre gehört hat. Die 500 sogenannten Management-Buy-Outs, also der Verkauf von Unternehmen an deren Management, denen die Treuhandanstalt ihren Segen gegeben hat, ändern daran wenig. Durchweg ging es dabei um kleinere und mittlere Betriebe mit geringem Kapital. Wolfgang Thierse, Ost-Berliner und stellvertretender Vorsitzender der SPD wird wohl recht behalten mit seiner These: «Teilweise finanziert über staatliche Transfers wird – von einigen KoKo-Seilschaften abgesehen – in den neuen Bundesländern, außer im Kleinhandel und im Dienstleistungsbereich, kaum privater Kapitalbesitz bei der dortigen Bevölkerung angesiedelt sein.»

Die Vermögensschere zwischen Ost und West, aber auch innerhalb der westdeutschen Gesellschaft, wird sich angesichts dieses eklatanten Versagens von Politik, Tarifparteien und Treuhandanstalt weiter öffnen. Daß in das «neue Deutschland» zwei ohnehin sehr unterschiedlich vermögende Gesellschaften gestartet sind, zeigt eine Untersuchung des Deutschen Institutus für Wirtschaftsforschung. Derzufolge haben die Westdeutschen allein 1990 fast 179 Milliarden Mark auf die hohe Kante gelegt, mehr als die Ostdeutschen zu dieser Zeit insgesamt überhaupt an Geldvermögen besaßen, das betrug nämlich nur gut 134 Milliarden Mark. Diese Zahlen vermitteln allerdings wegen der unterschiedlichen Bevölkerungszahlen ein schiefes Bild, das ein wenig, aber keineswegs gravierend, korrigiert wird, wenn das durchschnittliche Nettovermögen (Geldvermögen abzüglich Kredite) pro Haushalt betrachtet wird. Westdeutsche Haushalte hatten 1990 im Durchschnitt 100000 Mark bei Banken, Bausparkassen, Versicherungen und in Wertpapieren angelegt, ostdeutsche Haushalte gerade ein Fünftel davon. Es wird also genau das geschehen, was Bundesarbeitsminister Norbert Blüm verhindern möchte: «Der Aufbau in den neuen Bundesländern darf nicht zu einer neuen deutschen Geographie werden: Im Westen das Kapital und im Osten, wenn wir Glück haben, die Arbeit.»

Diese schiefe Vermögensverteilung zwischen Ost und West ist natürlich keine Folge der deutschen Vereinigung, sie ist in vierzig Jahren gewachsen und spiegelt die unterschiedliche Leistungskraft der beiden Wirtschaftssysteme. Politisch und sozial aberwitzig ist allerdings, daß die Vereinigung diese Schieflage noch verstärken wird. Und die Ostdeutschen werden sich schwer tun, daran etwas zu ändern. Denn auch bei den Einkommen, der wichtigsten Quelle für Vermögensbildung, wird die deutsche Gesellschaft noch auf Jahre gespalten bleiben. Wie eine Untersuchung des ifo Instituts für Wirtschaftsforschung aus dem August 1991 ergibt, sind zwar die Realeinkommen (um Preissteigerungen bereinigte Nettoeinkommen) der typischen Haushalte gegenüber 1989 zwischen 19 Prozent (Vier-Personen-Arbeitnehmerhaushalt mit einem Verdiener und einem arbeitslosen Familienmitglied) und fast 47 Prozent (Ein-Personen-Rentnerhaushalt) gestiegen, doch ändert dies relativ wenig daran, daß für einige Jahre die Einkommen der Arbeitnehmer in der ehemaligen DDR noch ein gutes Stück hinter den Löhnen und Gehältern für vergleichbare Jobs im Westen hinterherhinken werden. Dies ist keine Kritik an Gewerkschaften oder Arbeitgebern; wenn Löhne und Gehälter nicht gänzlich die Relation zur Produktivität verlieren sollen, ist dies sogar unvermeidlich, aber es zeigt, daß es mit dem Zusammenwachsen der beiden früheren Staaten auch auf diesem Sektor noch eine Weile braucht.

Im Sommer 1991 erreichten die Tariflöhne im Osten etwa 50 bis 70 Prozent des westdeutschen Niveaus. Bis 1994 sollen in den wichtigsten Branchen die Arbeitnehmer im Osten die Tariflöhne der Westkollegen zu 100 Prozent erreichen. Das heißt allerdings nicht, daß sie auch gleiche Einkommen erzielen werden. Denn Urlaubs- und Weihnachtsgeld sind von diesen Vereinbarungen weitgehend ausgenommen. Überdies werden im Osten wegen des großen Angebots an Arbeitskräften weit weniger Beschäftigte in den Genuß übertariflicher Bezahlung kommen als im Westen, wo sie eher Regel denn Ausnahme ist. Für die Metallindustrie wird geschätzt, daß auch noch 1994 der Einkommensabstand zwischen Ost und West deshalb bei etwa dreißig Prozent liegen wird. Die Lebenshaltungskosten werden sich hingegen bis dahin weitgehend angeglichen haben.

Gravierender für die Einkommenskluft zwischen Ost und West wird allerdings sein, daß viele Ostdeutsche gar nichts oder nur wenig von den beachtlichen Tariferhöhungen haben werden, nämlich all jene, die ihren regulären Arbeitsplatz schon verloren haben oder künftig noch verlieren werden.

Die Arbeitsmarktstatistik für den August 1991, der für dieses Buch letztverfügbare Stand, illustriert die Dimension dieses Problems. Ende August waren in der ehemaligen DDR gut 1,06 Millionen Arbeitnehmer ohne Job, davon bekommen – aus welchen Gründen auch immer – gut 230000 kein Arbeitslosengeld oder Arbeitslosenhilfe. Zur selben Zeit leisteten 1,45 Millionen Menschen in den neuen Ländern nur Kurzarbeit; der durchschnittliche Arbeitsausfall betrug 58 Prozent. Auf Vollzeitbeschäftigung umgerechnet, gewiß ein problematisches, aber zur Veranschaulichung des Problems zulässiges Verfahren, entspricht dieses Ausmaß an Kurzarbeit einer Arbeitslosenzahl von rund 842000. Die meisten

Kurzarbeiter können sich keine Hoffnung machen, bald wieder vollbeschäftigt zu sein. Heinrich Franke, regierungsfrommer und deshalb eher optimistischer Präsident der Bundesanstalt für Arbeit, meinte Anfang September: «Dauer und Ausmaß der Arbeitszeiteinschränkung zeigen, daß hinter der Kurzarbeit meist kein kurzfristiger Nachfrageausfall steht.»

Düster ist auch die Perspektive der 280000 Arbeitnehmer, die ihre Beschäftigung Arbeitsbeschaffungsmaßnahmen verdanken, der 313000 Leute, die sich weiterbilden lassen, der 360000 Vorruheständler und der 206500 Älteren, die Ende August 1991 Altersübergangsgeld vom Arbeitsamt bezogen. Hinzu kommen noch die 1,45 Millionen Menschen, die entweder arbeitslos, vorzeitig aus dem Erwerbsleben ausgeschieden oder ohne reguläre Arbeitseinkommen waren.

Dieses Schicksal wirkt sich gravierend auf Einkommen und Altersversorgung aus. Arbeitslose verlieren zwischen 32 und 37 Prozent ihres Einkommens, das Arbeitslosengeld wird ein Jahr später als die Tariflöhne angehoben, die Rentenansprüche der Arbeitslosen, Kurzarbeiter und Vorruheständler sinken. Walter Haensch und Ulrich Schneider schrieben in «Blätter der Wohlfahrtspflege»: «Guten Schutz und eine gute Altersversicherung erwirbt nur der, der über ein gesichertes Erwerbseinkommen verfügt und – wenn überhaupt – nur über eine kurze Zeit arbeitslos ist. Sind diese Voraussetzungen nicht gegeben, ist trotz Arbeitslosenversicherung die Gefahr groß, über kurz oder lang auf Sozialhilfe angewiesen zu sein.»

In der alten Bundesrepublik sind in den 80er Jahren, von denen immerhin sieben durch ununterbrochenes Wirtschaftswachstum geprägt waren, immer mehr Menschen durch Langzeitarbeitslosigkeit und unzureichende Renten «in die Einkommensarmut und das gesellschaftliche Abseits» (Haensch und Schneider) geraten. Gerhard Bäcker und Johannes Steffen vom Wirtschafts- und Sozialwissenschaftlichen Institut des Deutschen Gewerkschaftsbundes (WSI) haben nachgerechnet, daß in der alten Bundesrepublik 1989 etwa 5,6 Millionen Menschen auf oder unter der Armutsgrenze lebten.

Dieses Schicksal wird in den neuen Ländern relativ viel mehr Menschen ereilen. Denn die Arbeitslosigkeit dort ist keineswegs nur ein kurzzeitiges Übergangsphänomen. So will die Treuhandanstalt im zweiten Halbjahr 1991 noch 550000 Arbeitsplätze in ihren Betrieben abbauen. Dieser Trend ist typisch für beinahe die gesamte DDR-Wirtschaft. Herbert Berteit, vom Institut für Angewandte Wirtschaftsforschung, prognostiziert, daß auf der Basis von 1990 beinahe alle Industriebranchen, aber auch die Landwirtschaft und wichtige Teile des Dienstleistungssektors drastisch die Zahl ihrer Beschäftigten abbauen werden. Der Abbau reicht von 80 Prozent (Metallurgie), über 65 Prozent (Land- und Forstwirtschaft) bis 15 Prozent (Wissenschaft, Bildung, Kultur, Gesundheits- und Sozialwesen). Berteits Prognose, daß zwei Drittel der Jobs in der Industrie gefährdet sind, wird bestätigt von einer Untersuchung des Beratungsunternehmens McKinsey. Die hoffnungsvoll beschworenen neuen Jobs im Dienstleistungssektor werden dafür nicht einmal annähernd einen Ausgleich schaffen. Einen nennenswerten Zuwachs an Beschäftigung wird es nur bei Banken und Versicherungen geben. Der Einzelhandel, oft als potentieller Arbeitgeber bezeichnet, hat in der alten DDR pro Quadratmeter Verkaufsfläche – so rechnen Betriebswirte – dreimal so viel Beschäftigte wie in der alten Bundesrepublik. Das heißt, in den neuen Ländern werden im Handel eher Jobs verlorengehen und nicht neu entstehen. Insgesamt werden im Vergleich zu 1989 etwa fünf Millionen Arbeitsplätze verschwinden.

Aus den Gruppen der Verlierer des wirtschaftlichen Umsturzes im Osten ragen die Frauen negativ heraus. Schon im August 1991 waren sie in der Arbeitslosenstatistik mit gut 59 Prozent eindeutig überrepräsentiert. Dieser Trend wird sich verschärfen. Denn auch in der alten DDR übten vor allem Frauen einfache Tätigkeiten aus, die der Rationalisierung zuerst zum Opfer fallen. Überdies wird es immer mehr Frauen schwerfallen, Beruf und Kinderbe-

treuung miteinander zu vereinbaren. Denn das beinahe lücken-
lose Netz der Kinderkrippen, das nirgends auf der Welt dichter
war als in der ehemaligen DDR, wird immer weitmaschiger, weil
bisher von Betrieben finanzierte Krippen ersatzlos geschlossen
werden. Weil Frauen auch in der DDR trotz anders lautender Parolen schlechter bezahlt waren als Männer, sind sie besonders von
Armut bedroht.

Der richtige Hinweis, daß die Quote der Erwerbstätigkeit in der
alten DDR (91 Prozent der erwerbsfähigen Bevölkerung hatten
einen bezahlten Arbeitsplatz) gemessen am europäischen Durchschnitt von 66 Prozent abnorm hoch war, und daß deshalb der
Abbau der Arbeitsplätze zu einem guten Teil ganz einfach ein
Normalisierungsprozeß sei, wird all jene, die ihren Arbeitsplatz
verlieren, kaum trösten. Problematisch und sozial unverträglich
ist auch, daß diese Anpassung an europäische Standards gleichsam im Zeitraffer geschieht.

Gerhard Bäcker und Johannes Steffen vom WSI fassen die sozialen Folgen dieses wirtschaftlichen Wandels in die düstere Prognose, daß Ostdeutschland eine «halbierte Gesellschaft» sein
wird. Daß diese Vorhersage realistisch ist, zeigt eine Untersuchung des Deutschen Gewerkschaftsbundes aus dem August 1991.
Resultat: Damals waren 200000 Ostdeutsche auf Sozialhilfe angewiesen, 800000 waren Sozialleistungsempfänger, das heißt, sie erhielten von Arbeitsämtern oder Rentenversicherungsträgern
einen Sozialzuschlag. In zwei Dritteln dieser Fälle war Arbeitslosigkeit die Ursache der Bedürftigkeit. Wenn man sich vor Augen führt, daß Mitte 1991 Arbeitslose in Ostdeutschland im
Durchschnitt 626 Mark, Frauen sogar nur 561 Mark erhielten, so
werden diese erschreckenden Zahlen verständlich.

Die «untere» Hälfte der halbierten ostdeutschen Gesellschaft
wird sich schwertun, wieder ins Erwerbsleben zurückzukehren.
Wegen der schon festgelegten Lohnsteigerungen werden die Unternehmen zur Rationalisierung durch den Einsatz arbeitssparen-
der Technik gezwungen sein. Es werden einfach Arbeitsplätze

fehlen. Die Erfahrungen in den alten Bundesländern zeigen überdies, daß längere Arbeitslosigkeit die Chancen mindert, einen neuen Job zu finden. Qualifikation und Sozialverhalten (Arbeitsdisziplin, Arbeitsgewöhnung, Belastbarkeit) schwinden mit der Dauer der Arbeitslosigkeit. Dieser Prozeß wird in den neuen Bundesländern noch viel gravierender sein, weil sich das Arbeitsumfeld, die Arbeitsanforderungen, die technische Ausstattung und die Organisation der Betriebe durch den rapiden wirtschaftlichen Wandel sehr viel schneller verändern als in den alten Bundesländern. Wer auch nur für Monate aus dem Arbeitsleben ausscheiden muß, wird Schwierigkeiten haben, sich je wieder zurechtzufinden.

Etwa vier bis fünf Millionen Menschen im deutschen Osten werden auf Dauer aus dem Erwerbsleben ausscheiden. Sie werden ebenfalls auf Dauer von Sozialtransfers leben müssen und nur in dem Maße am finanziellen Fortschritt teilhaben, wie die Transferleistungen wachsen. Eine Kompensation für die soziale Ausgrenzung, für die psychischen Folgen, ist dies ohnehin nicht. Aber auch die nackte materielle Perspektive ist alles andere als rosig. Der Zustand der Staatsfinanzen, die Belastung von Arbeitnehmern und Arbeitgebern mit Sozialkosten (Arbeitslosenversicherung, Krankenkassenbeiträge, Rentenversicherung) eröffnet keine großen Verteilungsspielräume. Der kräftige Abbau von Sozialleistungen in der alten Bundesrepublik in den achtziger Jahren hat gezeigt, daß unsere Sicherungssysteme nur begrenzt geeignet sind, Massenarbeitslosigkeit über längere Zeit sozial abzufedern. Die relative Armut vieler Menschen ist damit programmiert.

Aber auch jenseits der Sozialtransfers wird die Hilfsbereitschaft des Westens an Grenzen stoßen. Der Wille, die «Teilung durch Teilen zu überwinden» (Lothar de Maizière), ist im reichen Westen nicht besonders ausgeprägt. Das mit insgesamt 24 Milliarden Mark ausgestattete «Gemeinschaftswerk Aufschwung Ost» läuft 1992 aus, Investitionszulagen und -zuschüsse enden nach bisheriger Planung zum selben Zeitpunkt, die Zahlungen aus dem Fonds deutsche Einheit nehmen drastisch ab, und die Möglichkeiten, den Steuerzahlern neue Opfer abzufordern, werden angesichts der 1994 anstehenden Wahlen begrenzt sein. Zwischen reichem Westen und armem Osten wird ein Verteilungskampf entbrennen. Zwei von vielen Beispielen, die einen Vorgeschmack bieten: Als Finanzminister Theo Waigel ankündigte, die 2,5 Milliarden Mark Strukturhilfen des Bundes an die alten Länder von 1992 an zugunsten der neuen Länder umschichten zu wollen, kommentierte dies der Ministerpräsident von Rheinland-Pfalz, Rudolf Scharping (SPD), mit der Bemerkung, Waigel wolle die seinem Bundesland zustehenden 200 Millionen Mark stehlen. Zweites Beispiel: Ende August 1991 protestierte die SPD-Arbeitnehmergruppe im Bundestag gegen eine «Kahlschlagpolitik» zu Lasten des westdeutschen Steinkohlebergbaus, weil die Bundesregierung auch dort Subventionen kürzen will.

Fazit: Die neuen Bundesländer werden in zunehmendem Maße gezwungen sein, dies entspricht auch dem erklärten Willen ihrer Regierungen, den Aufbau aus eigenen Mitteln (Steuern, Kredite) zu finanzieren. Soll dies ohne kaum zumutbaren Konsumverzicht der Landeskinder geschehen, müssen hohe Wachstumsraten erzielt werden. Wenn das Bruttosozialprodukt im Osten pro Einwohner bis zum Jahr 2000 auf drei Viertel der westdeutschen Wirtschaftsleistung steigen soll, sind durchschnittliche jährliche Wachstumsraten von 16 Prozent erforderlich. Ein solch gewaltiges Wachstum, für das es in der deutschen Nachkriegsgeschichte kein Beispiel gibt, erzeugt Wachstumsstreß und Wachstumsschmerzen. Das Aufbegehren der jungen Generation Ende der 60er Jahre in der alten Bundesrepublik hatte seine Ursachen nicht nur im Vietnamkrieg, im Muff unter den Talaren der Dekane, sondern auch in der Ökonomisierung des Lebens, das weitgehend auf wirtschaftliches Wachstum und Wohlstandsmehrung ausgerichtet war.

Diese Ökonomisierung findet nun in der ehemaligen DDR statt, die mindestens zwanzig Jahre Wachstums- und Wohlstandsrückstand gegenüber dem reicheren Westen aufholen will und dabei immer weniger auf die Hilfe der Brüder und Schwestern jenseits von Elbe und Werra hoffen kann. Der bundesdeutsche «Aufbau- und Wachstumsmythos» (Ulrich Beck) der 50er und 60er Jahre wird auf die neuen Länder transplantiert, und die Menschen dort haben gefälligst ebenso tüchtig, leistungs- und opferbereit zu sein wie die Westdeutschen während ihrer Aufbaujahre.

Diese Aufholjagd soll von Menschen vollbracht werden, die sich in den vergangenen Jahrzehnten – mangels Alternative – in Nischen der Beschaulichkeit zurückgezogen hatten, die ihnen Spielraum für einen kargen Hedonismus ließen. Leistungswille und Karrierestreben waren weit weniger ausgeprägt als im Westen, weil sie weniger belohnt wurden als politisches Engagement und Wohlverhalten. Dies hat sich mit der neuen Wirtschaftsordnung schlagartig geändert. «Eine ganze Gesellschaft wird freigesetzt aus der Kontrollfürsorge des Kaderstaates. An die Stelle der Gesinnungslaufbahn tritt das individualisierende Leistungsprinzip mit seinen Individualisierungszwängen», schrieb der Soziologe Ulrich Beck in der «Tageszeitung».

Die jungen Menschen im Osten werden diesen radikalen Wandel leichter bewältigen als die Älteren. Es droht eine Spaltung der Generationen im Osten, hier die Jungen, die große Chancen haben, zu den Gewinnern des Systemwechsels zu gehören, da die Älteren, die nach zwanzig, dreißig oder gar vierzig Jahren Verinnerlichung der Lebens- und Arbeitsweise unter dem abgestorbenen Regime große Mühe haben werden, sich den neuen Umständen anzupassen.

Aber es droht auch eine weitere Spaltung der gesamtdeutschen Gesellschaft in Ost und West. Das Streben der Ostdeutschen ist zwangsläufig auf Wohlstandsmehrung, auf materiellen Besitz und Einkommen gerichtet. Die Westdeutschen, zumindest jene zwei Drittel, die in angenehmen materiellen Verhältnissen leben, orientieren sich zunehmend an anderen, postmateriellen Werten. Für sie sind die Freizeitnutzung, die souveräne Gestaltung von Arbeitszeit und Arbeitsinhalt und Umweltschutz nicht minder wichtig als Einkommen. Ein simples Beispiel: Viele Ostdeutsche streben danach, möglichst schnell ein komfortables und schnelles Westauto zu fahren. Im Westen diskutieren die Menschen, die in ihrer Mehrzahl längst ein angenehmes Auto haben, über ökologische Verkehrskonzepte, über die Zurückdrängung des umweltschädigenden Individualverkehrs. Das Umweltbewußtsein im Westen ist größer als im Osten, dort ist aber der Problemdruck viel stärker.

Ulrich Beck spricht von einem Deutschland der «Ungleichzeitigkeiten». Karlheinz Blessing, Bundesgeschäftsführer der SPD, fürchtet im neuen Deutschland «einen Verlust an gesellschaftlicher Homogenität, eine Versäulung unterschiedlicher Kulturen, die sprach- und beziehungslos nebeneinander stehen».

Es werden noch viele Jahre vergehen, bis wir zu einem Volk zusammengewachsen sein werden, länger, als wir uns am 9. November 1989, als in Berlin die ersten Breschen in die Mauern geschlagen wurden, erträumt haben, und länger, als den Menschen im deutschen Osten immer wieder versprochen worden ist.

Literaturverzeichnis

Biedenkopf, Kurt H.: Offene Grenze, offener Markt. Wiesbaden 1990

Bundesministerium für gesamtdeutsche Fragen (Hg.): DDR Handbuch. Bonn 1985

Eckhardt, Karl-Heinz: Die DDR im Systemvergleich. Reinbek 1986

Erhard, Ludwig: Wohlstand für Alle. Düsseldorf 1957

Henning, Friedrich-Wilhelm: Das industrielle Deutschland 1914 bis 1986. Paderborn 1988

Hertle, Hans-Hermann: Vor dem Bankrott der DDR. Dokumente des Politbüros der SED aus dem Jahre 1988 zum Scheitern der «Einheit von Wirtschafts- und Sozialpolitik». Freie Universität Berlin, Berlin 1981

Hommelhof, Peter, und Walter Krebs (Hg.): Treuhandanstalt und Treuhandgesetz. Köln 1990

Institut für angewandte Wirtschaftsforschung: Schlußbilanz – DDR. Fazit einer verfehlten Wirtschafts- und Sozialpolitik. Berlin 1990

Maaz, Hans-Joachim: Der Gefühlsstau. Berlin 1990

McKinsey & Company, Inc.: Überlegungen zur kurzfristigen Stabilisierung der Wirtschaftskraft in den neuen Bundesländern. Düsseldorf/München 1991

Merkel, Wilma, und Stefan Wahl: Das geplünderte Deutschland. Die wirtschaftliche Entwicklung im östlichen Teil Deutschlands von 1949 bis 1989. Bonn 1991

Monatsbericht der Deutschen Bundesbank. Juli 1991

Nölling, Wilhelm (Hg.): Hamburger Beiträge zur Wirtschafts- und

Währungspolitik in Europa. Heft 7, Hamburg 1990 und Heft 9, Hamburg 1991

Przybylski, Peter: Tatort Politbüro. Die Akte Honecker. Berlin 1991

Sachverständigenrat zur Begutachtung der gesamtwirtschaftlichen Entwicklung. Sondergutachten vom 20. Januar 1990

Schabowski, Günter: Der Absturz. Berlin 1991

Schäuble, Wolfgang: Der Vertrag. Wie ich über die deutsche Einheit verhandelte. Stuttgart 1991

Schewe, Dieter: Automatische Gewinne aus der Wirtschaftsunion Bundesrepublik/DDR; *in:* Sozialer Fortschritt, Heft 10/1990. Berlin/München 1990

Schmieding, Holger: Der Übergang zur Marktwirtschaft. Gemeinsamkeiten und Unterschiede zwischen Westdeutschland 1948 und Mittel- und Osteuropa heute; *in:* Die Weltwirtschaft, Heft 1. Kiel 1990

Schneider, Gernot: Wirtschaftswunder DDR. Anspruch und Realität. Köln 1990

Schumpeter, Joseph A.: Kapitalismus, Sozialismus und Demokratie. München 1980

Staritz, Dietrich: Geschichte der DDR 1949–1985. Frankfurt a.M. 1985

Vogler-Ludwig, Kurt (Hg.): Perspektiven für den Arbeitsmarkt in den neuen Bundesländern. ifo-Studien zur Arbeitsmarktforschung. München 1991

Wallich, Henry C.: Triebkräfte des deutschen Wiederaufstiegs. Frankfurt a.M. 1955

Weber, Hermann: DDR. Grundriß der Geschichte 1945–1990. Hannover 1990

Wochenberichte des Deutschen Instituts für Wirtschaftsforschung. Nr. 29/'91 und Nr. 32/'91. Berlin 1991

WSJ-Mitteilungen. Heft 5/'91. Köln 1991

Michael Lukas Moeller / Hans-Joachim Maaz

Die Einheit beginnt zu zweit

Ein deutsch-deutsches Zwiegespräch
176 Seiten. Broschur

Ihr gestörtes Verhältnis erinnert an eine zerrüttete Paarbeziehung
– äußerlich vereint, entwickeln die Deutschen in Ost und West
einen wachsenden Haß aufeinander. Die «Ossis» spielen dabei
den traditionellen Part der Frau – sie gelten als depressiv, ge-
hemmt und lassen sich lieber versorgen. Die «Wessis» entsprechen dagegen dem üblichen Männerbild – sie sind dynamisch,
dominant und oftmals großspurig.

In diesem Buch demonstrieren zwei renommierte Psychothera-
peuten aus Deutschland-Ost und Deutschland-West, wie die in
den Köpfen fortbestehende Mauer überwunden werden kann.
Wie bei einer Paartherapie gestehen sie sich im Zwiegespräch ihre
Verletzungen, Hoffnungen und Ängste ein – und fassen, für sie
selber überraschend, auf einmal zueinander Vertrauen. Ein Buch,
das Mut machen soll, die psychischen Herausforderungen der
deutschen Vereinigung anzunehmen.

Rowohlt · Berlin